谨以此书献给我的家人！
献给为了学生成长而呕心沥血的老师！
献给为了孩子成长而含辛茹苦的家长！

CHENGZHANG BUKE CUOGUO DE SITANG KE

成长不可错过的四堂课

高闰青 著

河南大学出版社
HENAN UNIVERSITY PRESS

·郑州·

图书在版编目（CIP）数据

成长不可错过的四堂课 / 高闰青著． — 郑州：河南大学出版社，2020.7（2022.4重印）
ISBN 978-7-5649-4408-7

Ⅰ．①成… Ⅱ．①高… Ⅲ．①故事－作品集－中国－当代 Ⅳ．① I247.81

中国版本图书馆 CIP 数据核字（2020）第146723号

责任编辑　马元珍
责任校对　席　兵
封面设计　马　龙

出版发行　河南大学出版社
　　　　　地址：郑州市郑东新区商务外环中华大厦2401号
　　　　　邮编：450046
　　　　　电话：0371-86059701（营销部）
　　　　　网址：hupress.henu.edu.cn
排　　版　河南大学出版社设计排版部
印　　刷　河南瑞之光印刷股份有限公司
版　　次　2020年7月第1版　　印　次　2022年4月第3次印刷
开　　本　710 mm×1000mm 1/16　印　张　18.75
字　　数　251千字　　　　　　　定　价　59.80元

（本书如有印装质量问题，请与河南大学出版社营销部联系调换。）

序　言

任玉岭

2014年，我第一次读到高闰青教授《成长中的教育故事》的书稿，便十分赞同作者在书中表达的教育思想：一个人的成长与成就，与其人生经历及其家庭成员的影响密切相关。高闰青教授将这些影响都归为教育故事，我认为十分恰当。

转眼六年过去了。这六年间，伴随着智能手机的飞跃式发展，人们的阅读方式、表达方式也发生了巨大的变化。自媒体的盛行极大地降低了人们发表文章、表达观点的门槛，而教育类文章在其中占据了相当大的比重。这一方面说明，人们对于教育问题的关注度有增无减，因而吸引着许多来自各行各业的人才加入教育队伍中来；另一方面，这种现象也相应带来了一些问题：由于教育实用主义在网络上颇有市场，而自媒体文章又鱼龙混杂，导致"劣币驱逐良币"的情况时有发生，不少富含深度和力度的教育思想、致力于人的全面发展的教育类文章反而难以得到广泛传播。

教育的根本目的是育人。在学生的素质教育、道德教育已经成为社会热点的当下，如何将教育的根本目标以人们喜闻乐见的方式得到普及传播，这是时代对教育工作者提出的新挑战，也是一个值得思考的问题和需要努力的方向。一直以来，学者在人们心目中的典型形象就是常年埋首书斋潜心研究，既"居庙堂之高"又"处江湖之远"，虽然在教育研究领域成果斐然，但是较难有直触人心的作用和经世致用的效果。

在这种形势下，本书的出版，更令我感到眼前一亮。

首先，此书让我重新审视教育叙事研究方法的运用。教育叙事研究记录当事人的亲身经历并以记录内容为文本进行分析，探寻在教育过程中某些不能量化的东西，反映出当事人的重要生活经历及生命主题，揭示出蕴含在当事人经历背后的深层教育意蕴。这一研究方法更加具有客观性、真实性，在有温度、有深度地记录和阐述中，叙事研究更具有"直逼人心"的力量。高闰青教授对教育叙事研究的运用驾轻就熟，善于通过叙事的方式对抽象的教育理念进行阐释，这是一种大胆而富有成效的探索。

其次，作者采用引人入胜的故事艺术阐释教育的真谛，这不仅符合大众的审美心理，亦为大众所普遍喜爱。美国著名编剧罗伯特·麦基在他的《故事》一书中说："随着我们对传统意识形态的信仰日益消减，人们转而寻求我们依然相信的源泉：故事的艺术……故事艺术已经成为人类灵感的首要来源，因为它不断寻求整治人生混乱的方法，洞察人生的阵地。我们对故事的欲望反映了人类对捕捉生活模式的深层需求，这不仅仅是一种纯粹的知识实践，也是一种非常个人化和情感化的体验。"高闰青教授的成长故事，不仅是自己亲身经历和感受的记录，而且是一部上乘的文学叙事作品。作为故事的主角，作者将自己生活的趣事与细腻的情感编织其中，引人入胜的情节、温婉动人的语言，让人随着作者的际遇时而担忧不已，时而忍俊不禁，形成了强烈的阅读快感和欲罢不能的阅读冲动。与此同时，作者不忘在一个个精彩的故事中传递教育理念，使人掩卷之余思绪万千，深感家庭教育和人生经历对个人成长的深刻影响。在这里，教育艺术与文学艺术巧妙地融合在一起，更具滋润心灵的魅力。从头到尾读罢此书，我心中赫然呈现的不仅是一个家境窘迫农村女孩成长为大学教授的逆袭，也是我国教师教育事业长足发展的一个缩影，还是一个时代发展变迁的缩影。心中有情怀，眼里有世界，作者的笔触不仅仅指向个人命运，也具有放眼时代和历史的更为宏阔的意义。

不仅如此，高闰青教授潜心教育、孜孜以求的专业精神也令我十分钦佩。作为一名教育工作者，她不仅在专业的道路上不断成长，更是慧眼独具地时刻关注着生活中的教育现象和教育事件，在学以致用的同时也带给人们更多的思考和启迪。

美国著名教育家杜威是这样定义"教育"的：教育即生活、教育即生长、教育即经验的持续不断的改造。这就是杜威著名的"生活教育论"，他认为教育并非与生活隔离，相反，生活是教育的基础，亦是重要的教育资源。我国著名教育家陶行知先生在杜威"生活教育论"的基础上进行进一步升华和发展，他认为"生活即教育"——"生活无时不变，即生活无时不含有教育的意义"。

再读此书稿时，"生活教育"的思想就一直闪现在我的脑海中，余韵悠长的感觉就始终萦绕在我的心头。书中的每一则故事，虽然来自日常平淡的生活中，没有剧情的华丽逆袭，也没有情感的跌宕起伏，却犹如一首首动人的诗篇，触动着我的心灵，更是一首首我想唱而一直未能唱出的灵魂的歌谣。她吟唱的是感恩，是眷恋，是感慨，是祝福，是感喟，是成长……在阅读过程中，我就像是在和一位饱含深情的下一代教育工作者促膝长谈，既有教育的情怀，又有教育的智慧。可以这样说，经典的理论可以照耀一代又一代人的探索之路，而践行经典理论的优秀作品也值得一再回味。

高闰青教授从未停止过在教育领域思考和前进的脚步，也一直在探寻为公众普及推广教育理念的好方法。去年，我欣闻高教授的家庭教育著作（《家庭教育：为孩子的成长打好底色》，清华大学出版社）一再登上教育类畅销书排行榜，这既是作者专业成长的见证，亦是其写作能力和思想感悟提升的重要体现。作者将新的思考与感怀融入此书稿，对比初版之本，使我能够清晰地感到作者理论层面的新突破，对"故事"的解读更见力道，对"故事"的讲述更圆润。给我的感觉，这本书会给不同时代的更多读者带来启迪：少年立志，青年图强，中年共情，老年欣慰。

时过境迁，世殊时异，作者的成长历历可见。我想，时光不仅仅是流逝，更是雕琢，它让过去变成今天，也让"故事中的人"变得更好。

我希望此书的再版可以引发更多教育工作者留心生活中的教育事件，提升教育行为的自觉，探索教育理论服务于人们的有效方法和途径。也希望作者持之以恒、精益求精的处事态度和治学精神，能够激励更多青年朋友和年轻学人好学向上。

最后，衷心希望有更多的读者读到此书，让作者的教育理念在更多的读者中"落地生根、开花结果"。

应作者之邀，特书此文，是为序。

2020年4月

（任玉岭系国家教育咨询委员会委员，第九、第十届全国政协常委，原国务院参事）

前　言

三毛曾说："任何一份生命都有它生长期的创痛与成长的过程，这些过程仿佛是种子，在日后的生活中都会彰显出来，于是我们的生命便在这许多的历练中越见成熟。"每次想起这句话，我都会有很多感触。

每个人在生命成长的过程中都会经历很多的人和事，犹如撒在我们生命中的教育种子，或者启迪我们的人生，或者锤炼我们的品格，或者砥砺我们的意志，或者塑造我们的精神，或者记录我们的心路历程。虽然它们悄无声息，却润物无声，在我们一生的岁月中时常以各种形式在我们的脑海里闪现，对我们的身心成长、素质培养、人格完善以及生活习惯养成都有潜移默化的影响，甚至关涉我们的命运走向。

我出生的年代是一个物质非常贫乏的年代，我的少年时代是中国社会发展转型的特殊年代。所以，那个时代每个人经历都很丰富，都是"很有故事的人"。对于我来说，经常牵动神经、触动灵魂的就是那些关于成长的故事。它们深深地镌刻在我的脑海里，恍如昨日，记忆犹新。随着年龄的增长，我惊奇地发现，生命中的这些人和事的回忆越来越多，记忆也变得越来越清晰，夜来幽梦忽还乡，仿佛又回到了过去熟悉的生活场景，再次与故事中的人相遇，他们的音容笑貌历历在目，他们的一言一行好像刚刚发生。

每次回老家，我特别享受由家人陪伴着到田间地头走一走的那种幸福和温馨。无论是一望无际的金色麦浪，还是安宁静谧的霜林幽径，一草一木、一砖一瓦，都会让我想起童年与少年时期的美好时光与快乐年华，带给我无限的遐思和美好的回忆。这美好的情思，源于对故乡风土人情的眷恋，源于对已逝青春年华的感慨，源于对朴实、自然、宁静乡村生活的向往与追求。

悠悠天宇旷，切切故乡情。每当我回到家乡，总要到童年生活过的老房子里去看看，到村边的河堤上去走一走，瞭望一下那满眼绿色的河滩和蜿蜒的沁河故道，去堤坡上触摸一下那些伴随自己成长的大树。尤其是看到亲人们在村口等待时那期盼的目光和相见时那熟悉的笑容，我感到无比的幸福；看到已故亲人的照片，好像觉得他们依然活着，不曾走远，还在关注着自己，意识到这里才是自己曾经栖息双足与安放灵魂的地方。尤其是看见童年时陪伴自己一起长大或者看着自己慢慢长大的人，那种熟悉与亲切让我踏实而满足。但是，伤感也时常涌上心头，因为随着岁月的更替，童年时所熟悉的身影越来越少，陌生的脸庞越来越多；童年时劳作过的地方被一幢幢楼房所替代；曾经住过的老房子因年久失修而破败不堪；曾经被视为有灵性的那棵"神柳树"已成枯木；曾经嬉戏的村口的那条河流已经干涸……

物是人非事事休，欲语泪先流。一切都已过去，此情此景，已不再是当年的模样。沉思之中，那些飘然而去的如风往事、如歌岁月，都在斑驳的回忆中再度清晰。然而，光阴不再，岁月难回。我再也难以和故去的亲人相遇，再也无法回到那纯真质朴的生活，再也找不到曾经让我"恰同学少年，风华正茂"的青葱岁月，再也无法感受"指点江山，激扬文字"的美好年华……追思和怀念的情绪就这样弥漫着，在不断变化的时光中，那些如歌的岁月像一股清泉一直流淌在我的心田，成为我心向的坐标，引领着我心灵的航向，跨越沧海桑田，炽热半分未减。

其实，我们每个人都生活在自己的故事里，每一个故事都是一首动人的诗篇，每一个故事都是一粒教育的种子，在我们生命中发芽、生长。虽然那些故事已经化为陈年的回忆，但是它依然记载和延伸着我们生命的轨迹，我们无论以何种形式去追忆与怀念，都是一件非常美好的事情。它需要的是一份感恩的情怀，需要用流年的笔墨记下过往的点滴，用朴实的文字诠释成长的奥义。成长中的故事就像一粒粒璀璨的珍珠，我用语言将其串联，以期把它链接为一个智慧的光环，去照耀自己心灵的圣地，铸就精神的天堂，浸润人生的幸福，滋养我进一步成长。

按照人生命成长的轨迹来看，所有的人生阅历都是一门门精彩的课程，是一个"以家庭教育为根基、学校教育为主干，社会教育为辅助，自我教育为根本的全方位、全过程"[1]的课程体系。那么，生命成长中所经历的人和事，都是课程的主要内容。本书主要通过叙事的方式，记述了影响自己成长的那些人和那些事，以此来表达对于生命成长历程的一种感念。希望借此让成长中的故事成为我永恒的记忆，以此感谢故事中的那些人和事，感恩岁月涤荡中成就了它们；如果能够让读者从中体悟些许启迪和意义，思考其中所蕴含的教育意蕴，那就更好不过了！

本书主要内容包括以下四个方面：

1. 家庭环境：生命成长之底色。家是生命的开始，是以血缘关系组成的社会群体，家庭环境和家庭成员对一个人成长的影响是深刻、久远、根深蒂固的。因此，"与学校相比，家庭才是教育真正的细胞和发源地"[2]。于我而言，祖父勤劳正直的精神感召，祖母贤惠善良的精神品质，父亲默默无闻的奉献精神，母亲聪颖智慧的持家之道，兄弟姐妹互助友爱的手足之情，丈夫与女儿的相依相伴，这些都深刻地影响着我的人生观，是我一生最值得珍惜的宝贵财富。正是他们，让我真切地感受到了家庭、家教和家风对一个人成长的重要性，它决定了一个人成长的底色。

2. 学校教育：精神滋养之甘霖。学校是知识、教养、智力、文明和劳

---

[1] 朱永新：《未来学校》，中信出版集团，2019，第108页。

[2] 李政涛：《教育与永恒》，华东师范大学出版社，2019，第107页。

动的策源地。一个人只要踏上求学之路，必定会有与众不同的生命历程。和大多数人一样，求学是我梦想开始的地方。在20多年的求学历程中，岁月悠然，师恩绵长，同学情深，每一个阶段的故事都是一次美丽的成长，不仅浸染着我多年的辛勤和汗水，而且镌刻着我一路走来的成长足迹，也记载着我渴求知识的心路历程，滋养着我的精神成长。

3. 社会生活：心智丰富之源泉。陶行知先生曾经说："生活即教育，社会即学校。"生活是最好的教育，是每个人"作为人"所必须接受的最基本的教育。农村长大的孩子，接受的第一个生活教育就是做家务，年龄稍大一点还要下地干农活，学习劳动技能。回忆成长过程中关于生活的体验和劳动的故事，我惊讶地发现，每一项家务活的操练，每一次对生活的体验，每一种劳动技能的培养，都对我以后的工作和生活产生了重要影响，尤其是为我树立正确的人生价值观、养成良好的生活习惯、坚持健康的生活方式等，奠定了坚实的基础。

4. 专业发展：梦想实现之路径。作为教师，专业发展是自我成长的历程，也是不断接受新知识、增长专业技能的过程。从初上讲台的新教师成长为一名大学教授，自然需要一个不断积累、不断发展的过程。其中有我对为师之道的探索，也有教学相长的快乐，更有对自己教育信条的坚守，还有在教育领域探究的乐趣以及实现人生梦想的欣喜。可以说，对讲台30年的坚守，让我因执着而热爱教育，因热爱教育而享受人生，因享受人生而幸福快乐，在反思中不断成长，在深情守望中实现自己的教育梦想。

我知道，自己只是一名普通的教师，一个平凡的女人，而不是时代的佼佼者，也不是专业领域的代言人，没有资格用"微言大义"去对世人"鼓与呼"。而正是由于自己的普通、平凡，才能代表这个时代的大多数人，让我生命中的那些故事及其教育意蕴具有普适性的意义。从某种意义上而言，这些故事不仅仅是我自己的，也是这个时代的，更是我们整个民族的。古希腊哲学家赫拉克利特曾经说过，人不可能两次踏入同一条河流。由于故事发生在过去,童年时留存的资料非常有限,书中对于人物、事件及其意义的理解与分析,可能只是停留在当时的记忆层面和自己有限的知识水平,难免有偏差或者模糊的地方,敬请各位前辈和同人见谅;由于本人学养和能力有限,书中疏漏错误之处未能识察,敬请各位前辈和同人不吝赐教。我期待能够得到更多专家学者的指导,期待更多的人给我留下故事,教我继续成长。

高闰青

2020年4月

目　录

001 / 第一课　家庭环境：生命成长之底色

　　003 / "路"的精神感召

　　012 / 小脚女人的生活哲理

　　028 / 别让等待成为遗憾

　　041 / 一盏智慧的心灯

　　055 / 六朵融化的雪花

　　065 / 名字牵来的缘分

　　081 / 美丽的生命邂逅

　　092 / 结　语

093 / 第二课　学校教育：精神涵养之甘霖

　　095 / 乡村学校的启蒙

　　101 / 信仰与偶像

　　108 / 终于上了高中

　　111 / 没有预设的人生轨道

　　116 / 考场外的等待

　　120 / 感恩高考

　　126 / 最美的青春

138 / 想做一株百合
143 / "诡异"的眼神
147 / 如歌的西师岁月
151 / 西北的"教育胡杨"
160 / "吊诡"的性别分类
164 / 站里的生活静悄悄
172 / 结　　语

173 / 第三课　社会生活：心智丰富之源泉

175 / 一粥一饭亦乾坤
180 / 针线活是一种考量
185 / 一方水土养一方人
191 / 庄稼地里有收获
196 / "捞"出来的文化传承
202 / "搓"出来的家庭副业
205 / "称"出来的生活费用
208 / 沿街叫卖没有泪
213 / 废纸堆里不再有悲怆
216 / 多换了一斤油
220 / 结　　语

221 / 第四课　专业发展：梦想实现之路径

223 / 读书改变命运
231 / 我是一名老师
236 / 初为人师的感动
243 / 不解的中师之缘

254 / 大学课堂的遇见

259 / 期许农村教育

265 / 结缘学前教育

271 / 沉思家庭教育

279 / 结　语

280 / 后　记

第一课
家庭环境：生命成长之底色

蓬生麻中，不扶而直；白沙在涅，与之俱黑。

——荀子

染于苍则苍，染于黄则黄。所入者变，其色亦变，五入必，而已则为五色矣。故染不可不慎也！

——墨子

    家是生命的开始，是以血缘连成的群体，是社会的基本单位，成员之间彼此独立，又相互影响；家庭教育是人生教育的起点和根基，是生命成长的底色，家庭中的每个成员都是我们生命成长中的绘画师，在我们的心板上画上浓墨重彩的一笔。家庭生活的方方面面都影响着一个人的身心发展，既是对个人全方位的教育，也是对家庭文化的传承与守望，以"日用而不觉"的潜移默化方式，影响着我们价值观的形成。

    有人说，无论孩子将来遇到怎样的风风雨雨，只要他能找到回家的路，始终都是幸福的，而指引着他们回家的，就是那些看似琐琐碎碎但却刻骨铭心的家庭小故事。

    我出生在20世纪60年代末的一个农村家庭。这是一个贫困的三代同堂的十口之家，祖父、祖母、父亲、母亲，我们兄弟姐妹6人。侄子的出生，把这个家变成了一个四世同堂的大家庭；侄孙的出生，把这个家庭变成了五世同堂的大家庭。其间，我嫁为人妻，成为人母，有了自己的小家庭。无论是这个大家庭还是自己的小家庭，都是我温暖的家，是我温馨的港湾，我也一直享受着它带给我的幸福与愉悦。家庭中的每个成员对于我的成长都有着不同程度的影响，尤其是家庭生活中所蕴含的家教、家风使我终身受益，深深地影响了我性格的形成，乃至人生的走向。

"路"的精神感召[1]

在我的生命成长中,最让我无限崇敬的是我的祖父。2012年,99岁的祖父溘然长逝,他用自己勤劳勇敢的精神风貌和淳朴善良的处世原则,书写了一个中国传统农民平凡朴实而又坚毅顽强的人生轨迹。每每想到祖父,我都充满了无比的骄傲与自豪,尤为难忘的是他有一套关于"路"的哲学,对我的人生之路有深刻的启迪,成为我永远的精神感召。

只要勤快就会有活路

一勤天下无难事。勤劳是中华民族的传统美德,《尚书》有"天亦惟用勤毖我民"之语,与勤劳有关的词语更是比比皆是,勤奋、勤俭、勤谨、勤苦、勤劳、勤快、勤勉等等,不胜枚举。可以说,勤劳已经作为一种传统文化基因,深深地融入了中华民族生生不息的血脉之中,成为中国人的内在素养和民族精神。

像千千万万个中国农民一样,勤劳是祖父最典型的生命特征,他最常说的一句话就是:"一个人只要手不懒,就不会饿死;一个人只要勤快,就会有活路。"祖父是出了名的勤快,眼里处处都是活儿,直到去世前还是闲不住,总是手不停脚不歇地忙个没完。印象最深刻的就是收麦打场的时候,中午别人都休息了,他却一声不响在干活。无论是秋天剥玉米棒、

---

[1] 本文核心内容发表于《河南日报》(农村版)2019年5月19日,原文题目是《爷爷教我学"走路"》,发表时有删改。

摘花生，还是夏天收麦看场，他总是最后一个睡觉。当然，他也是我们家每天第一个早起的人。早上天不亮就能听见他在外面干活的声音。甚至收工回家的路上，他也总会到河边、地头去割一筐青草背回去，一刻也不得清闲。当孩子们劝他少干点活的时候，他总是笑着说："干活累不死人。"

祖父80多岁时还没有停止干农活，在地里收秋、打场；92岁时还在村外一个干涸的河沟里开了一小片儿荒，种点棉花、豆子等作物；年近百岁仍然早起洒扫庭院，浆洗衣物，从事力所能及的家务劳动。直到现在，一想到祖父，我眼前还是他劳作不休的身影。祖父给我最深刻的印象就是在烈日下光着膀子坚持劳作的身影，白发如鹤立，笔挺望云开。曾记得，生产队建制时代，祖父身强力壮，一不怕苦，二不怕累，干起活来精神饱满，走起路来健步如飞，别人挑担跑一趟，他挑担能跑两三趟，大家曾经称赞他"58岁赛青年"。因此，祖父一直是我们村集体生产时期的劳模。

费孝通先生在《江村经济》中曾经这样描述："一直在某一块土地上劳动，一个人就会熟悉这块土地，这也是对土地产生个人感情的原因。人们从刚刚长大成人起，就在那同一块土地上一直干到死，这种现象是很普通的。如果说人们的土地就是他们人格整体的一部分，并不是什么夸张。"[1] 对于一个农民来说，土地就是他的命根子；对于祖祖辈辈生活在这片土地上的祖父来说，他对土地的热爱达到了极致。

改革开放前，土地归集体所有，并由集体统一组织耕作，按照家庭人口数和社员参加劳动的工分进行分配。记得比较清楚的就是收秋。以前收秋都是靠人工劳动，白天集体收割，晚上从生产队把分到的玉米拉回家。祖父从不让我家的玉米过夜，当晚都要撕完、挂好。当时，为了照顾社员种植蔬菜或者别的经济作物的需要，允许社员有小块的自留地，但要控制在全村人均所占土地的5%以内。按照这一政策，我们村按照人均2分地

---

[1] 费孝通：《江村经济》，戴可景译，北京大学出版社，2012，第154页。

分配自留地，我们家在村后边离家最近的那块地（村里人叫那块地为"花园后"，花园指的是娄姓人家的花园）上分到了2亩自留地。小时候不知道家里的自留地与生产队的农田有什么区别，但我知道每次谈到自留地，祖父就会特别地高兴，也经常见他腾点工夫就在自留地里劳作。正因如此，我们家自留地的庄稼总是长得特别好，引得乡邻很是羡慕。土地的博大宽广，在于它从不辜负任何一个勤劳的灵魂，祖父给予土地深沉的爱终化为收获，养育了我们这一大家人。

1978年，农村土地改革，推行家庭联产承包责任制，解放农村生产力，调动了农民的积极性，农民们个个意气风发，斗志昂扬。农村所呈现的气象真有点像《在希望的田野上》唱的那样："生活在人们的劳动中变样。"根据政策，我们家按照人口分到了相应的责任田，与按照工分分配粮食相比，真的是划算多了。由于祖父的勤快，我们家的庄稼总是长得特别好，整整齐齐，没有杂草，因此每年都是大丰收，从此也改变了家里的生活状况，吃饭不再是问题。农活少的时候，祖父就开始忙活经营菜地，让全家人能够吃上时令蔬菜。他不仅把我们家的菜地经营得非常好，还趁着午休时间跑到两个姐姐家的菜地去除草。因为我吃的是商品粮，家里没有地，祖父没有机会帮我锄地种菜，为此他很是过意不去，见了我常说的一句话就是："我给你两个姐姐都锄过地，种过菜，没有帮过你。"一开始，我只是听他说说而已，并没有放在心上。可祖父到了最后几年还是经常叨叨，尤其在他生命的最后时刻仍然对我说起这句话，让我既感动又后悔。如果知道这件事会成为祖父弥留之际的遗憾，我会不惜代价在村里买一块地，或租一块地，专门让祖父帮我经营，为我锄地、种菜，满足他老人家的心愿。

有时候我也会安慰自己：虽然我没有土地让祖父为我经营，帮我打理，但是他用自己的精神经营了我的心田，感召着我的灵魂，所以，"勤"字也一直是我生命中遵循的最基本准则。虽然现在已经不是祖父那个以吃饱饭为人生最大幸福的年代，但是"手不懒"依然是我们生存的基本方式。上学时勤奋，就会多掌握知识；工作中勤奋，就会做出成就；生活中勤奋，就会活出精彩。"撸起袖子加油干"，这是祖父早已种在我基因中的精神传承。

由于祖父勤快，他成为干农活的高手，杈耙木钎，耧犁锄耙，扬场打麦，样样精通。最难能可贵的是，祖父干活干干净净、整整齐齐，经他手的农活不仅让人看着舒服，更是一种享受。同时，他还习得了不少精妙的手艺，最为拿手的就是"捞毛纸"，一度被称为"造纸师傅"。他其次拿手的就是做饭，尤其是做大锅饭。他曾经在"大寨田"等工地做过掌勺师傅，村里谁家办红白喜事也请他去主厨。他能够拿着两米长的擀杖擀面条，一擀杖下去能擀5斤的面粉；他做撅片（家乡的一种面食，类似烩面）时能够把面撅得比别人长一大截；他烙的油饼用筷子夹住可以拽很长；他蒸的馒头又大又白，小麦的面香味会随着蒸汽侵扰人的嗅觉。我最喜欢看祖父把刚蒸好的馒头从锅里拿出来的动作，娴熟流畅，一气呵成，似乎一点也不嫌烫。小时候村里谁家有红白喜事，小伙伴们会一起去看热闹，我总是免不了要到做饭的地方去溜一圈，因为我知道祖父在那儿。我会站在祖父身后很是自豪地欣赏着他做饭时那行云流水般潇洒的动作，当然，揩点油打打牙祭也是少不了的。每次去，祖父总会给我和小伙伴们每人发点东西吃，然后让我们赶紧离开。后来我也能做上不错的面食，比如面条、撅片、油饼、馒头等等。"新竹高于旧竹枝，全凭老干为扶持"，我想这一定是血脉中的技艺传承。

出门在外要走大路

祖父为人正直，眼里没有贫富之分，只有善恶之别，是个爱憎分明的人。

小时候祖父经常告诉我们："出门要走大路，不要走小路"。我曾问过他:"为什么不让走小路?小路不是更近些吗?"祖父非常严肃地对我说:"大路宽阔安全,小路虽然近,但是容易出事。"我记住了祖父的话,出门一定会选择走大路,从不走小路,直到现在。

长大后,我们在外面做事,祖父又多次交代我们:"做人要走正道,不要走歪道。"祖父虽然没有文化,但他却教会了我做人的基本道理。虽然"人间正道是沧桑",但欲远行者,宜走正道。正道直行,也许会辛劳加倍,但天地宽阔,可令路人无所顾虑,勇往直前,避免由于东张西望、提心吊胆而畏畏缩缩,停滞不前。歧路捷径虽近,但多是荆棘丛生,沼泽暗藏,一不小心就会陷入困境。怀有侥幸心理的人,自以为可以从泥沼中抽身而出,从荆棘中破路而行,但难免会惹得一身泥巴一身刺,甚至会陷入泥潭无法自拔,总不如大路走得自如,走得心安。

与人为善有路走

关于"路"的哲学,祖父还有一句话我记忆尤深:"一个人只要心好,就会有路走。"祖父虽然没有文化,也没有什么特殊的本领,却有一身的力气和一副善良助人的热心肠,因此经常到邻居家去帮忙。只要别人开了口,祖父逢请必到,帮人挖地基、打夯、抹墙、搬砖、摞瓦……庄户里哪家都有他干活的身影,村里人哪家都有他洒过的汗水。他生性好客,是个热心的人,几十年里,家里来来往往的人都热心招待。他对待村里年轻人很是热心,不仅教他们干农活,还教他们做人。年轻人生病了,他就凭着自己的经验帮人看病揉肚;年轻人到了谈婚论嫁的年龄,他就帮助牵线搭桥。讨饭的来了,他总是把米面满捧的给人家;老年人有什么不顺心的事,他总是帮着解劝;谁家发生点矛盾,他总是帮着说和……我们平常回家总会给他买点小零食,但他自己舍不得吃,统统收在小柜子里,遇到谁家的小孩或者村里的孤寡老人从门前经过,或者街坊邻居来家里唠嗑的,就拿出来分给他们吃。其实我知道,他分享的不仅仅是一点食品,更是一份善良和仁慈，一份满足和荣耀。正因如此，他赢得了村里人的敬重，在村子里有很高的威望。

在祖父的晚年，村里不少人每年都会去看望他，有的还给他买些礼物以表心意，因为在他们最困难的时候，祖父都帮过他们。村子里有个高家的祠堂，每年的大年初一，高姓人家都要到祠堂去祭祖。因为祖父是我们村年龄最长的，也是高家辈分最高、威望最大的，因此，拜过祖先后，高姓的人家就会以家为单位给祖父磕头拜年。祖父谢世时，全村的人都到家里吊唁，有不少非亲非故的人在祖父灵前放声大哭，诉说着祖父曾经给予他们的关心与帮助。

有句话说得好："善良是一个人最好的通行证。"我一直把它作为自己人生的座右铭，因为它常常让我想到祖父的话。他的话虽然朴素，但是它所阐释的道理却很深刻：善良是一个人最基本的修养。一个善良的人，必定有好的人缘；有了人缘，就有了资源；有了资源，就有了发展的机遇，人生的道路也会越走越宽广。"安贫真味齐眉馈，养善良方高枕眠。"让善良与生命同在，生命中有了善良，人生才能充满喜悦；生命中有了善良，人生才能幸福常在；生命中有了善良，灵魂才能更加璀璨。

别忘了回家的路

有句话我非常喜欢："亲情是最好的营养品。"在一个大家庭里，把各个成员联系起来的基本纽带便是亲情。在祖父身上，我们无时无刻不在感受浓郁的亲情。他有着大山一样坚毅的品格，对子女却有着春水一般的柔情，夏天为我们驱虫赶蚊子，冬天帮我们焐手盖被子，他的慈爱体贴无处不在。

由于家里条件不好，夏天没有电扇，所以一吃饭肯定一身汗。我和爱人恋爱时，有一次夏天他到我家来，吃饭时祖父一直坐在他的身边给他扇扇子。我爱人甚是感动，说从来没有享受过这种温情，回去就给我们家送来一台落地电扇,并再三嘱咐是送给祖父的。其实,从小到大,我们一直享受着祖父给予我们的不同方式的温暖和幸福。直到现在,只要一想起祖父来,我的心头依然是暖暖的。正是祖父身上这浓郁的亲情,把我们30多口人的大家庭紧紧地凝聚到了一起。

记得1985年,一首《那一年我十七岁》正风靡全国。对于这首歌,我非常喜欢,一方面是因为那一年我17岁;另一方面是其中有一句歌词令我刻骨铭心——妈妈笑着对我说,别忘了回家的路。

也正是那一年,祖父看着为考大学而日夜刻苦学习的我,笑着说:"你将来考上大学有本事了,别忘了家里人;无论你将来走多远,别忘了回家的路。"我一脸不解地说:"怎么会呢?"祖父若有所思地说:"有的人长本事后,就忘了家人,甚至不想回家,其实家人才是你最大的支持。"我笑着对他说:"放心吧,我不会的!我永远都不会忘了家里人,也不会忘了回家的路。"

可以说,从14岁第一次去外村上学到现在已经38年了。其间,我断断续续有长达23年在外求学的经历,也组建了自己的家庭,从事着自己喜欢的职业。虽然求学的地点不在一个城市,甚至相隔千里,工作的地点发生过变化,但无论走到哪里,无论走多长时间,我都记得回家的路。30多年来,尽管回家的路也发生了天翻地覆的变化,从土路变成石子路,又变成水泥路,但我依然能清楚地记得它原来的样子,它一直是我心中不变的轨道。

大学毕业后我被分配到县城教书。开始是每周回一次家,祖父每星期六都会站在门口的河堤上接我。结婚后的一段时间,我还能够坚持每周回去,后来事情越来越多,改为两周回去一次,但有了孩子以后,回家的次数越来越少,间隔的时间也越来越长。但是我无论什么时候回家,远远地就会看见祖父站在河堤上或者村口翘首企盼的身影。每次见到我们,他都会高兴得热泪盈眶,拉住手不停地嘘寒问暖,有时候会有点抱怨:"怎么这么长时间不回来，盼得我眼都快干了。"听到祖父的话，心中的暖流油然升起。每次走的时候，祖父都会把我们送到村口，后来是送上公交车，依依不舍地目送我们的离去。因此，我不止一次地从心底告诫自己："常回家看看。"

我的方向感非常差，出门经常迷路，尤其是开车，总是找不到东西南北。为此爱人经常调侃我，说我是个典型的"路痴"。对此，我据理力争，说："有一条路我不会迷，那就是回家的路。"因为在这条路上，有家人对我的殷殷期盼，也有那永远化不开的浓浓亲情给我的温暖，还有我成长的心路历程。

家是我们生命诞生的摇篮、成长的圣地，也是我们心灵的港湾。我们每个人的人生起点都是家庭，未来是修齐治平，弘毅致远。所以人生的路再长，我们都不能忘了来时的路，也不能忘了我们为什么出发，更不能找不到灵魂的归程——回家的路。

祖父身上一直有着一种"浩然之气"，一种独特的人格魅力。他从不怨天尤人，一身的正义与担当，始终给人一种顶天立地、博大包容的气概。他不但心中充满了正气，而且还能让这正气放射出光芒；他不但自己光辉灿烂，还能潜移默化地感化和影响别人。在弥留之际，祖父依然神态清醒，以顽强的毅力展示了生命力的伟大。他忍受着病痛折磨的同时，依然关心家人，嘱托勤俭持家，和睦乡邻。可以说，时代条件的限制使祖父成了一个文盲，但这并没有妨碍他创造财富、鼓舞精神，感召后人。

在祖父精神的鼓舞下，我们学会了做人的基本道理：学会了心存善念，热心助人；学会了勤劳纯朴、勤俭持家；学会了积极向上，勇于奉献；学会了不畏艰难，勇于担当；学会了关心家人，回报社会……时至今日，祖父的纯朴和善良、勤劳和勇敢、坚强和豁达，仍然让我们铭记。我们不仅把祖父的这种精神在村子里发扬光大，也把它从村子里带到了县城，带到了市区，带到了省城、带到了京城，甚至带到了国外。不管世事如何变迁，无论我们走到哪里，都会想起祖父曾经给我们的教育和影响，都会督促自己做一个像祖父一样的人，用阳光的心态去积极面对生活，尽力做好身边的事情，始终不忘踏踏实实做人的道理。因为，我们一直都没有忘记祖父的教导，是他教会了我们"走路"。他关于"路"的哲学一直在感召着我们，并将永远感召着我们，代代相传！

小脚女人的生活哲理

我生命成长的启蒙老师是祖母。她有一双美丽的小脚。在我的记忆中,祖母的形象就定格在一位盘着发髻,身着朴素整洁的蓝色斜襟布衣,一年四季绑着腿,面带微笑地一拐一拐慢慢走着的小脚女人。她是一个美丽的小脚女人,一个典型的中国传统妇女,一个温柔善良、秀外慧中,做事耐心,擅长纺花织布、做针线活、做饭的家庭妇女。

小脚支撑一个家

我对祖母记忆最深刻的就是她那双美丽的小脚,杜牧称之为"钿尺裁量减四分,纤纤玉笋裹轻云"。还有那一年四季穿着的黑色小布鞋,那是一双精致的仿佛我手掌般大小的鞋子。小时候,我曾经不止一次充满好奇地拿着她的鞋子端详,想象着如果自己穿一双这样的鞋子会是什么样?可惜我天生脚大,一直穿不上祖母那双美丽的黑色小布鞋。我曾经问过祖母:"您的脚怎么这么小呢?"祖母边叹息边摇头,无奈地苦笑着说:"旧社会的女人都是这样的。"对于祖母的话,儿时的我无法理解,只能露出一脸的懵懂。长大后我才知道,女人裹小脚是封建男权社会的产物,封建社会的审美标准是以男子为主体"制定"的。女子为了赢得男子的喜爱而不得不凸显女性特征,从而获得一种依附于男子的生活。在"罗袜绣鞋争奇斗艳"的畸形社会价值观和审美观的驱动下,小脚女人存续千年,成为现代女性主义批评的标靶。尽管脚被裹住了,但小脚女人身上所表现出来的生活能力和她们自身的内涵修养却没有被裹住,会在家庭日常生活的点点滴滴中显现出来。

祖母的家务活做得非常好。可能是小脚的原因，从我记事起，家里的劳动分工就是祖父、父亲、母亲下地干活，祖母在家里做饭。后来，我们兄妹6人逐渐长大，能下地干活的人变得越来越多，每个人的饭量也在逐渐增加，祖母做饭的任务就变得越来越重。别看祖母脚小，她却非常能干，日复一日、年复一年地端着10口人吃饭的大锅在灶台前拐来拐去。祖母做饭的水平还是挺不错的，并不是她能给我们做多么高级的饭菜，而是在缺肉、缺油、缺白面的情况下，她能把大家不想吃的菜叶、玉米面、黑面、高粱面、红薯面，甚至玉米糁都做出香喷喷的味道来。

祖母的针线活做得也很好。祖母那个年代在我们老家有个风俗，出嫁的姑娘不会做针线活是件很丢人的事，就像媳妇不会生孩子一样，在乡邻间是抬不起头的。20世纪70年代，缝纫机非常少见，农村更是没有，衣服主要是手工缝制，材料就是家里手工织的粗布。家里缝衣织布做针线活的劳动格局就是祖母纺花，母亲织布；母亲裁衣服，祖母做衣服。当然，"广裁衫袖长制裙，金斗熨波刀剪纹"，祖母无一不精。祖母做的衣服针脚非常小，用我们家乡的话叫比较密实，也比较平整，看上去很好看，也十分耐穿，还能做出与众不同的款式。

中原地带，夏天的天气非常热。我上小学三年级的时候，别的女同学有的穿花裙子，有的穿花短裤，而我整天却穿着粗布裤子，热得我出痱子，为此我很不高兴，跟祖母说要一条穿着凉快的新裤子。祖母见状把我穿旧的裤子翻过来，把磨烂的裤腿剪掉，给我做了一个长短到小腿肚的短裤子。我一看裤子的样式，觉得太难看了，死活不穿，嚷嚷着说没有女孩子穿这么难看的裤子。但是，我的吵闹对于一向节俭的祖母和当时的家庭条件来说，一点也不管用。祖母告诉我，穿上会凉快很多，痱子也会慢慢下去的。所以，尽管我哭了一场，最后在祖母的逼迫下还是穿上了。结果可想而知，到学校以后引得同学们一阵大笑，让我在同学面前非常尴尬。不过正如祖母所说，的确凉快了很多，几天下来痱子也明显有所消退。因此，这条裤子就成为我那年夏天的主打衣着。1987年夏天，大学校园里流行马裤，我也赶时髦买了一条，穿上后我突然想到，这应该和当年祖母给我做的短裤样式差不多。现在想想，祖母还是很前卫的，竟然能够设计出10年后流行的服装款式，甚至和现在流行的七分裤差不多。可惜我当时没有看出来，不仅非常讨厌那条裤子，还和祖母闹了一场，枉费了祖母的一片好心，也没有趁机好好地时尚一把，引领起当年穿马裤的潮流。

在我的记忆中，祖母最拿手的是纺线，我最欣赏的就是祖母纺线。没有白似雪的桂布，也没有软于云的吴绵，但那粗布麻衣在祖母手中纤云弄巧，既能保障一家人平常的穿着，还能保障家人过一个温暖的冬天，让家人尤其是孩子们在过年的时候都穿上新衣服。

20世纪70年代，在农村自给自足的自然经济背景下，家家都有一辆纺花车。纺花车，就是纺棉纱的手摇车。那是保障一家人穿戴的必备工具，也是女人辛苦劳作的见证。在男耕女织的年代，女子纺纱织布是本行，人们穿着的衣裤，都是自己家中的女性在纺花车前用棉花一下一下地纺成纱，再织成土布做的。有谚语说："不会纺花织布，不是傻妇是懒妇""纺花车，摇钱树，天天摇，自然富"。

我家里有一架纺花车，祖母说那是她的嫁妆，那时候的女人出嫁，娘家都要送一辆纺花车作为嫁妆。祖母18岁那年，带着娘家陪送的纺花车嫁给了小她一岁的祖父，开始了她在高家的生活，其中纺线是她在高家很重要的生活内容。

纺线具有很强的技术性，村妇村姑差不多都会，但想驾轻就熟、得心应手则需要在纺车上长年累月地练习。初学乍练时，不是拉不出线，就是拉出的线粗细不均，如长虫吞蛤蟆一般，疙疙瘩瘩，拿去织布，织不出平整的好布来。纺线时，右手轻轻转动纺车轮，左手捏着一根棉卷儿头，缠在纺花车的锭子中间，顺势轻轻拉伸，便拉出细细的棉线，棉线拉到一扬手长时，即反向转动纺花车轮子，左手把棉线一提，往里一送，右手立即正向转动车轮，棉线便就势缠绕在纺花车锭子上。反复如此，就会缠成满满的棉线轱辘，称为"线锤"，卸下后重新开始，重复往返。技术好的妇女一天下来，能纺出好多的"线锤"。

祖母纺线的姿势非常好看，总是把她的小脚伸出来，右手摇车，左手扯线，那洁白的棉花卷就在她的手中慢慢地变成了一根长长的细线，然后不停地缠绕在线锭上，变成一个"线锤"。纺花车会随着祖母左手的一扬一收和右手均匀的一摇一倒而发出嗡嗡嗡的声音，好像是她在倾诉着内心对解放前妇女地位不满的些许哀怨，也好像是她在吟唱着对美好生活的殷切期盼。祖母说线是根，断了不吉利，所以祖母纺花从不断线，希望子孙旺盛，后代绵延。有几次祖母出去的时候，我就趁机偷偷坐到纺花车前学着祖母的样子去纺线，不幸的是纺花车却发出了嘟嘟的声音，我纺的线像麻绳一样粗，还不时断线。有一次不小心还弄断了纺花的锭子，吓得我撒腿就跑。尽管后来在祖母的指导下我能够随着纺车的摇转勉强把线从棉花卷里抽出来，也基本能够做到不断线，但纺出来的线却没有祖母纺的均匀，纺花车发出的声音也没有祖母纺花时的声音好听，纺花的姿势也不及祖母优美，当然更伸不出一双美丽的小脚。

随着社会的发展和进步，机器纺织代替了手工织布，农村人也可以直接买布做衣服，纺花车就渐渐失去了它的作用，完成了农业生产时期的历史使命，销声匿迹了。当然也是历史的进步，祖母也就再也没有纺过棉花，但我还会经常想起祖母纺花的样子。祖母过世以后，我经常想起她，尤其是看到纺花车，我会觉得非常的亲切，也会想起那些"纺车飞转银丝长，木梭穿行云锦宽"的日子，"嘤嘤嘤、嗡嗡嗡"的纺线声，仿佛在吟唱着一个传承千年的故事……

2012年6月，我在丽江古城看到一个专门卖粗布的铺面，并且还有现场表演，其中就有纺线的程序。一看到纺花车，我马上心头一热，就向老板讲情能不能让我试一下。老板用疑惑的眼光看了看我，不屑地说："你会吗?"我带着些许祈求,说:"会点儿,让我试试吧!"同行的朋友也帮着再三央求,老板看到我一脸的企盼,就答应了,并一再交代要小心点,别把纺花车弄坏了。得到了老板的允许,我激动地坐在纺花车前去试了一把,虽然动作已经不再娴熟,抽出的线也不太均匀,但我纺花的心情以及它带给我的快乐和感受与童年时是一样的,只是更多了一份对祖母的怀念。

草根的哲学智慧

我小时候经常跟着祖母睡觉,也跟着她回娘家串亲戚。祖母的娘家离我们村8里地,因为她是个小脚,所以很多时候都是大哥或大姐拉着平车把她送到娘家,我就陪她坐在车上。有时候家里人没空,就由我陪着她慢慢走,走累了就歇会儿再走。虽然路不远,但祖母去一趟挺不容易的,所以一般情况下去了就住几天,当然我就陪着她住下。由于她的娘家几个弟弟都没有女主人(英年丧妻),家里不是太讲究卫生,床上经常有跳蚤,基本上每次去都会咬得我一身的疙瘩,所以我常哭着要回来。尽管如此,她还是喜欢带着我,我也愿意跟着她去。因为她娘家种水稻,我们去能够吃上大米饭,当然还能从她那里学到很多东西。她虽然不能识文断字,但是讲起民间故事、神话传说、谚语俗语、地方戏曲等,却如数家珍。

由于家庭条件的限制,我小时候没有看过多少课外读物,除了看大哥保存的小人书以外,很多历史知识、神话传说、民间故事等都是从祖母那里学来的,其中不乏做人的基本道理,也包含着她自己的生活观念。

谚语是民众生活教育中的重要组成部分。我的生活谚语大多是祖母教给我的。她不懂得什么是世事洞明皆学问,但她却会很多包含着世事学问的谚语,诸如"八月十五云遮月,正月十五雪打灯",意思是如果八月十五那天月亮被云遮住了,那么来年的正月十五那天可能会下雪。为此,我每逢八月十五都会看看月亮所处的状态,然后到正月十五的时候再看看天气如何。观察了很多年，发现还真的挺准。"打春一百，磨镰割麦"，意思是从打春（立春）那天算起，100天后开始磨镰准备割小麦。我数了好多年，发现基本上差不多，后来上大学后不割麦了，也就不再数了。"一九二九不出手，三九四九凌上走，五九六九河边插柳……"然后我就从冬至开始数，每隔十天观察一下，发现也挺准。祖母不仅知道打春这个节气，也能够说出传统二十四节气的名称和大致时间。她告诉我，庄稼的种植、成长和收获通常直接依赖于气候条件，传统的二十四节气是用来记气候变化的，掌握了二十四节气，可以根据当地情况来安排农活日程。后来我读了费孝通的《江村经济》，很为祖母啧叹，大字不识一个的她竟然能够讲出著名人类学家费先生书中的道理，这是多么大的智慧呀！

哲理也并不都是哲学家讲出来的，其实民间也有不少的哲理，祖母就会讲很多俗语，既直白通俗又自然有力，在茶余饭后引人深思，现在想想每一句都是大道至简的人生哲理。犹忆儿时，祖母对我们最常说的一句话就是"3岁看大，7岁看老"。即一个人在3岁的时候便可以看出他长大后的发展方向，7岁的时候便可以看出他老了以后如何。从现代教育理论观点出发，孩子3岁和7岁的时候是成长发育的两个重要节点，在教育过程中抓住这两个时期尤为重要。也就是要教育孩子从小学好，否则长大了就不能成才。这里所指的"成才"，关键是"做人"的问题。而"做人"的教育源头在哪里？追根溯源，我们不难发现，其源头便在于童年，在于家庭，在于父母的言传身教。

对于此，祖母说得最多的就是"房檐滴水点点照""上梁不正下梁歪"，意思就是大人说话、做事的方式方法会对孩子产生很大的影响，要求大人要以身作则，否则，孩子会看样学样。这些话虽然通俗，却道出了家庭教育的真谛——孩子的品行和习惯，很大程度上取决于父母的影响。俗话说：言传身教，身教重于言教。父母是孩子模仿和学习的对象，父母的言谈举止，甚至脾气秉性都会潜移默化地影响孩子。家长不要以为孩子小，什么都不懂，就不顾及孩子的存在和感受。实际上，孩子会从我们对待他和对待别人的态度、方式上，学习着如何对待他人，包括对待我们自己。今天我们在他们身上所施加的东西和影响，长大后，他们会悉数地还给我们，还给社会；你在孩子面前的每一个动作，每一个眼神，每一句话，都会成为孩子模仿和学习的对象。因此，身为父母，应从自身做起，给孩子一个良好的示范，才能让孩子的身心健康成长，才能塑造孩子良好的个性特征，形成我们社会良好的道德水准，人类才会有一个美好温馨的精神圣地。当孩子还不理解真正意义上的对和错的时候，他会观察并模仿父母的行为。父母的一言一行，一举一动，甚至习性爱好都会给孩子产生潜移默化的影响。作为父母，我们要做好孩子的榜样，因为榜样的力量是无穷的。

　　祖母还常说"一把荆棘捋不到梢"，意思就是做人不能把事做得太绝，要给自己留点后路。还有"能吃苦中苦，方做人上人""身正不怕影子歪""好花能开几日红""雁过留声，人过留名""人往高处走，水往低处流"等等一些催人奋进、正直做人、珍惜时光的俗语。成长的过程中仿佛一直听着祖母在耳边叨叨这些话，她之于我的影响就像红烛把房间照亮，像风托着鸟儿飞翔，像雨滋养万物生长，悄无声息却不可或缺。

　　高尔基曾经说过："用格言进行思维，我学会了许多东西。"确实如此。祖母教我的这些虽然算不上名人格言，只是一些民间的俗语，但堪称民间格言，也是我们生活中的智慧格言，句句精辟，给人启迪，让人铭记。它如同燃烧的火把，点燃了我的心灵，照亮了我生活的道路，为我的人生提供了智慧和力量。

　　草根哲学家的智慧还包含在民间谜语之中。我从祖母那儿学到了许多谜语，有的谜语是祖母自己编的。比如："南作晒大米，见明就收起"，谜底是天上的星星。因为祖母的娘家是南作村，生产大米，所以她把星星比作大米。"远看像座墓，近看像座坟，里面坐个鬼，龇牙又咧嘴"，谜底是家里蒸的糖包，因为祖母蒸的糖包都是圆的，像个墓堆，掰开的时候，里面的糖就会四处流。"麻屋子，红帐子，里面坐个白胖子"，谜底是花生。如此等等。有学者撰文《中华民族传统文化民间谜语与家庭教育》，专门阐释了民间谜语在家庭教育中所起的特殊作用和良好效果，它可以培养孩子对世间事物的认知能力，养成尊重长辈、懂礼貌、爱劳动的好习惯，引导孩子的正确思维方法，提高孩子的百科知识水平以及人文素质修养，培养孩子树立正确的人生观、价值观和远大理想。不过祖母写不出这些理论，也不知道这些谜语的作用，但她却在无形中培养着我的认知能力，发展着我的思维，教给我做人的智慧。

戏中有人生

从祖母那里学到的还有唱戏。小时候农村的文化生活还是很丰富的，很多村里都有宣传队，尤其是逢年过节的时候，村子里会举办各种各样的文化活动，扭秧歌、跑旱船、舞龙灯和唱地方戏等等，热热闹闹，喜气洋洋。尤其是唱戏，是比较普遍的文化活动。有的时候，村与村之间相互演出，有的还结为"社亲"，相互来往便更为频繁，农闲时会找机会到"社亲"的村子里去唱几天。祖母爱看戏，为了让她看戏时有个好位置，我们兄妹几个总是搬凳子提前去占位置，然后留个人在那里看着，当然做这种事情最多的就是我。我印象最深刻的就是听祖母绘声绘色地讲那戏中的故事，这让我不但喜欢上了地方戏，还从戏中学到了许多人生道理。

戏中有人生。"白头两遗编，吟唱心自足。"祖母爱看戏，也会唱不少剧目，不管是在家做针线活儿的时候，还是在走亲串戚的路上，只要逢上心情愉快的时候，她总会哼唱几段。我生命中最早关于生旦净末丑的认知，对于椒房梨园的憧憬和向往，应该就来源于此吧。我现在会唱的几句怀梆和一些豫剧的唱段，都是小时候从她那里学来的。也许是受她的影响，直到现在，我仍然喜欢听音乐、听戏，也会在没人的时候低声哼唱几句河南豫剧。

　　小时候每次陪祖母看戏、跟她学戏，都是我最快乐的时光。尤其是看戏，欣赏着那一张张美丽的脸谱，听着那一句句悠扬的唱腔，看着拉胡琴的师傅闭着眼睛陶醉地随着旋律而摇摆的身姿，心里美滋滋的，情感也会随着戏中情节而起伏跌宕。在这无数次的起伏中，戏中人的喜怒哀乐、一颦一笑都会让我产生无尽的遐思。我最喜欢看那些扮相美丽的女演员，她们穿着漂亮的戏服，甩着长长的水袖，迈着轻盈的步子在台上走来走去，美得像幅画一样，让我很是羡慕。每次看完戏后，奶奶都会把戏里的一些情节再讲给我听，把经典的唱段教给我唱。对于戏中的惩恶扬善、为国从军等情节，她会和生活中的一些事情结合起来讲给我听，然后告诉我："戏如人生，人生如戏。"所以，于我而言，一些生活哲理和家国情怀的启蒙，大多是从祖母教我唱的戏曲中学来的。

　　戏中有爱情。我爱听奶奶讲戏中的爱情故事，记得最清楚的就是《白蛇传》，其中"断桥"那一幕的唱段我至今都还能娴熟地唱下来。白娘子对许仙的怨诉，悲切中饱含深情厚意；小青对许仙的训斥，怒火中满含悲愤情仇。不同的唱腔将两个人的性格表现得淋漓尽致，也将白蛇和许仙的爱情故事演绎得凄美动人。

　　2000年12月，我第一次到杭州，专门到西湖去找断桥。由于那天天气晴好，我无法找到断桥的影子，一时难以想象烟雨霏霏中许仙与白娘子幽会的浪漫场景，倒是远远地望见了雷峰塔，想到许仙能够去扫塔，也算是对白娘子一片深情的最大安慰吧！可我还是认为《白蛇传》的结局不够圆满，应该是一种什么样的结局，至今没有想好，只能空叹："半是凡心半是仙，峨眉空付一千年。"

　　看《樊梨花征西》时，一直不明白樊梨花为什么不敢杀杨藩。祖母告诉我，原来樊梨花和杨藩曾经被父母指腹为婚，但是樊梨花长大后听说杨藩长得很"丑"，死活不同意这门婚事，就嫁给了薛丁山。后来杨藩投敌侵边，樊梨花挂帅征西，在战场碰见杨藩时，才知道杨藩是一个英俊潇洒、武艺高强的美男子。原来是因为杨藩酒量很大，别人说话的时候把"酒杨藩"说成了"丑杨藩"。尤其是看到杨藩对她依然是一往情深，樊梨花很是犹豫，实在舍不得也不忍心取他的性命。但是在国恨家仇之下，樊梨花几经挣扎，最终还是下定决心，为国除害。经过祖母的讲述，樊梨花在我心目中就留下了一个美好的形象：美丽无双、武艺最高、天下无敌；深明大义、顾全大局、明公正义。她的形象是超常的、美丽的、深刻的，她所体现的正是中国妇女勇敢顽强和独立于世的精神。同时，我也明白了一个道理："耳听为虚，眼见为实。"无论什么事情都要有自己的判断，不能道听途说，随便听信别人的传言，否则造成许多误解，就会给自己的人生留下遗憾。

戏中有亲情。祖母还常给我讲戏中的亲情。《卖苗郎》是她给我讲得最多的一出，戏中讲的是一位男子进京赶考，将家中的老人和孩子留给妻子一人照顾，然后杳无音讯。这个勤劳坚强的女子一人挑起了照顾全家人的重担。后来婆婆病故，为了能够埋葬婆婆、赡养公爹，她狠心卖掉了自己的孩子——苗郎；为了孝敬公爹，她甚至割下自己手臂上的肉煮给公爹吃。然而，后婆婆却心狠手辣，给她做了一顿下了毒的饭，要害死她，而这位善良的女子自己却舍不得吃，把饭端给了公爹，结果公爹被毒死了，女子自己却被抓进衙门吃了官司。苗郎在养父家读书上学，后来考取功名做了官员，并找到了同朝为官的父亲，认下了母亲，惩治了恶毒的后婆婆，结局终于皆大欢喜。祖母讲完这出戏，告诉我说：善有善报，恶有恶报；要好好孝敬老人，善待家人。我最难忘的就是"割肉"那一幕，记得当时我感动得泪流满面。儿时的我对这部戏的理解就是，要善待家人，为了让自己的亲人能够幸福生活，"割肉"也是必须的。虽然在以后的生活中，亲人们没人舍得让我"割肉"，我也没有为亲人们割过自己的肉，但是，为了亲人们的幸福，我会尽最大的力量去帮助他们。

戏中有家国情。我更爱听奶奶讲戏中的家国情，最喜欢的当数《花木兰》。每次看这出戏，我都会为木兰替父从军的忠孝之义和爱国情操所深深感动；为木兰武艺高强、奋勇杀敌的勇敢和智慧所折服；也为木兰"唧唧当户织"的勤劳贤淑所钦叹。因此，花木兰就成了我心中的偶像，成了我学习的榜样。我暗下决心，假如有一天给我为国上阵打仗的机会，我一定会奋不顾身，勇往直前，报效祖国。

上中学时，每次读到语文课本上的《木兰辞》，我都会心潮澎湃、热血沸腾，心中仍然回荡着童年看戏时对木兰的崇拜之情。后来，我有近30年没看过戏，但时不时会在心情惬意独处之时哼唱几句其中的唱段。2011年3月，我有幸观看了商丘豫剧团演出的《花木兰》，再次唤起了我内心的激情与热血，对木兰的敬佩与崇拜仍然不减当年。因为她不仅是我童年的美好回忆，也是我人生的一座灯塔，更是一个时代的文化标志，更有很多我自己成长的经历和个中不可言传的情愫。所以，我比较喜欢《花木兰》中的唱段，无论是"谁说女子不如男"，还是"花木兰羞答答施礼拜上"，到现在我还能完整无缺地唱下来。

有点遗憾的是，由于电视的普及、文化传播途径的多样化和文化内容的丰富性，如今那些具有地方特色的传统习俗或者民间文艺已渐渐淡出人们的生活，看戏和听戏的人少了，年轻人就更少了。在老家，谁家有红白喜事时，会请民间的戏班子来唱戏，大多是一些脍炙人口的老段子。但台下的观众却不是很多，大多数是年龄在60岁以上的人，而且就连他们，很多人也不是在听戏，只是借机在一起聊闲嗑、拉家常。而周遭的环境也不适合听戏，有各种各样的叫卖声，有儿童的嬉闹声，有趁机把儿童游乐设施搬过来挣孩子钱的小商贩，有打麻将的人，有做着零活还聊着天的妇女。真的，在这种氛围下能够把戏唱下来实属不易，这不能不说是我们戏剧的悲哀，也是我们地域传统文化的悲哀。我们的后人有多少还喜欢唱地方戏，或者能唱多长时间，能否赋予它新的生命力，真的令人担忧！当然，这是另外一个话题了。

虽然现在我听戏、看戏的机会也少了很多，但传统戏曲所演绎的民间故事和神话传说，以及其中所饱含的精忠报国情怀、惩恶扬善精神、家国人伦情操，对我的人生成长依然有着深刻的启迪意义。

不要和男孩子说话

传统守旧的伦理观念决定了祖母的劳动方式、思考方式、生活方式，这对家中的每一个成员影响都非常大，尤其是女性。小时候每次出去玩耍，她会交代我："不要和小男孩在一起玩。"上学了她又交代我："不要和男孩子说话。"大概那个时代的人都是这个理念，或者说所有女孩子的家人都是这样交代的，在我的记忆中，初中毕业以前我们班男女生之间很少说话。即使说话，也大多是安排工作、替老师传话等诸如此类的"公事"。上高中时，祖母非常严肃地交代我："不要搭理男孩子。"所以我不敢搭理，以至于与我坐了两年同桌的男生没说过一句话，叫什么名字我已经想不起来，更别说长什么样了。即将去上大学的时候，祖母拉着我的手，又语重心长地交代我："不要和男孩子单独在一起玩。"这一次，我真的觉得祖母太封建了，我都上大学了，还不让和男生说话。祖母的封建不仅仅是她自己的，也是我们家庭的，更是那个时代的。或许是受祖母的影响，我母亲和我大哥都是观念非常守旧的人。在我考上大学的时候，有两个初中的男同学到家里去表示祝贺，祖母、母亲、大哥的脸色非常严肃，吓得他们俩都不敢在我们家里坐会儿。

我甚至怀疑自己，是不是因为受祖母的影响过大，让自己的观念也有点守旧。有时候给女大学生作报告，或者是在上课时，讲一些男女相处的话题，常常被学生说思想太传统、过于保守。我有时也反思，可能自己的观点真的有点过时了。不过，当在网上看到一个小学生的求爱信时，我内心非常地纠结，甚至有点恐惧。一名天真无邪的7岁小男孩，在语文老师组织的一个写"真心话"活动中，竟然发出了让人吃惊的"求婚信"。让人很是费解的是两位母亲得知此事后，竟然在网上晒出了两人相互开玩笑时的聊天记录："今天你儿子向我女儿求婚了，全班都知道了。""准备礼金吧，像义乌土豪那样，现金挑来。188万就够了，888万太多了。"两位妈妈都表示这事不用想复杂了，只是孩子间表达好感的纯真方式。我也在想，孩子是单纯的，他们的内心是纯洁的，他们之间的"求爱"与成人完全不同，对他们而言，这只是一种友谊的表达，或者是对成人生活的模仿。但联想到当前青少年性行为日益增多，特别是女孩未婚先孕、人工流产、感染性病以至艾滋病等现象趋于早龄化，且呈逐年上升趋势，还是不免在想：可爱的孩子啊，你不该成熟得这么早！这么多被过度催熟的幼苗儿，究竟是谁之过？还有不少的女童、少女被性侵却没有反抗意识，甚至不敢声张，这又是谁之过？

谁之过？其原因显然是多方面的，家庭、社会与学校都有着不可推卸的责任。但作为孩子教育的重要组成部分，家庭教育在孩子成长中的作用是不可低估的，某种程度上来说它决定着我们的生活理念和行为方式。家庭教育缺失的影响毋庸置疑也是巨大的。很多父母往往只把眼光盯在孩子的学习成绩上，忽视其身心健康，缺乏或羞于对孩子进行性知识的教育和引导，缺乏对孩子进行自我保护意识的教育。

古人云："六岁不同席，七岁不同堂。"指的是男孩与女孩到了六七岁时就要回避，不宜在一起相处。其实这是一种早期的性别教育。虽然时代不同了，人们的观念发生了变化，传统的观念与时代的发展可能有不相一致的地方，但是对于孩子的性别教育是必不可少的，并且要从早期教育开始。它主要是让孩子建立性别意识，知道自己是男孩还是女孩，男孩和女孩之间应该怎样相处。这样有助于帮助孩子培养和发展出适合自己性别的个性，在日后的成长中，既能保护自己，又不伤害他人。

掩卷沉思，祖母当年对我们的训诫是否真的过时？假如那位孩子的祖母从小就告诉他（她）不许和女生（男生）说话，孩子不知道敢不敢写这封求爱信？假如真的如此，那些无知的女童、天真的少女会有起码的自我保护意识，也不会轻易被人性骚扰和侵害。

朴素的生活仪式感

祖母一生生活简朴，却充满仪式感。小时候家庭经济拮据，但只要逢年过节，祖母都会要求母亲让我们兄妹 6 个穿上新衣服。尤其是过年的时候，她一定会和母亲一起挑灯夜战，给家里每个人都做一件新衣服。用祖母的话来说，即使再穷，也要让每个人尤其是孩子们，以崭新的姿态迎接新的一年，所以一定要穿新衣。因为从小耳濡目染，所以有了自己的家庭后，每到过年，我也会让家人穿上新衣服，象征着对来年生活充满新的希望。

祖母信佛，每月的初一、十五都会烧香拜佛、祭祀祖宗。我曾经问过她："拜佛干什么？"她若有所思、意味深长地对我说："希望佛祖能够保佑万世太平，能够保佑你们兄妹几个好好成长，一家人平平安安。"每年的重大节日，祖母的祭祀仪式都会比较隆重，还要我们配合。比如，每年的腊月二十三，从下午开始，祖母就开始烙烧饼；晚饭时，她会把早已准备好的灶王爷画像贴在灶台后面的墙上，并在神像前摆放 18 个小烧饼祭祀。我曾经好奇地问过祖母："为什么要祭灶？"祖母双眼微闭，双手合十，喃喃自语道："希望灶王爷保佑人间明年有个好收成。"我又问："为什么要用 18 个烧饼？"她非常认真地说："18 个干粮是有数的，这是给灶王爷为人间征粮的盘缠，少一个灶王爷就给我们征不来明年的粮食。"到了睡觉前，她会交代我们每个人，睡觉的时候不能蒙着头。我曾好奇地问她："为什么不能蒙着头睡觉？"她耐心地解释道："因为灶王爷拿好盘缠后要清点各家各户的人数，才好带来我们明年的口粮；如果蒙住头睡觉，灶王爷看不到你就会少数一个，那我们明年的口粮就少了。"在那个物资匮乏的年代，祖母用这种方式来祈祷来年有个好收成。同时，她把对孩子们的爱用一种仪式来表达，因为让孩子们吃饱饭是她最大的心愿，也是她对孩子们最好的呵护。所以，那时候，每年的腊月二十三晚上，我睡觉的时候都是把脖子伸得长长的，生怕灶王爷数人的时候把我给忘了。

每年的大年初一，祖母都会要求我们早早起床，让祖父把街门、屋门都打开，在院子里用火盆烧火（我们的方言叫烘火），还要把火烧得旺旺的。祖父烧火的时候，祖母就边添柴边念叨："大年初一早开门，骡驮金来马驮银，马王爷驮个聚宝盆……"我曾经不解："为什么要起得这么早？"她意味悠长地说："大年初一的行为决定着你一年的行为，如果初一睡懒觉，那就意味着一年都要睡懒觉，以后会养成睡懒觉的习惯，就会变成懒惰的人，也就过不上好日子。"我又问："为什么在院子中烘火？"她说："意味着明年的日子会红红（烘烘）火火。"听了祖母的话，我就使劲地往火盆里加柴火，希望火能烧得更旺点，让我们家的日子过得更好一点。正因如此，每年大年初一我都会起得很早，我不想做一个懒惰者，想为一年的勤快起个好头，这是"一年之计在于春"的新民俗版本，也是"一日之计在于晨"的生活意蕴。其实，大年初一睡懒觉的大有人在，也未必都是懒惰者；只是在我看来，大年初一睡懒觉，毕竟不是一个好的开始。

我们一家人都有早起的习惯，我想应该都与小时候这些经历有关；我们兄妹6个都很勤快，应该也与祖母一直要求我们"要做一个勤快者，否则过不上好日子"的教诲有关。小时候觉得祖母的这种行为是一种迷信活动，长大以后才慢慢明白，它是祖母在艰难岁月里生发出的朴素理想和坚定信念，更是一种精神寄托和美好期待。同时，我也懂得了，人无论在什么时候，都应该对美好生活充满向往。

《小王子》中有一句话："仪式感，让某一天与其他日子不同，让某一个时刻与其他时刻不同。"这句话，让我想起了祖母当年的良苦用心，她用一种最朴实的方式让我们懂得：生活要有仪式感。有了这种仪式感，你就能感受到生活更加丰富饱满的意义；有了这种仪式感，你就会更加懂得珍惜，懂得奋进，懂得分享。生活需要仪式感，它会让你在平凡又琐碎的日子里，找到诗意的寄托，找到前进的希望，找到拼搏的勇气；生活需要仪式感，就像平凡的日子需要一束阳光、一束鲜花，需要一种向往、一种虔诚。

祖母生前曾向我们描述过，好人去世后，灵魂一定能够升天，然后化作神仙坐落在一方灵土，为世人所供奉，护佑一方生灵，普度众生。在《六祖坛经·决疑品》中，讲述禅宗六祖慧能法师对成佛的解释就是"恩则孝养父母，义则上下相怜，让则尊卑和睦，忍则众恶无喧"。只要你孝敬父母，友爱兄弟，团结同事，凡事忍着让着，则"西方只在目前"[1]。祖母讲不出这么多的理论，但她用其一生的行为在践行着一种精神实质——积德行善、热爱生活；用拜佛祭祀的方式祈求神灵保佑家人的平安和幸福。虽然我是个无神论者，但我宁愿相信祖母说的是真的，相信一生行善积德的祖母一定是被神灵接引升天，化为爱的使者，去赴另一个使命去了。所以，我虔诚地祈祷她的在天之灵能够得到安息，在奔赴使命的过程中多多保重，还要保护好她那双具有时代标志的美丽小脚，让它们在另一个世界伴随着祖母踩出一路芬芳。

---

[1] 易中天：《中国智慧》，上海文艺出版社，2011，第184页。

别让等待成为遗憾[1]

父亲是祖父6个子女中唯一存活下来的,因此很受祖父祖母的宠爱,再加上祖父之前的家世比较好,这使得父亲虽然长在农村,是个农民,但身上却有着大家子弟的贵气。

父亲的就学经历比较短暂,上学第一天就因为不好好听课被老师打板子,然后骂了老师一句就跑了,因此父亲成了文盲,后来成为一位地道的庄稼人,只认识自己的名字。他一辈子辛劳而清贫,无法为儿女的成长提供优越的物质条件,但他一生都在默默为儿女们付出着朴素而深沉的父爱。他用简单质朴的言语给我温暖和希望,用坚韧无声的行动给我力量和动力,我从一个懵懂无知的农家女孩成长为今天的大学教师,离不开父亲无形之中对我的言传身教。但父亲也给我的人生留下了很大的遗憾和愧疚,一个永远无法弥补的遗憾,一个令我终生愧疚的遗憾。

人总得有一技之长

父亲虽然没有读过书,但却是养牲口、杀牲口和赶大车的好手。解放初期,这个本领在农村是非常"吃香"的。他饲养牲口非常用心,以至于他在知道卖掉的牲口会被宰杀时常常会湿了眼眶。但想起家中嗷嗷待哺的孩子们,他除此之外没有其他可以挣钱的本事,所以一直不断地重复着

---

[1] 本文核心内容发表于《中国教育报》2019年6月20日,原文题目是《父亲从来没有离开过》,发表时有删改。

这个令自己矛盾的生计……我曾经问过父亲："为什么要做这种杀生的事情？"父亲无奈地说："人总得有一技之长，否则怎么养家糊口。"

因他经常帮人杀牲口，所以人家为表示感谢常会送他很多牲口的脊骨、肋骨和下水等。尤其是过年和村里庙会的前几天（农历八月二十三是我们村庙会），村里常会有人请父亲去帮忙杀猪、杀牲口。每当父亲拎着别人给的肋骨、下水等东西回来时，我们都会欣喜万分地跑过去迎接，然后祖父和母亲就会拿个大盆开始清洗、烧火、用大锅煮上，煮好后祖父和母亲捞出来分给我们兄妹几个吃。有时候父亲回来会晚一点，我们几个就靠着墙半躺在床上，等煮好了吃上几口再睡觉。后来家里的人变得越来越多，煮骨头的锅也变得越来越大。结婚后好多年，我们都会在年三十的上午回到老家，父亲总会为我们煮好一大锅，让我们解馋。其实，大家并不像小时候那样馋嘴，只是享受那个气氛。说实在的，一大家几十口人围着大锅一起吃大骨头的场景的确罕见，但确实是一件津津乐道的事情，也是令我们非常怀念的美好时光。直到现在，我仍然是过上一段时间就去市场买点大骨头回来炖着吃，尤其侄子、外甥、外甥女来我家拜年的时候，我一定会炖上一大锅给他们吃。我不知道我是在怀念春节一家人吃大骨头的那种氛围和味道，还是在怀念父亲曾经带给我们的那些幸福时刻。总之，一家人围炉而坐吃大骨头的画面，成为年幼的我对亲情最直接的理解。

父亲曾经被村里老少爷儿们称赞为赶马车驯牲口的能手。在"大集体"年代，以牲畜替代人力是主要的生产方式。父亲喜欢驯养牲口，为当时生产队的牲畜饲养作出了一定贡献。当时生产队有个"马房院"（专门养牲口的地方），父亲经常吃住在那里，围着牲口转。生产队的牲口一个个长得膘肥体壮，父亲也经常赶着牲口车去拉东西。在地里干活的时候，父亲扬起鞭子甩得特别响，牲口听到那熟悉的"啪啪"鞭声干活很是卖力。尤其是生产队秋天耙地的时候，父亲那魁梧的身躯站在耙上显得特别的威武和潇洒。只见他右手捞着绳子，左手（父亲是个左撇）扬着马鞭凌空一甩，马儿就奋蹄向前奔去，而他却巍然不动地站在耙上，身后扬起一股尘土，成为那广阔田野上一道美丽的风景线，为此也引来其他生产队社员羡慕和钦佩的目光。每当这个时候，我都会想起著名歌唱家蒋大为演唱的《沿着社会主义大道奔前方》："长鞭哎那个一呀甩叭叭地响，赶起那个大车出了庄。劈开那个重重雾，闯过那道道梁。要问大车哪里去，沿着社会主义大道奔前方。长鞭哎那个一呀甩叭叭地响，车轮那个飞奔马蹄儿忙……沿着社会主义大道奔前方。"朗朗上口，激情飞跃，可以说是父亲那个时代精神的真实写照，也是那个时代人们对社会主义建设壮志豪情的体现。

　　说起养牲口，父亲的确是一把好手。父亲喜欢赶会，并不是喜欢买东西，而是去看牲口。有看上的，他就把它买回来，养上个把月或几个月，再牵到会上去卖，赚上一点钱。我记得最清楚的就是我上高二时，父亲买了一匹红色的马，每日精心照料，看看马的嘴或梳梳马的鬃，一到星期天就让我和弟弟去割草，说尽量让马吃青草。后来马长得越来越"胖"，我问母亲这匹马怎么喂这么长时间不卖，母亲告诉我说马"怀孕"了，等暑假就可以生下一匹小骡驹，然后就能卖钱。如果精心喂养，明年就可以再生下一匹小骡驹，我和弟弟上学用的生活费就有了着落。为此，那年暑假我和弟弟割草特别卖力，没事也帮着铡草喂马，盼着大红马能早点生下小骡驹，心里也嘀咕着，如果双胞胎岂不是更好。正如母亲所说，暑假的时候我家的大红马下了一匹非常漂亮的棕红色骡驹，祖父和父亲一晚上都没睡，精心照料着这匹有功之马，直到第二天小骡驹站起来。这匹小骡驹的诞生，带给了家里巨大的欢欣，一家人全力呵护这匹能够带给家里"财运"的英俊的小骡驹。几个月后，小骡驹卖了400元钱，一家人高兴坏了，可父亲却非常地难受，原来他舍不得那匹可爱的小骡驹。

　　第二年暑假，我考上了大学，也正如母亲所说，在父亲的精心喂养下，那匹马又生下了一匹小骡驹。过了几个月，小骡驹又卖了400元钱。

就这样，那匹马连续下了4匹小骡驹。后来，也就是我上大学三年级那年，大红马一直无法成功受孕，父亲只好把它卖了。"项籍顾骓犹解叹，乐天别骆岂无情"，父亲没有白居易的诗情，卖马回来的那天，他只是默默地躺在床上难受了好长时间，连午饭都没有吃。后来家里不再养牲口，但他仍喜欢到集会上去看牲口市场。再后来随着农业的机械化，养牲口的人家不多了，他仍喜欢去赶会，总想到原来的牲口市场去看看，给别人聊聊当年养牲口的一些事，为此常常惹得母亲很不高兴，她不想让父亲到会上去聊那些往事。岂不知，那些往事里有父亲的辛劳，也有他的成就，它能够为不再养牲口的父亲带来心理上的极大安慰。

做自己喜欢的事

父亲是个很热衷于集体活动的人。小时候喜欢参与沙滩群体摔跤，成年后积极参与集体劳动，年老后热衷于村里联防、唱大戏等活动。每当村里有什么事，父亲都会积极热情地参与，不惜让孩子们出钱出力。村里修祠堂，父亲给大哥和弟弟打电话，要求他们要为村里做贡献，尽力捐钱。修祠堂期间，父亲带着二哥积极参加义务劳动。虽然我是出门闺女，但由于婆家也姓高，父亲也会以此为由要求我为村里尽点义务。

父亲是个戏迷，一辈子都爱哼唱当地的戏曲老怀梆，也很热衷于组织村里的戏曲活动，喜欢和请来的戏班中人攀谈、学戏，还请他们到家里吃饭。那时候人们抽烟还以旱烟为主，抽纸烟是很奢侈的。可父亲曾经用一包纸烟请唱戏的师傅给他画了一个大脸谱，过了一次赤橙黄绿、粉墨春秋的瘾，父亲神采飞扬的扮相，成为他人生中一段最难忘的回忆。

我问父亲为什么要花这么大的代价去画一个"大花脸"？他说："喜欢呗！人能够做一件自己喜欢的事，满足自己一个美好的心愿，花点代价也值得。"父亲没有读过书，也没有很远大的理想，更找不到高层次的追求，但他有自己的爱好，并且积极去追求。这正是他热爱生活、向往美好的一种人生态度。

父亲的这种人生态度也影响了我的人生：做自己喜欢的事。对我而言，最喜欢的事莫过于读书求学、教书育人。因此，高考时我毫不犹豫地选择了师范大学，并把坚持读书学习作为自己生命的存在方式。在我专业成长的道路上，曾经遇到过困难和阻力，也付出物质和精神上的代价，但每每想起父亲的话，我是在做自己喜欢的事情，便觉得这些付出都是值得的。

公家事不能耽误

1990年8月，我拿到了沁阳市教育局开给我的报到证，到海泉中学上班。当我拿到报到证时，激动得两眼含泪——因为我终于如愿以偿地当上了老师，并且幸运地留在了县城。梦想照进了现实，那种激动的心情实在是难以言表。

全家人和我一样激动，尤其是父亲。因为我是村里第一个女大学生，是家里第一个吃"皇粮"的"城里人"，因此父亲走在村子里满脸都是掩盖不住的自豪。为了让我安心工作，父亲除了按时给我送粮送菜，哪怕是在农忙时节也从不让我下地干活。有时候我会趁周末回家帮忙，父亲总是对我说："家里的事情我们自己做得了。你领着公家的工资，就该做好公家的事情，公家的事不能耽误。你是一个当老师的，更要做好自己的工作，不能误人子弟。"

2003年，父亲干活时不小心从梯子上摔下来，在县医院住院，兄妹几个轮流陪护，但父亲唯独不让我陪，认为我拿的是公家的工资，带着一群学生，绝对不能耽误工作。2007年，我在西北师范大学攻读博士学位，父亲不小心摔坏了腰，在床上躺了一个多月，但他一直没让家里人告诉我，说我干的是大事，不能让我分心。父亲之所以认为我干的是大事，一方面是因为他尊重教师，认为教师是有知识、有文化、有修养、受人尊重的人，还肩负着培养人的重任，自然是大事；另一方面是他崇尚读书，女儿在读博士，是全村子里他知道的第一个，所以在他看来自然是件很了不起的事情。

听到这样的话，我除了感动，更多的是对父亲的敬重，他让我认识到自己本职工作的重要性，意识到应该如何对待自己的职业。从教近三十年来，每当我工作中因困难而畏缩、因事情繁杂而懈怠时，我就会想起父亲的话："公家的事不能耽误。"

心酸的"抠门"

父亲是出了名的"抠门"，兄妹几个还经常拿他的"抠门"取笑他，有时候还生他的气。但是，面对我们的取笑和指责，父亲只是一笑了之，一如既往地"抠门"，不舍得多花一分钱，直至生命的尽头。

从20世纪90年代开始，我们兄妹6个中已经有4个陆陆续续从村子里走了出来，开始在县城、京城安家。尽管儿女们已过上了城里人的生活，但父亲和母亲的生活依然很节俭，并且自食其力，干点力所能及的事情挣点钱贴补家用，尽可能给孩子们减轻负担。

父亲经常去城里为我们送粮食、送菜，但从不舍得到街上买一顿饭吃。有好多次父亲给我们送东西时已过了吃饭的点，我赶着上班，就图省事给父亲点钱让他到街上吃点东西。但父亲每次都把钱要么退给我们，要么装在口袋里带回去交给母亲。有好几次父亲都是瞒着我饿着肚子，回到家里吃母亲做的饭，也不舍得花兜里的钱。有时候我会给父亲点钱让他到街上转转，随便买点自己需要的东西。可除了给祖父祖母买点东西，或者给哥哥的孩子买点小吃外，他从来没给自己买过。在父亲生命的最后时刻，他默默无声地忍受病痛的折磨，不愿大声呼叫痛苦，怕给我们增加精神压力，更怕给我们增加经济上的负担……父亲最终还是以他那"抠门"的特殊方式表达了对儿女的关心与爱护，没有让我在床前伺候一天，没有让我为他看病花一分钱，悄然地离开了我们。然而父亲并没有想到，这对于他的孩子们来说是多么残忍的一种做法，我在感情上无论如何都没办法接受，以至于我在很长时间无法从痛苦中走出来，直到现在仍然无法原谅自己的不孝，父亲的离去成为我心中永远的痛。

母亲在收拾父亲的遗物时，发现在他自己的柜子里"藏"了很多东西，其中有我爱人1998年为他买的一双皮鞋和一件棉袄。当时我爱人下乡到我们镇上的储蓄所上班，在集会上碰见了父亲就给他买了这两件东西，可父亲一直没舍得穿，连包装鞋的塑料纸都没有拆开，棉袄也依然如新。看到这些，我忍不住失声痛哭，后悔自己没有监督父亲把买的衣服和皮鞋穿上。现在物留人去，又有何用？在父亲入殓时，我让母亲把这些东西都给父亲装好，让他带走，我不想让他再节俭，想让他走得风光一点，这是我唯一能够为他做的事情。虽然无法弥补心中的遗憾，但我还是希望这些东西能寄托着我的哀思去另一个世界继续陪伴父亲。

缺憾的"虚荣"

父亲有点"虚荣"，总喜欢在别人面前炫耀自己的孩子。在我上高中时，每次的期中、期末考试成绩和期末的学生评比结果，学校都会用大红纸张贴在校门口对面的一面高墙上。学校门口那条街是个集市，每逢农历初九就有集会，乡下不少人都会到镇上赶集。父亲喜欢到牲口市场上去看看，刚好路过学校门口，顺便给我捎点干粮。因为我学习成绩一直不错，还是年级前几名，又是班干部和学校体育队的运动员，所以每次红榜上都会有好几个我的名字。父亲虽然不认字，但他知道我的名字在上面，总会让别人给他念念上面写的什么。当别人给他念到我的名字时，父亲会满脸笑容并自豪地说："那是我闺女！"等再念到我的名字时，他就再说一遍："那是我闺女！"

我考上大学后，父亲就更自豪了，走在大街上满脸都是欢喜与满足。

我被分到县城以后,父亲更是满脸的幸福与荣光。有时我回去,父亲会专门到集上去买肉,并跟乡邻说:"我闺女回来了。"后来弟弟上了大学,毕业后分配到了北京工作,大哥、大姐也陆续到城里生活。父亲就开始喜欢在外面对邻里乡亲炫耀子女和孙子在哪里哪里"多么厉害",他的子女中有村里第一个女大学生、第一个重点大学的学生、第一个万元户、第一个在国外工作的人等等那么多"第一";儿子是村长、厂长,女儿是博士、校长,"县长",小儿子是外国公司的老板,孩子们读书都很好等等引以为豪的事情。由于我是家里第一个走出来的,也是村里第一个上大学的女孩子,又是村里学历最高的,还有一定的行政级别,所以父亲说得最多的就是"我女儿是博士、是校长、是县长"。校长是真的,只不过是副校长;博士也是真的,只是父亲并不知道博士是怎么回事,到底是个什么级别;至于说县长,我真的不是,但父亲认为是。2009年元月,村里有人在报纸上看到了我的任命公示,上面写着拟任正处级干部,就告诉了父亲。父亲打电话问我:"正处级是什么职务?"我说:"我们学校的副校长。"父亲又问:"正处级相当于什么级别?校长到底管多少人?"我说:"正处级相当于县长的级别。我们学校有一万多人的规模。"然后父亲就理解为我是县长,管辖的人口相当于10多个我们村的人口。

看到我为考博士付出那么多,父亲很是不忍,曾经劝过我不要太辛苦了,要多顾顾家;看到我考上博士时那么高兴,他也很高兴。但是对于博士到底是怎么回事,他一直没弄明白。后来他偷偷问弟弟:"你三姐上的博士到底是什么?"弟弟想了想,给了他一个最通俗易懂的答案:"学习最好的人。"他一脸自豪地说:"你姐本来上学的时候一直就是学习最好的人,经常考班里的第一名。"看到父亲这么开心,弟弟故意提高了声音,一脸得意地说:"那是在我们村、在她们班上,现在是全国范围。上学上到博士以后就没学可上了,也就是没有比博士学习更好的了。"因此,父亲就把博士理解为很了不起的人,经常在别人面前炫耀自己的女儿。其实对于父亲的这种炫耀我们很不高兴，并且多次劝说父亲不要去给街坊邻居炫耀孩子的某些成绩，做人还是低调一点，但父亲总忍不住会去说。为此，我吵过父亲几次，还惹得父亲很不高兴。

父亲去世后，我曾经冷静地想了想，其实父亲那不是"虚荣"，更多的是自豪，是他的荣耀，是他一种心理需求的满足，更是他表达爱的一种方式。可我干吗要阻止他呢？我们可以帮助自己的朋友或周围的人，满足他们的要求，包容他们的缺点甚至虚荣，为什么不能理解自己的父亲——一个老实农民的小小自豪感呢？他只是向大家赞美他引以为傲的子女们，并没有去伤害别人，为什么我们就对他如此苛刻呢？

父亲去世的那一天，焦作电视台正好播放着《焦作女性》栏目对我的专访，其中提到了父亲送我上学的事情，遗憾的是父亲没有看到，并且永远也看不到了。假如父亲能够看到，他一定会引以为豪，并向乡邻炫耀他的女儿上了电视等等。树欲静而风不止，子欲养而亲不待。父亲去世后我很是自责，总觉得自己没有理解父亲，没有让父亲坦坦荡荡地炫耀一把，以满足父亲的"虚荣"。后来，每次去给父亲上坟，我都会将自己所取得的成绩及时告知父亲，希望天堂里的父亲能够继续"炫耀"他的儿女。如果有来生，我一定更加积极努力地去取得更多的成绩，并将我所取得的所有成绩一一及时告知父亲，让他有足够的时间、足够的机会、足够的资本去炫耀，最大限度地满足他的"虚荣"。

别让等待成为遗憾

长期以来，我们总是习惯强调母爱的力量，强调母爱的崇高与伟大，但事实上，父爱的力量同样崇高，同样伟大。就像鸟之两翼、车之两轮，母爱和父爱是缺一不可，无法替代的。高中时，我曾经写过一篇作文《父亲》，记得开头是这样写的："人可以选择职业、爱好，但无法选择父亲。别人的父亲是领导，是干部，是教师、工程师……而我的父亲却是一个地地道道、普普通通的农民。小时候曾经无数次对于别人的父亲抱以羡慕的目光，总希望自己的父亲也是一个有文化、有工作的'体面人'。长大以后才发现，我的父亲虽然是个农民，但他给予我的父爱一样深沉，更包含着他特有的纯朴与善良，勤劳与勇敢……"

可以说，父亲的一生是平凡、朴实的，他的一生没有什么大起大落，非常地平淡。由于祖父在村里一直很有威望，大哥又领事比较早，在村里也获得了比较高的声誉和地位，所以，父亲一直生活在祖父的威望和大哥的"气场"之下，是一个在精神夹缝中生存的人，没有多少发挥的余地，也没有祖父和大哥在村子里的那种地位。因此，父亲就成为没有太多意见的人，但他用一生的安静和"默默无闻"成就了子女们的风光。

父亲的一生很平淡，用自己的实际行动对孩子们进行言传身教。不过，他给我上的最后一堂人生课居然是：别让等待成为遗憾。只可惜痴儿意迟，等我终于明白过来的时候，已经无可挽回地留下了终生遗憾。

2007年，我打算在焦作买房子，父亲听了非常高兴，不再担心我上了博士会到外地去，并且告诉我他和祖父的愿望一样，希望我搬了新家以后能够去住一次，所以他经常问我房子有没有盖好。每当父亲问到我房子的进展情况时，我都会很坚定地告诉他："放心吧，您一定会住上的。"因为在我的潜意识中，一直认为父亲会和祖父一样长命百岁，再加上他身体一直很好，看上去也很健壮，所以从来没有想过他会有病，更不会想到他会离开我们。然而，残忍的病魔不知道什么时候开始侵蚀父亲的身体，从我得知父亲检查出有病到去世，仅两天半的时间。当我和弟弟赶到医院见到父亲时，他第一句话就说："孩儿呀，终于把你们盼回来了！"他当时已经是疼痛难忍，面色蜡黄，和我上次见到的他已经判若两人。我意识到父亲的情况不妙，背过身躯，眼泪止不住地往下掉。晚上11点10分，就在我和弟弟出去的那一会儿工夫，他抛下我们，永远地离开了这个世界。当我接到侄子的电话赶到医院时，看到的是已被蒙住了脸的父亲。"突如其来如，焚如，死如，弃如。"这突如其来的噩耗使我陷入极大的悲痛之中，我顿时觉得万箭穿心，眼前一片漆黑，泪水如滂沱大雨般不停流下，那是一个我无论如何都难以接受的残酷事实。

父亲的离去实在是太突然了，不像那些正常死亡的老人，去世前安安稳稳地看着孩子们都在，弥留之际还能一一道别。也不像那些久病卧床的老人，给足了孩子膝前尽孝的机会。可父亲在我们都不在跟前的时候，在我们毫无思想准备的情况下，没有和我们说"再见"就悄悄地走了。凡人常理，人要走，总是应该道别的啊，一声不吭就忽然不见了，那种找不见，呼不应，等不到的感觉令人心生畏惧。父亲走后我才意识到，人与人之间别离时，说与不说，真的不一样，尤其亲人之间，哪怕是死，也应该道别一下，否则，活着的人会遗憾一辈子。其实，死亡会让人悲痛，但不会恐惧，因为生老病死是人之常情，而比死亡还要让人恐惧的，是不告而别。

"昔人已乘黄鹤去，此地空余黄鹤楼。黄鹤一去不复返，白云千载空悠悠。"父亲走了，走得是那么的匆忙，没来得及和儿女们说一句话，就那样匆匆地走了；父亲走了，走得是那么的从容，分明忍受着巨大痛苦却安详而去，就那样平静地走了；父亲走了，走得是那么的淡定，不让孩子们陪护，自己悄悄地走了；父亲走了，带走了他对儿女们的奉献和关爱，留给儿女们的却是更多的思念、无限的悲伤和永远无法弥补的遗憾，也留给了我深深的愧疚！

父亲的突然离去使我悲痛欲绝，没能陪伴他走完最后一程使我悔恨交加，这份愧疚一直被我深埋心底，成了我心中永远的痛。父亲养育了我们，在那么艰难的条件下供我和弟弟上大学，无数次对我们说要好好学习，要安心工作，公家的事不能耽误。然而，我却一直在为自己的家庭、工作和学业而忙碌，未能膝前尽孝。他一点机会也没给我，没有让我花一分钱为他看病，也没有让我在病床前伺候一天，更没有住上我的新房子，就这样离开了我们。

  2018年11月，电视剧《幸福一家人》热播，一向不追剧的我在不经意间看到了其中的一段剧情，被深深地感动了。剧中的房天忆得知父亲患癌症时无比地悲痛与悔恨，他跪在父亲面前祈求父亲原谅他的不孝，并央求父亲到医院治疗。父子之间那段感人肺腑的对话直戳我的泪点，因为我仿佛看到了曾经的自己。然而，房天忆是幸福的，上天给了他孝敬父亲、挽救父亲生命的机会，但是没有给我床前为父亲尽孝的机会，也没有让我为挽救父亲的生命做任何事情；房天忆的父亲是幸福的，他有个心愿板，他的儿女看到后，想尽一切办法满足他的心愿，但是我父亲没有心愿板，甚至我都不知道父亲有什么心愿，更没有机会去满足父亲的心愿。我唯一知道的就是父亲希望能到我焦作的新家住上一次，但是因为房子未能如期交工他未能住上，因此我比房天忆更悲伤、更悔恨、更遗憾。

  想见仪容空有泪，欲闻教训已无声。父亲的突然离去留给了我无数个思念的日子。在父亲走后的很长一段时间里，我在无数次的愧疚与自责中以泪洗面，心似刀割，曾经一遍又一遍不停地播放着刘和刚的《父亲》："我的老父亲，我最疼爱的人，生活的甘甜有十分，你只尝了三分。这辈子做您的儿女，我没有做够，央求你呀下辈子，还做我的父亲……"在对父亲的怀念中品味着父爱的厚重与力量，在期待中告慰着父亲的英灵，也在祈求他对女儿心灵的宽恕。现在听到这首熟悉的旋律，我仍然会想起父亲，禁不住潸然泪下。我曾经很多次梦见他，梦中的他依然戴着草帽，骑着他那破旧的二八式自行车，后面带着粮食和蔬菜，但我却怎么也走不到他的跟前。每次从梦中醒来，我都会以泪洗面，思念与愧疚一齐涌上心头。直到现在，看见别人喊自己的父亲，我会有点嫉妒；看见别人孝敬自己的父亲，我会特别地羡慕；尤其是看到别家女儿挽着父亲的手臂在公园里散步，我会非常地懊悔，懊悔自己为什么没有给过父亲这样幸福与温馨的时刻，并且也永远没有机会给他这样幸福与温馨的时刻。

对于父亲的骤然离世，我一直无法释怀。它留给我的不仅是悲伤与遗憾，更有沉痛的教训：不要想等到飞黄腾达了再怎么孝敬父母、让父母安享晚年；不要想等到闲下来了再回家看看；不要想等到有空了再陪父母。生命不能等，亲情不能等，孝敬老人的机会不能等，有时候等不起，有时候等不来，切莫让"子欲养而亲不待"。没人知道明天和意外哪一个先来，也没人能够预知生命在哪一刻会走到尽头，人生太无常，来日不一定方长。我们能够做的全部事情就是珍惜现在所拥有的一切，因此，我们必须珍惜每一个和家人相处的机会，要抽出更多的时间去陪陪亲人，给自己更多孝敬老人、帮助亲人的机会。不要总是用工作繁忙来疏离，不要总是用机会难得来推搪，别让等待成为遗憾！

如今，父亲离开人世已经 10 年了，但我一直无法接受这个残酷的事实，也不想去接受这个现实。每次回老家，一进门就会不由自主地四处张望："父亲去哪儿了？"直到看见客厅墙上的照片我才回过神来——我与父亲已经阴阳两隔，再也难以相见。直到有一次午夜梦醒，我幡然醒悟：原来父亲哪儿都没去，从来没有离开过，他早已化成一个清晰的身影，永远定格在我记忆的深处，温情而有力，深刻而久远，浇筑着我的人生道路，激励着我不断成长。

一盏智慧的心灯[1]

母亲的形象会影响每个人的一生。一个人从小到大，只要有母亲陪伴成长，那么母亲的一切——包括母亲的形象、做人的原则、处事的风格、解决问题的方法和思路，甚至母亲的一言一行，都会在不知不觉中影响着孩子的成长。"母亲用自己的言行告诉我们，人与人之间的真、善、美往往就在于对别人无私的奉献。"这是钟南山先生在回忆家庭对自己人生影响时的深情陈述。其实，在我成长过程中，母亲对我的影响也是很大的。

我的母亲今年83岁了，像她那个时代的大多数农村女人一样，她是个大字不识的农家妇女，但她却是一个贤惠的家庭主妇，用自己特有的生活智慧，娴熟地"经营"着我们一大家人的幸福，让我们感受家的温馨，感受生活的美好。

母亲是我的榜样，她在我心中的形象永远是美丽的、勤劳的，更让我印象深刻的是她做人的智慧。母亲非常能干，无论是家务活还是下地劳动，没有她不能干的，做饭、养鸡、养猪、饲养牲口，全家的缝缝补补……加上母亲干净利落，很少看见她闲着的时候。艰苦的生活锻造了母亲刚毅、善良、勤劳、无畏的性格，她智慧地为儿女们撑起了一片蓝天。母亲虽然没有读过书，但是她对我们的教育是潜移默化的。她不仅教会了我们如何做人做事，如何热爱生活，如何依靠自己努力上进，还教会了我

---

[1] 本部分核心内容发表于《中国教育报》2010年4月9日，原文题目是《母亲是我心中的一盏灯》，发表时有删改。

们如何经营自己的家庭，教育自己的孩子。就父母的遗传来说，我总觉得我们兄妹6人遗传母亲多一点，或许这与母亲在我心中的形象有关，或者是因为我希望自己能够做一个像母亲一样有智慧的女人。

漂亮的嫁衣

小时候曾听祖母说，母亲年轻的时候很漂亮，用农村的话说叫很好看。母亲与父亲结婚时穿的嫁衣在当时也很时尚，街坊邻居人见人夸，祖父祖母也很自豪。其实，从母亲现在的气质来看，我也能想象出母亲年轻时候的美丽。虽然她出身贫寒，但她却很有大家闺秀的气质，秀丽端庄，贤淑雅致。

说起母亲的嫁衣，我曾经见过，的确很漂亮。那些年每到夏天母亲就会把压在箱底的衣服拿出来晒晒，其中最显眼的就是祖母和母亲的嫁衣。但是祖母的相对较少，母亲的比较多，而且母亲的看上去显然要鲜艳许多，也漂亮许多。我特别喜欢的就是母亲的那条大红色的裙子，前面竖着手工绣的一排鲜艳的花朵，非常漂亮，和我看过的戏中千金小姐穿的一模一样。每年母亲晒衣服的时候，我都会趁着大人午休时偷偷地走到晾衣服的地方，拿着裙子在自己的身上比来比去，想象着母亲红衣素手、莞尔娇羞的模样。不过那时候裙子真的太长了，我实在穿不了。为此，我一直盼望着自己长大以后能够穿上这样漂亮的裙子。我曾经问过母亲："我长大了能不能把您的裙子给我穿？"母亲说："不能穿，这是嫁衣，是结婚的时候穿的。"我央求母亲："那我结婚的时候能不能穿您的裙子？"母亲笑着说："等到你结婚的时候会有更好的裙子。"所以，我一直希望自己能有一条漂亮的裙子。

我9岁那年，母亲给我做了一条长长的黄色碎花裙子，我高兴坏了，那时候穿裙子的人不多，我就穿着到门口去炫耀，结果刚好碰见了大哥。大哥一见我穿个裙子，还露那么长的光腿，顿时脸色就严肃起来，声色俱厉地呵斥道："小姑娘家穿得像什么！赶紧脱了！"大哥是个很传统的人，也是在我家说话很有分量的人，守旧的母亲就劝我先换了，等我长大一点再穿。我哭着不愿意，但还是把裙子换了。

12岁那年，我再次向母亲提出要穿裙子。母亲就跟我约定，如果我能晒够一定数量的毛纸（把捞出来的毛纸一张张地贴到墙上，我们称为"晒纸"），就给我做一条裙子。后来的一段时间内，我每天放学后就拼命地"晒纸"，星期天也起得早早地去"晒纸"，反正那段时间除了上学就是"晒纸"。经过了两个多星期的努力，我晒够了母亲给我规定的数量。在西向集会的时候（阴历四月初八），母亲花两块四毛钱扯了一块白底红花的布，给我做了一条裙子，这条裙子我一直穿到初中毕业。这件事启发了我，想要什么东西就自己去争取，用自己的劳动去获得自己想要的东西。

我结婚的时候穿的是一套红色的呢子套裙，但是总觉得还是没有母亲的裙子好看。所以，母亲的嫁衣之于我就成了一种说不出的情愫，即使我现在拥有各种不同款式和质地的裙子，却始终觉得不如母亲的嫁衣漂亮。

母亲还有很多首饰，包括手镯、耳环、项圈等，都是银的，其中最漂亮的就是那个银项圈，戴上后胸前坠个大大的银牡丹花，下面还挂着4个银坠子。在农村来说，女人的嫁妆属于女人的"私房"，虽然也是家庭的财产，可与家人共享，但是由女人自己保管，所以母亲一直精心保管着她自己的"私房"。

20世纪70年代末，随着孩子们慢慢长大，大哥到了成家的年龄，家里的生活变得更为拮据，母亲拿出了自己的陪嫁变卖，其中就有那个大大的银项圈。那条裙子当时别人也曾给过20元的"高价"，但是母亲没舍得卖，一直压在她的箱底，成了她目前保存下来的最珍贵最有纪念意义的物品。有一次回老家，我和母亲又聊起了往事，其中说到了她的裙子。母亲知道我喜欢，就从箱子里取出来，送给我保存。我非常高兴地接过裙子，把它珍藏了起来。对于我来说，她不仅仅是一条裙子，而是母亲保存了60

多年的嫁妆，更是一个时代的见证物，个中既有母亲的美好回忆，也有我童年的憧憬，更有一个家庭兴衰荣辱的历史记载。

家里的主心骨

每个家庭都会有一个顶梁柱式的人物。2014年"五一"期间，《新闻联播》就"家里的顶梁柱"这个话题进行新闻采访，不同的人对"家里的顶梁柱"进行了角色定位，认为"家里的顶梁柱"是指在家里起重要作用的人或物。就我们家而言，母亲是很有分量的人，在某种程度上甚至要大于父亲，这也许是因为对于日常生计而言，母亲是撑起一家人生活的"顶梁柱"；于家庭发展而言，母亲总是锦囊妙计的"主心骨"。很难想象，如果没有母亲，我们家当年的生活会过成什么样子。

母亲的家庭地位是她用自己的辛勤和贤惠挣来的。记得小时候，在那个社会整体尚不富足的时代，由于家里人多，每天都要吃掉两锅馒头。多年的生活习惯使母亲每天都要赶在晨曦之前起床忙活，这样家里人早饭才能吃上热腾腾的馒头和饭菜。忙完早饭之后，她要和大家一起下地干活，收工回来又要马不停蹄地烧火做饭。白天辛苦劳作一天之后，晚上她还要在夜深人静的时候，清扫缝补，准备次日三餐，往往要操劳到深夜才能睡觉。

在我的孩童时代，我们家是一个10口之家的大家庭，是一个非常和睦的大家庭。记忆中，祖父、祖母、父亲、母亲精诚合作齐心协力养育我们兄妹6人，很少发生"勺碰锅、锅撞勺"之类的不愉快。后来，随着我们逐渐长大，成家立业，家里的人越来越多，由原来的10口人变成了30多口。家庭的格局也在不断地发生变化，由原来的三世同堂变成了后来的四世同堂、五世同堂。几代人共同生活在同一个屋檐下，难免有意见相左的时候，但是每次母亲都能统揽全局、调和左右，使大家相安无事。不管发生什么事，母亲都没有影响过做饭和干活，总是把家人的生活放在第一位。

母亲19岁与父亲结婚，可能是大父亲一岁的缘故，她非常疼爱父亲，关心父亲，照顾父亲，凡事总是让着父亲。说实在的，在干活上，母亲比父亲更有耐力和毅力，所以，她很多时候宁愿自己多干一点，也不让父亲受累。母亲对父亲的照顾可谓关爱有加、体贴备至。父亲有时候为一些事情较真，凡是遇到这种情况，多数都是母亲主动让步。小时候不懂事，我曾经问过母亲："为什么要让步？"母亲说："不想计较这些事，一家人好好过日子才是最重要的。"随着年龄增长，孩子都成家以后，家里的人越来越多，他们的主要精力放在照顾二哥上，同时尽可能帮助孩子们多做一点事情，两人之间很少发生争执。从执子之手到白头到老，母亲用行动向儿女们做出了"结发为夫妻，恩爱两不疑"的表率。

照亮孩子回家的路

父亲骤然过世后，母亲内心承受着很大的悲痛，但她没有为此颓废，一直安慰我们兄妹几个，不让我们为此太过伤心，要振作起来，好好地工作和生活，让父亲安心而去。同时，她还担负起了代替父亲照顾祖父的责任，丝毫没有懈怠。尤其是祖父离世前的那几天，日日夜夜都需要人照顾，她不忍心打乱我们的工作和生活，又心疼二哥白天要干活，就自己在祖父的房间支了一个折叠床，昼夜不息地照顾伺候。这看似一件很普通的事情，却不是所有的儿媳妇都能够做到的，尤其是当时母亲已经是75岁高龄的老太太。街坊邻居也曾经劝她说："差不多就行了！"她却说："孝敬老人是天经地义，不然这心里过意不去！再说了，我怎么做，孩子们都看着呢！"可以说，母亲在处理家庭问题上还是能够顾全大局的。她常说："我不想让孩子们在外面担心，更不想让孩子们在人前没面子。"正是母亲这样的胸怀造就了我们整个大家庭的和睦，也影响了我们每一个人关于家庭、关于母亲的理念，才有了今天我们兄弟姐妹的幸福生活。

小时候家里从事古法手工造毛纸，作为农闲时的一项家庭副业，全家老少共同参与制作，之后让大哥大姐沿街叫卖。由于是拉着平车步行，所以他们俩每天都是很晚才回家。可是不管有多晚，母亲都会擀好面条，在煤油灯下，一边揭着单张（把毛纸一张张揭开，方便第二天晒），一边等着他们回来，直至他们吃完饭睡觉之后才去休息。每每看到灯下母亲劳作的身影，我就会想起曾经在书上读到的一句话："母亲是盏心灯……"可以说，正是这盏心灯照亮了孩子回家的道路，正是这份等待加快了孩子回家的脚步。

优雅当户织布衣

小时候穿衣服、做铺盖用的都是土织布，又名老粗布、手织布，是世代沿用的一种纯棉手工纺织品，具有浓郁的乡土气息和鲜明的地域特色，在中国纺织史上占着举足轻重的地位。小时候家里有一台织布机，一直放在老房子里，农忙的时候母亲下地干活挣工分，只要一闲下来就织布。织好的布一部分拿去卖，一部分留作家用。全家人所穿衣服的布料，包括床上铺的盖的，基本上都是母亲亲手用木制的织布机一梭一梭地织出来的。母亲的织布技术很好，不仅织得快，而且织的布也很平整，还会织条纹、格子等很多花样。条纹的做被子，格子淡雅的做床单，鲜艳的就给我们姐妹三个做衣服。每次想到母亲织的带花纹的棉布，我就会想起唐代元稹的《织妇词》："缫丝织帛犹努力，变缬撩机苦难织。"可想而知，母亲当年为了我们能穿上带花纹的衣服，曾经付出了多少心血！

母亲优雅地当户织布，是印在我心底最清晰的模样。只见母亲的两只脚交替踩动织布机下面的踏板，经线就会上下拉开，她的左手向上推动横木，同时右手拿着牵着纬线的梭子恰到好处地往左边扔，梭子就会轻盈地穿过其中的空隙，紧接着，左手把横木往下使劲一拉，一根纬线就和经线紧密地织在了一起。一条条棉线在母亲手中神奇地变成了一匹匹粗布。在织布的过程中，随着犹如鼓点的机杼之声，她把对子女的关爱和对全家人的责任倾注了进去，织进去的是母亲的心血，编织着的是子女的前程和全家人的生活。尤其是每年的冬天，母亲经常会在一个悬挂的马灯下织布。"车转轻雷秋纺雪，弓弯半月夜弹云。"夜深人静，灯光暗淡，但是她没有任何怨言，脚踩两只踏板，两手交替传递着木梭，俨然一幅南北朝时期沈约的《夜夜曲》中的情景："孤灯暧不明，寒机晓犹织。"看着她那娴熟的动作和手脚如此默契地配合，我心里钦佩不已；听着织布机发出的有节奏的声音，我感觉是那么的悦耳动听，心里边产生一种莫名的踏实感。母亲的织布声犹如一曲优美的催眠曲，经常伴着我们兄弟姐妹夜晚入眠；它又如一曲明快的冲锋号，催着我们黎明醒来，直到现在，我的耳际仿佛还萦绕着她有力而动听的织布声。

　　就像当年偷偷跑到祖母的纺花车前学纺线一样，我也多次趁母亲不在的时候偷偷跑进老房子，坐到织布机上学织布，但每次都能被母亲察觉。我一直不明白怎么回事，后来我就问母亲她是怎么发现的。母亲告诉我，由于我年龄小，拉柱子的时候力气不够，织的布不够密实，也不平整，一眼就看出来了。不过母亲没有指责我，只是告诉我怎么能够织得更好。

　　那些年家里条件不好，但无论多么艰难，每年春节前母亲都会织一批布，给每个孩子做一件过年穿的新衣服。由于粗布褪色，到了第二年就会显得很旧，母亲就会把旧衣服翻过来再缝一遍，看起来有点像新做的，让我们继续穿。我们姐妹三个穿的是母亲织的红格子布做的衣服，非常漂亮。由于我们长得比较快，一般到了第二年就穿不上了，这种情况下就是二姐穿大姐的，我穿二姐的。不过，无论新旧，母亲总会让我们穿得干干净净，整整齐齐。每逢季节更迭，母亲都会早早地把需要替换的衣服为我们准备好。虽然孩子多，却总能照顾得非常好，总能及时地让孩子们应季换衣、按时吃饭，从未让孩子们热着、冻着、饿着。正因如此，我们兄妹6人才得以健康成长，并且个个生长得健壮有力，都有着一副好身板，都是干活的能手。为此，邻居们很是钦佩母亲。

　　后来人们不再穿粗布衣，织布的机会也就不多了。但是母亲还会在农闲时织一些布，让我们做被里、床单。我曾跟母亲说："别织了，太麻烦，太累。现在人也不太用粗布。"母亲略带惋惜且语重心长地跟我说："现在的布哪有粗布耐用。我织一些你们做床单，睡着舒服。"

虽然我没能把织布的技术练得像母亲一样熟练，但是对织布机却饱含感情。后来老房子拆迁，很多东西在搬家的时候都给扔掉了，有些旧的家具都当作柴火给烧了。我跟母亲说织布机不能毁坏，一定要留着。母亲问我："留着有什么用？"我说："用来回忆，回忆我们曾经的生活。"母亲没有扔掉，一直把它放在老院的南屋里。母亲曾经问我准备派什么用场。我意味深长地说："用处很大，留着吧。"其实，我也没有什么用处，但就是不舍得把它扔掉，仿佛它寄托了我对往日的依恋，对往事的回忆和对母亲深沉的爱。直到现在，每逢隆冬将至，我都会情不自禁地遥想当年粗布衣裹身御寒的情景，从心底深处升起阵阵温暖与感动，也会想起那些"为求全家今冬暖，机杼终年织妇勤"的日子。

2019年10月，我到山西运城参加学术会议。会议期间，我在他们的传统工艺实训室看到了一架织布机，上面还有即将织就的布匹和花色染线。看着这些熟悉的设施，我觉得亲切无比，也勾起了我许多回忆。按捺不住内心的激动，我索性坐到织布机上，尝试着去织上几梭子。虽然动作笨拙，但心绪难平，让我久久回味。

每一个指头都连着心

有位算命先生曾经给母亲算过一卦，说她这辈子的命运是拴在马腿上了。我是个唯物论者，不太相信算命，但在这件事上，我信了。因为属马的二哥是母亲最为牵挂和疼爱的孩子，也是她一生最大的牵挂。她在二哥身上花了最多的心思，也正是母亲的坚持和用心，二哥才能拥有正常人的生活和幸福。

二哥天生有点"唇腭裂"，这是母亲的一块心病。为此，母亲曾暗地里哭过很多次。为了能让二哥像正常人那样生活，她不顾别人的反对，东拼西凑了些钱，毅然决然、义无反顾地带着二哥到县人民医院做手术。由于手术后刀口感染，二哥的嘴唇没有完全长好。母亲不甘心，再次铆足了劲凑齐费用，第二年又带二哥去"补唇"。苍天不负苦心人，第二次手术效果非常好，再加上母亲的精心护理，此后二哥的嘴唇和正常人的一样平整完好。母亲的坚持和用心改变了二哥的命运，它不仅医好了二哥身体的疾病，也"医好"了二哥的心病，使二哥的人生道路更加平坦了一些。

正是二哥的这个特殊情况，母亲给予他更多的关心与照顾。记得小时候一个夏天的夜晚，父亲和母亲在院子里聊天，母亲说她心里很难受，担心二哥长大后的生活。我当时听了心里很不舒服，觉得二哥比我和弟弟大，母亲为什么不担心我和弟弟，反倒只担心二哥，怎么这么"偏心"？长大后我才理解了母亲的"偏心"，才明白了母亲的心思。虽然母亲已经尽力为二哥做了手术，手术效果也很好，但即便如此，早年的心理阴影已经严重影响了他的童年生活和心理健康，使他变得不善言辞、自卑胆小。因此，二哥始终是母亲心中最大的牵挂，直到现在，母亲仍然和他生活在一起，操心着他的衣食住行。我知道，这牵挂母亲一生都不会放下。

二哥的婚事更让母亲操碎了心、愁白了头。农村的孩子结婚比较早，有的十八九岁就结婚了，可二哥到了20岁时对象还没有着落。母亲想尽各种办法托人为二哥物色对象，但一直没有结果。为此，母亲非常着急，有一次我还看见她偷偷地蒙着被子哭了一场。也就是那年，我上着大学，弟弟上着高中，二哥要找对象，眼看着母亲的头发开始变白。后来也有不少人给二哥提亲，有一些愿意的不是智商略低，就是有生理上的缺陷。父亲有点妥协，觉得凑合着找个算了。但母亲坚决不同意，一定要给二哥找一个心地善良、智商正常、相貌端正的姑娘。母亲的坚持没有白费，在一位亲戚的帮助下，找了现在的二嫂。二嫂相貌端正、品性善良、为人憨厚，非常合母亲的心意。在母亲的带领下，全家人共同努力，尤其是大哥，在物质、劳动力等方面给予了二嫂娘家极大的帮助，终于把二嫂娶进了家门，完成了二哥的终身大事，母亲心里的一块巨石也终于落地。

然而，二哥天生命运曲折。二嫂结婚后一年多没有怀孕，母亲开始有点担心，后来变得着急，再后来就开始伤心。在农村，不会生孩子是一件很丢人的事，不仅本人，连家里人也一起感到丢人，甚至在街坊邻居面前抬不起头。"不孝有三，无后为大。"但母亲不认命，开始四处求医拜佛为二嫂看病，希望二嫂能够怀上孩子。可是，4年过去了，二嫂就是怀不上孩子。母亲没有死心，开始为二嫂想另一个办法，要为二嫂领养一个孩子。在农村有种说法，如果女人不会生孩子，抱养一个就可以为这个女人开怀，招引孩子。那时候我才明白，为什么农村女孩子有那么多名字叫招娣、引娣、盼娣的。我曾经问母亲："万一不能为二嫂引来孩子呢？"母亲非常坚决地说："不会的，一定会为你二哥引来孩子。退一万步，如果真的不能，我就帮你二哥把她养大，将来你二哥老了也有个依靠。"

1993年，在大嫂的帮助下，母亲为二哥领养了一个女孩。这个女孩长得很漂亮，不仅母亲喜欢，我们全家人都很喜欢。孩子的到来给全家带来希望的同时也给母亲增添了不少负担。母亲白天抱着走，晚上搂着睡，孩子的吃喝拉撒睡全是母亲照料。从母亲的眼里，我看到了她的希望，希望这个孩子能够为二哥引来自己的孩子；也看到了母亲的爱怜，怜惜这个从小离开自己亲生父母的苦命孩子。小女孩越长越可爱，乖巧懂事，母亲把她视为掌上明珠，并多次对我说，无论二哥将来有没有自己的孩子，她都会把这个孩子视为自己的亲孙女，一定会让她过上幸福的生活。非常神奇的是，小女孩一岁多的时候，二嫂竟然怀孕了。母亲高兴坏了。一方面精心照顾二嫂，为二嫂保胎；另一方面精心呵护孩子，感谢孩子带给家里的吉祥。然而，命运又给二哥家庭一次打击，二嫂怀孕七个月的时候生下了一个不足月的女婴，活了一星期就夭折了。母亲很伤心，几天都没有好好吃饭。我劝母亲："算了，别再强求了，好好把孙女养大，一家人平安就行了。不要让二嫂再生孩子了,她自己身体不好,即使有了孩子也是给您生的,我不想您太劳累。"母亲哭着说:"孙女我会好好养的,但我还是想要你二哥有个自己的孩子,让他能够在街坊邻居面前抬起头来做人。我会好好照顾你二嫂,希望她能够再怀上孩子,将来生了孩子,我帮他们带,再苦再累我都愿意。"我已经无言以对,只好按照母亲的吩咐帮助二哥二嫂做一些事情,以减轻母亲的负担。

苍天再次眷顾了二哥,在母亲的精心照料下,二嫂再次怀上了孩子。母亲的脸上也再次露出了笑容,对二嫂更是百般呵护,并告诉我们要做好两个思想准备:一是二嫂身体不好,生孩子的时候剖宫产,不让孩子受罪,也不让二嫂受罪;二是不管生的是男孩还是女孩,直接让二嫂做绝育手术,不让二嫂再为怀孩子受罪。十月怀胎,二嫂终于产下了一个可爱的小男孩。从这个孩子出生起,母亲就担负起了抚养的责任,吃喝拉撒睡,全权负责,忙得不亦乐乎。当然,母亲从这个孩子身上得到的幸福与喜悦,以及精神安慰和满足感更是自不待言。白居易云:"辛勤三十日,母瘦雏渐肥。"母亲让我看到了母爱的伟大,看到了母亲为孩子坚持不懈与无私奉献的精神。

其实,每一个孩子都是父母的最爱。我很欣赏美国总统肯尼迪的母亲,在她眼里,在地头剥豆的小儿和当总统的儿子一样可爱,甚至她更疼爱小儿。对于一个母亲来说,自己的孩子没有什么好坏之分。用母亲常说的话就是:"十个手指头伸出来有长有短,但每一个指头都连着自己的心。"母亲总是不由自主地最关心那个过得最难的孩子,却从不计较自己付出了多少心血和汗水,因为看到每个孩子都平安顺遂是她最大的心愿。正是天下有这样的母爱,才让每一个在黑暗中行走的子女,由于心中那盏爱的灯而不易迷路,因为儿女们知道,母亲还在灯下等着他们归来……

儿媳妇也是自家人

二嫂身体不好,每年冬天都是咳嗽不止,二哥靠打小工挣点钱,但基本上都给二嫂买药了。2010 年,二嫂被查出患有心脏病,医生说,治疗手术费要 5 万多元。当天晚上,母亲打电话把这件事告诉了我。我问母亲:"二嫂怎么想的?"她告诉我:"我问过你二嫂,她嫌费用太高,没有钱治疗,打算放弃。"二哥的确没这么多钱给二嫂看病,家里经常捉襟见肘,平常生活都要我们兄妹几个帮衬,孩子上学的费用基本上都是由我和弟弟资助,哪里有钱治疗二嫂的病。其实街坊邻居也劝母亲放弃。我问母亲:"您有什么打算?"母亲非常决绝地跟我说:"我要给你二嫂看病,希望你和你弟来出这个费用。"我试探着问母亲说:"孝敬老人天经地义,可是,连嫂子也要一块孝敬?您为了儿媳妇儿,也不心疼我们俩了?"母亲严肃地说:"儿媳妇怎么了!儿媳妇也是自家人!你二嫂进了咱家的门,一样是我的孩子,我不能眼睁睁看着你二嫂受这罪!你们如果不愿意出这个钱,我就去找你舅舅们借钱。我一定要给她看好。别说是 5 万元,10 万元也要看,不惜代价!"我又问母亲:"那您借的钱怎么还?"母亲坚定地说:"我还!等治好你二嫂的病,我帮她搓皮筋挣钱,我们一块儿还账。"听了母亲的话,我眼眶发热,心里发酸。"爱子心无尽,从未言辛苦。"母亲就是这样,善良而坚毅,脉脉温情下永远涌动着果敢刚强的力量,哪怕燃尽自己最后一点光亮,也要帮孩子们一起渡过难关!不管是儿媳还是女婿,母亲都把他们当自己的孩子,像一只护雏的老母鸡,支棱起全身的羽毛,用尽所有的力量,凛然地与命运抗争,尽其所能地呵护好她翅膀下的每一个孩子!正因如此,不仅自己的孩子,就是儿媳妇、女婿们也都非常敬重母亲。

后来,在我和弟弟的资助下,二嫂顺利做了心脏手术,原来的老毛病得到了根治,并且还能下地干活。为此,母亲经常为自己的英明决策感到自豪,为二哥一家能过上正常生活而感到欣慰,不止一次地向我夸口二嫂的身体现在如何如何好,以及二嫂给家里带来的欢乐。

  我们知道,母爱是世界上最伟大的爱,最无私的爱,赞美母爱的词句多得数不胜数,优美动听;描写母爱的文章生动形象,甜蜜温馨;歌颂母爱的影视作品更是感人肺腑,催人泪下。可以说,母爱是一首深情的歌,婉转悠扬,轻吟浅唱。它是文学和音乐的永恒主题。文学以母爱为题,便滋润蕴藉,回味悠长;音乐以母爱为题,便轻柔优美,余韵绵绵。但我一直找不到更好的词语来表达我对母亲的感情,她的伟大也很简单,就是智慧地经营家庭。父亲去世后,我们曾经提出家里不再种地的建议,但母亲坚决不同意,认为土地是农民的生存之本,种地是农民的本职,不能随便放弃。她也不想让我们买粮食,认为自己家种的粮食吃着放心,孩子们的健康安全就是她的全部心愿。因此,年已八旬本应该安然享乐的母亲,却依然承担着与她年龄不符的重担,至今仍然过着土里刨食、自食其力的生活,不愿为儿女增添负担,更为了保证孩子们吃上她种的"环保粮"和"绿色菜"。母亲心里总是只有孩子,她愿意一直照顾我们,却不愿意被我们所照顾,成为我们的负担。我在高校担任教师,她觉得我做的都是"大事",总怕我分心影响工作与学业,永远都是把我的工作和学业作为自豪的资本,也作为宽恕我不能膝前尽孝的理由……

  家风像一条绵绵不绝的河流,像流过孩子心田的一股清流和甘霖,滋养着后代的精神世界。作为连接祖辈和子女的重要纽带,父母在传承良好家风,形成高质量的家庭教育过程中起着关键的作用。多年来,母亲用身体力行、言传身教,充实和完善着家风的内涵,留给我们一份丰厚的无形财富。我感谢母亲为我们所做的一切,希望在母亲的有生之年能够尽我所能去报答她。母亲却说,只要看到我们过得好,便是对她最好的报答。有母亲的身体力行、躬身示范,我们兄妹六人互助互爱,其乐融融;各自的小家庭都和睦美满,蒸蒸日上。这也是母亲多年来用心经营的结果,更是母亲带给我们的最大财富。

在我心中，母亲就是一盏智慧的心灯，照亮我们的生活，指引我们的道路，有她在，不管经历什么，我们从未感到害怕。我坚信天下的母亲都有着一颗慈祥的心，一份炽热的爱，还有她们各自独特的经营家庭的生活智慧和人格魅力，能够潜移默化地感化和影响着她的孩子和家庭。"谁言寸草心，报得三春晖。"我祈祷命运的垂爱，能够让敬爱的老母亲长命百岁，这也许是对母亲艰难一辈子智慧经营家庭的最好回报。也以此祝福天下所有的母亲，愿她们都能幸福安康，并向她们致以崇高的敬意！

六朵融化的雪花

小时候特别喜欢看下雪,尤其喜欢看雪花在空中翩翩起舞后落到地上,融化为水的那一刻,原本一片一片的雪花即刻融为一体,彼此不分你我。对此,我感到十分的神奇。长大后我才知道,它的神奇之处有着深刻的意蕴。

"兄弟姐妹是从天上飘下来的雪花,落到地上,化成水,便再也分不开了。"这段话是电影《我的兄弟姐妹》的题记。一看见这句话我就觉得亲切,让我想起了小时候看雪花的情景,不由自主地喜欢上了它。我们兄弟姐妹6人,我排行老五,两个哥哥,两个姐姐,一个弟弟。大家一直非常和睦,彼此相互关心、支持与帮助,就像天上飘下的六朵雪花一样,相互融化,不仅是血肉上的相连,更是情感上的依靠。

由于出生的时期不同,兄弟姐妹的经历不尽相同;虽然年龄相隔并不是很大,却有着迥然不同的历史境遇,铸就了各自不同的人生命运。但无论每个人的命运如何,那份血肉相连的手足之情都是滋养我们成长的重要精神支柱。

对于农村人来说,家族就是一个利益共同体,各种社会义务把家庭的成员紧紧地联系在了一起。但对于我们兄弟姐妹来说,手足相惜,骨肉相连,艰苦的生活环境,使我们懂得了在生活中要相互帮助,亲密相处,有困难必须共同担当,有利益必须共同分享,为了这个大家庭的幸福与兴旺,齐心协力,共同奋斗。

熊培云在《一个村庄里的中国》中写道:"对于许多中国人来说,无论是战争年代还是和平年代，在茫茫人海之中，家就像是诺亚方舟一样，成为天下苍生赖以自救的手段，同时也是自救的目的。所以你会看到，一个家族为了供出一个读书人，总会齐心协力、拼尽全力。"[1] 我特别能够理解这句话，因为我有深刻的体会。尤其是我上了高中以后，家里的每个人都对我充满了希望，不仅仅是希望我自己能够拥有一个美好的未来，更多的是希望我能够改变这个家庭，或者能够为这个家庭做点什么，以实现"共同致富"。因此，家里的每个成员都从不同方面支持我、鼓励我、帮助我，尤其是我的兄弟姊妹，个个尽其所能，期待我改变自己命运的同时，也为改变这个家庭的命运而努力。

大哥比我大 11 岁，因为他在兄妹中排行老大，又比较威严，我们小时候都很害怕他，私下都叫他"老大"。老大就是老大，他有老大的气度，也有老大的担当。他对每个兄弟姊妹都是百般疼爱，也喜欢为我们的家务事操心，为我们的家庭做出了巨大贡献，所以我们也都很敬重他。由于大哥的人生之路比较曲折，尤其是对于上学这件事，他有许多遗憾，也结下了一种心结，因此对于我和弟弟的上学，他特别的上心。高中阶段，是大哥的大力支持，我才得以重新回到学校，顺利读完高中，如愿考上了大学。我和弟弟上大学，大哥都是亲自送到学校。

1986 年 8 月，我收到了河南师范大学的录取通知书，大哥非常高兴，好像多年积郁在心中的块垒得到了释放，又像多年未了的情结得以释然。开学前，大哥骑着自行车带了一袋子小麦陪着我到镇上的粮所换粮票，中午在当时镇上最好的饭店请我的高中班主任和所有任课老师吃了一顿饭。由于过于兴奋，他那天喝多了酒，路上摔了好几次，一身泥土回到了家里，当着母亲的面边哭边说："家里终于出了个大学生，多年的愿望终于实现了，我们家终于有希望了。"

---

[1] 熊培云：《一个村庄里的中国》，新星出版社，2011，第327页。

是大哥把我"送"进了大学,也是他把我亲自送进大学的校门。1986年9月1日,大哥坐火车把我送到了河南师范大学。报到手续办完后,大哥在宿舍帮我挑了一个靠近窗户的下铺,说睡上铺不安全,怕我晚上掉下来;睡门口冬天来回开门太冷,再说进进出出也不方便。然后大哥帮我铺好床,并在我的被罩、单子、被子上写上名字,担心我晾晒时丢了不好找。铺好床后,大哥领着我在校园市场上转,先给我买个洗脸盆让我端着,然后把买的其他生活用品都放在脸盆里,镜子、梳子、毛巾等生活用品,样样俱全。大哥说他担心我初来乍到人生地不熟,出去买东西不方便,尽可能把需要的用品买全。把我安顿好以后,大哥就回去了,并再三交代:"好好学习,注意安全。"大哥走的时候我心里很难受,很想给大哥说声谢谢,但我说不出来,不过眼泪不争气地流了下来。后来我才知道,大哥走的时候也流泪了。兄妹亲情,本就是一种说谢谢才会更亏欠的情感。

1990年,我大学毕业,面临着分配工作的问题。按照当年的有关规定,所有毕业生必须到乡镇下面的学校去锻炼。但是我不想去,我想留在城里工作,想在城里有个家。这不仅是我的心愿,也是父母的心愿,大哥的心愿。在大哥的帮助下,我如愿地留在了城里的一所中学教书,又在城里成了家。应该说,在我和弟弟的求学之路上,大哥付出了不少的心血,给予了我们物质和精神上的极大支持与帮助。正如我在博士论文的后记中写道:"感谢我的大哥,是他的远见和帮助使我从一个农村女孩走到了现在。"

大姐是一个很聪慧的女人,年轻时很漂亮,留着两条长长的辫子,可以垂到腰下面。夏天的时候,大姐会把辫子盘起来,干起活来非常利索。但她的命运之路却比较坎坷,应该说她的生活境遇是我们兄弟姐妹中最为曲折和艰难的。大姐上学的时候学习非常好,但她没能很好地接受完整的教育。小学时,由于家庭条件的限制,没法让大哥和大姐一起上学;家庭观念的落后,使得身为女孩子的大姐变成了一个"半工半读"的学生。家里有活就回去干活,没活了就去上学;上完了一年级回家干活,干了一年活回到学校上三年级;没上四年级,隔了一年直接上五年级,五年级没上完就回家了。尽管如此,大姐在小学时学习成绩依然在班里排在前面。13岁时,大姐辍学在家劳动;14岁时,大姐响应"农业学大寨"号召,不爱红装爱武装,到太行山上参加了"翻大寨田"的劳动;16岁时,大寨田劳动任务结束,大姐又回到了家里,恰逢我们村建立了初中,大姐就又回到学校上初中;17岁,村里人给大姐介绍了对象,上了大半年初中的大姐再次辍学,就这样正式成为地地道道的农村劳动妇女。除了下地干活、"晒纸",大姐还和大哥一起沿街叫卖推销"毛纸"。

2010年10月,我在济源愚公移山干部学院学习,主办方在一次访谈教学中,请到了一位号称"铁姑娘"的大姐给我们讲述她当年17岁代兄上山修渠的故事。她的故事感人肺腑、催人泪下,那种战天斗地、锲而不舍的愚公精神,给了我们在场的人很多启示。在听她讲述的过程中,我心潮澎湃、思绪万千,感动之余想到了我的大姐。我大姐的经历,以及她的奉献精神并不亚于眼前的这位大姐。或许这就是时代精神,是那代人的精神。

大姐对于弟弟妹妹们一直很关照,补贴给了家里不少的钱和物。我上高中的时候,礼拜天回来都会到大姐家去,每次她都会给我做点好吃的,走的时候再让我带上一些,有时候会给我点零花钱,买件新衣服。我上了大学以后,大姐很是自豪,每次回家总是想让我到她家住。我有不少的同学都认识大姐,也认识大姐的两个孩子,就是因为我经常去大姐家的缘故。

由于是女孩子,和大姐相处的时间要多一点。作为老大姐,她对我和二姐很有领导力,领着我和二姐割草、拾红薯、拾花生等等。小时候家里有两座房子,一座是两间的老房子,中间有一层木板,当时称为楼房,是曾祖父盖的,在祖父的三个弟兄分家的时候分给了祖父。另一座是三间的土房,是父亲和母亲结婚以后在祖父的带领下盖的。随着我们慢慢长大,家里地方就显得局促狭小,睡觉成了问题。母亲就让大姐领着我和二姐睡在老房子的楼板上。楼板上放的都是粮食、农具等,靠着西墙根儿铺了一个草苫,我和两个姐姐在那里睡觉。有一年秋天一直下雨,花生没法晾晒,就摊在楼板上。每天晚上我们都要吃花生。大姐怕我们吃多了拉肚子,就让我们玩"操花绳""石头剪子布"等游戏,谁赢了才能吃。

大姐的家务活、针线活都做得不错,我和二姐的家务活、针线活大部分都是跟着大姐学的。13岁那年跟着大姐学纳鞋底、做鞋、绣花。后来由于社会的发展、科技的进步,这些手工技艺逐渐被淘汰,我也把这些技术都丢了,唯一保留下来的就是擀面条。

二姐长我5岁,虽然没有大姐求学的经历那么心酸,但是她也没有完完整整地上学,勉强算是个初中学历,有没有给她发初中毕业证我没问过。因为上面有大哥大姐的"气场"存在,二姐脾气很好,从不大声说话,也很少发表自己的意见,所以她没有给人留下特别深刻的印象,在兄弟姐妹中也没有凸显过她的地位;她说话做事都是慢腾腾的,从来不着急,永远都是一个节奏,所以也没有见过她有什么不乐意的;她也是个认死理的人,凡事一旦认准了,别人不管怎么说都不会改变主意,但她不会表达出来,也不会和我们争执,只是按照自己的想法去做,我们有时候很难预料。用她自己常说的话就是:"你有千条计,我有自己的老主意。"但是,二姐有毅力,有耐性,有韧劲,能吃苦,分给她的家务活她从没拒绝过;二姐下地干活特别卖力,从不叫苦叫累。应该说,二姐是我们兄妹中父母最省心的孩子,从没有给父母惹过什么事端,也没有给家里带来什么麻烦。

二姐也是我们姊妹中最慷慨的。我上高三时,二姐结婚。按照农村的风俗,结婚的时候婆家要给女方买6身衣服。她没舍得买结婚穿的衣服,买了两件平常穿的成衣,剩下的买成了布料,结婚那天穿的却是从对门她的好朋友那里借来的一件红衣服。在二姐仅买的两件衣服中,属那件雪青色的小夹克最漂亮、时尚,当时花了12块钱,但是她自己舍不得穿,把衣服送给了我。她说我在外面上学,不能穿得太不好,尤其是女孩子,穿得不好会被别人瞧不起。上大学以后,这件衣服成了我的主打衣服,穿着这件衣服我不仅觉得自己"洋气"了许多,漂亮了许多,也自信了许多,为此,我穿着这件衣服照了好多照片。所以我一直非常感谢二姐在我上大学时送给我的那件漂亮小夹克。

  二姐成家后,由于婆家条件不好,日子一直过得不宽裕。但她朴实善良,没有什么过多的要求,一直在家务农,凭着自己勤劳的双手和一身的力气过着非常普通的农村妇女生活,但她很知足,很幸福,还乐于助人,是我们家的一个"活塞",谁家有事都是让她去帮忙。所以她被我们兄妹几个包括我们的下一代称作"红色砖块",取俗语"革命战士是块砖,哪里需要哪里搬"之意。大姐的姑娘生孩子是她在伺候;我女儿读高三时,她住在我家里专门负责做饭;二嫂住院的时候她在医院伺候了一个多月;弟弟家找不来保姆她去做了一个学期的饭;外甥媳妇病了到郑州伺候……家里此类事情都是她踊跃前往,为此才有了"红色砖块"的称号。由于二姐天生与世无争,从不怨天尤人,一直很知足,所以,虽然生活不是很富裕,却非常幸福。尤为可贵的是,二姐一向与人为善,乐于助人,在村子里有着很好的人缘,所以生活得比较好。在二姐的身上,我看到了"平平淡淡才是真,平平安安就是福"的真谛所在。

  感时思兄妹,不寐百忧生,二哥是所有兄弟姐妹们中最让家人担忧的。他和我是同学,我们同学了6年,从小学二年级到初中二年级;他和我坐了4年的同桌,也是我学业生涯中历时最长的同桌。因为连续做了两次手术,二哥耽误了不少功课,留级到我们班上,和我成了同学;由于二哥学习成绩不好,老师想让我帮助他,他就成了我的同桌。但二哥由于生理上的缺陷，再加上他天生老实，性格孤僻，胆小自卑，使得他成为很多男同学讥笑的对象，别人还给他起了个绰号。为此，我曾和班里的不少男同学打过架，每次只要别人叫他的绰号，我就会和人家打架，打过打不过都要打，并且都是拼着命打，绝对不允许别人歧视他、耻笑他、欺负他。但我不管和谁打架，他从来不帮，最多是看我吃亏了把我拽走。我小时候人瘦，虽然是个女孩子，但腿脚比较快，打架比较利索，再加上有点拼命，所以占上风的时候多，吃亏的时候少。由于我学习成绩好，老师也"爱屋及乌"，加上每次打架都是为二哥，老师大部分是批评那些惹事的同学。可打架毕竟是不对的，尤其是当班长，是要以身作则的。

二哥虽然不善言辞，但他会在我值日的时候帮我打扫卫生；放学的时候帮我背书包；我想要树上的果子时他就上去摘；我走不动时他背着我，还曾经背着我过沁河……总之，我能"号令"二哥做很多的事情，他也心甘情愿、积极主动为我做任何事情。虽然他没有钱财资助我上学，不过他给我的疼爱我会永远铭记于心。所以，现在对于二哥生活上的帮助，不仅仅是因为他生活的拮据，而且还有对他的感激。他虽然没有多大的"能耐"，也不会豪言壮语，却是一个好哥哥。

弟弟小我三岁，是兄妹六个中我最谈得来的，也是兄弟姐妹6人中相对来说和我走得更近的。他聪明又有才华，是我们村第一个考上重点大学的学生，也是我们村第一个在外企任职并且走出国门的人。1990年8月，我们家可以说是双喜临门，一家人欢天喜地。一是我毕业留在城里的一所职业高中教书，家里从此有了吃"皇粮"的人。二是弟弟考上了重点大学，尽管家里人不懂重点大学意味着什么，但对于家里人来说，只要能上大学就特别高兴。尤其是我特别高兴，总觉得自己上的学校不是太理想，尤其没有上重点大学有点遗憾，弟弟能够上重点大学对我来说也是一种安慰，更是一种自豪。一家同时出两件好事，村里人对我们家很是羡慕，街坊邻居纷纷前来道贺。祖父高兴得见了亲戚朋友就告知，祖母不时地拿着她那手绢包着的零钱数了又数，父亲在村里说话的口气变了很多，走路腰板都挺得更直了一些，母亲满脸笑容忙着为我和弟弟准备铺盖行李，大哥激动得请朋友们到家里喝酒庆祝……总之，那段时间家里欢天喜地，喜气洋洋，全家人好像看到了美好生活的希望，从此家庭条件以及家人在村里的地位将会发生历史性的改变。事实的确如此，从那一年开始，这个曾经非常贫穷的家庭生活发生了很大的改观，开始走上了越来越美好的道路。

弟弟上大学的那年，刚好我大学毕业。参加工作后，我首先想到的就是要尽最大的力量帮助和支持弟弟上学，就像当年哥哥姐姐支持我一样。尽管我有这样的想法，也尽了最大的力量，但由于当时的工资水平不高，对弟弟的支持非常有限，因此弟弟上大学时在经济上也并不宽裕，为此我心里很是不安。2005年至2008年，我在西北师范大学攻读博士学位，其间13次往返途径西安，列车每次都是半夜经过，但我都会准时醒来，想起弟弟读大学时的一些事，特别是对弟弟的资助不够，令我辗转反侧，久久不能入眠。有时会想，如果弟弟晚上几年学多好，我对弟弟的资助就能更多一些，弟弟的大学可能会读得更轻松一点。每次想到这些，我心里就会发酸，有时也会半夜发短信给弟弟，以求得弟弟的谅解，也是对自己的安慰。

弟弟在大学期间学习非常优秀，没有毕业就跟着一位教授发明了"过电压保护器"，并申请了国家专利。大学毕业后，他带着专利被分配到国家电子工业部的研究所工作。1994年7月，弟弟带着我给他的200元钱和一条新被子、一件新毛衣、一条新毛裤，开始了他的北京新生活。刚到北京时，他也曾经过了几年比较艰辛的日子。但是他非常努力，在职场摸爬滚打，在北京站住了脚。最为可贵的是他能够自强自立，无论是结婚还是买房子，没有向家里要过一分钱。相反，他自工作以来，为家里做出了很大的贡献，对兄弟姐妹给予了很大的经济资助。直到现在，他依然是我们家最大的"经济支柱"，对我们每个家庭以及我们的孩子都有不同程度的帮助。

于我而言，大学毕业参加工作，意味着我已经改变了自己的命运，从一个农村女孩变成了一个人民教师，吃着"皇粮"，生活在城里，开始了自己的事业。作为家里第一个从农村走出来的人，我身上寄托了家人太多的期望，他们希望我能够工作出色，出人头地，对得起国家这么多年的培养，同时也期望我能够为改变我们的家庭作出努力。

据说英国威斯敏斯特教堂有个墓志铭：

在我年轻的时候，我的想象力从没有受到过限制，我梦想改变这个世界；可当我成熟以后，我发现我不能改变这个世界，于是，我将目光缩短了一些，决定只改变我的国家；可当我到了暮年的时候，我发现我没有能力改变我的国家；于是，我最后的愿望仅仅是改变我的家庭；可是这也是不可能的。当我躺在床上行将就木的时候，我突然意识到：如果当初我仅仅是从改变自己开始，也许我能改变我的家庭，然后在家人的帮助和鼓励下，也许我能为我的国家做一些事情，也许我能改变这个世界！谁知道呢？

我一直被这个墓志铭深深地震撼着，并不断探寻着这段话中包含的哲理，以此指导我的生活实践，寻找自己的生命轨迹。在理解这个墓志铭的过程中，我想到了中国传统文化中儒家的"修身、齐家、治国、平天下"，从某种程度上说，这是同一个版本在不同国度所显示出的人生哲理。

我在想，我能为家里人做点什么？能为改变这个家庭做点什么？我们这一代人已经各自步入了自己的生活轨道，我也只能从生活上给予他们一定的帮助，但很难改变他们的命运，但下一代人的命运是可以改变的。为了改变下一代人的命运，我打算让兄弟姐妹的孩子们都来城里上学，住在我家。在我的孩子满一岁后，也就是我25岁那年，我把大哥的小儿子接到了我家里，孩子只有8岁，上小学三年级。第二年开始，我把大姐的两个孩子接到了城里上学；第三年，我把大哥的大儿子也带到城里上学，再后来就是二姐的孩子。慢慢地我的家庭变成了大家庭，最多的时候有 5 个孩子，住时间最长的是 8 年。

看到我一个 20 多岁的年轻女人带着这么多的孩子，当时家属院的人很不理解。有几个好心的人曾经问过我："你这么年轻，又是个女人，正是人生最美好的时光，干吗要受这么大的累呢？"我只是淡淡笑了笑，非常轻松地说："不为什么，也不累。"其实，我只是想为孩子们提供一个良好的教育环境，为改变他们的命运做点事情。后来，孩子们都接受了高等教育，从农村走了出来，分布在沁阳、济源、郑州、北京等地，有了自己的工作和家庭。他们一如既往地沿袭着父辈们的品格，在各自的工作和生活中，用他们的勤劳和智慧去追逐自己心中的梦想；用一颗感恩的心去孝敬老人，帮助家人，回报社会。

"胡马依北风，越鸟巢南枝。"父母、爱人、孩子，都是我们生命中十分重要且不可替代的人。但兄弟姐妹，才是真正陪伴我们一辈子的人。父母最多陪你半辈子，爱人和孩子在你二三十岁的时候才会出现，只有你的兄弟姐妹，才是真正陪伴你最长时间的人。《颜氏家训》有言："兄弟者，分形连气之人也。""食则同案，衣则传服，学则连业，游则共方。"人的一生，随着年龄的增长，也许我们的社会人际网络会越来越大，也会有一部分是亲密关系，但是兄弟姐妹之间的感情，是不可替代的，也是割舍不断的。俗话说："百年修得同船渡，千年修得共枕眠。"但是我不知道多少年可修得一脉手足之亲？我只知道，今生能够拥有这样的手足之情是我一生的财富和幸福。正如我在博士后出站报告的后记中写到的："感谢我亲爱的家人，是他们至纯至真的亲情和关爱支撑着我一路走来……用他们最真诚、最朴实的方式支持着我的每一次进步，鼓励我不断攀登新的阶梯。"

名字牵来的缘分

对婚姻的理解，我有点宿命论，相信它是命中注定的，是一种缘分，是生命的相约。茫茫人海中，两个陌生人从相识到相知，再到相爱，都是在缘分的牵引下水到渠成。认识我爱人以后，我就更加深信不疑了。因为我们俩的缘分很大程度上源自我的名字。

情窦初开时我曾经幻想过，此生一定要找一个心中的白马王子与我共度；也曾经幻想过与他相识、相恋的种种浪漫场景。但是，我的这些愿望都没有实现，我与他的邂逅完全是另一种套路。尽管如此，我还是毫不犹豫地与他携手走进了婚姻的殿堂，彼此成为生活的伴侣。从与他相识到现在，我们已经一起度过了30个春秋，我想应该就是终生伴侣了吧。蓦然回首，在我们之间，我似乎找不到古代诗词里歌颂爱情的美言佳句所描写的那些浪漫场景，比如举案齐眉、如胶似漆、琴瑟和鸣等，但他却用最朴实的方式、最真诚的陪伴让我沿着自己的心路走到了现在，一路相伴，风雨兼程。

因名字而结缘

我们的相识比较有趣。我和他是经人介绍，他自己找去的。当同事把他的情况跟我介绍时，我一口拒绝了，认为他不是我心中要找的"白马王子"。但是半个月后，他主动找到了我，从此我们结下了相约一生的缘分。

我们都姓高，我的名字与他父亲的名字在方言里的发音是相同的，只是颠倒过来而已。一般来说，儿媳妇与婆婆名字一样的不少，与公公名字接近的不多，尤其是同姓。因此，当别人把我介绍给他时，我的名字引起了他家人的极大兴趣，认为此乃是"千古奇缘"，极力"怂恿"他接近我，并给他出了不少的主意。说实在的，某种程度上，在我们谈恋爱的过程中，婆婆的招数要多于他的招数。也是由于名字，我们认识后，不仅很多人知道我的名字，而且我们俩的恋爱也成为当时周围人谈笑的逸闻趣事。

我和他的第一次见面很富有戏剧性，好像就是电影里的情节。1990年11月，当时我还在中学当老师。那时候学校条件简陋，办公室就是休息室，也没有自来水，生活用水都是拎着水桶到伙房旁边的水管去接；也没有下水道，用过的水直接泼到门外的土地上。

有一天下午，午睡后，我洗了一把脸。当我端着洗脸水开门正要往外走的时候，一个西装革履戴着近视眼镜，身材瘦高非常文雅的男人站到了我的面前。看到我，他非常礼貌地问道："麻烦问一下，高老师住在哪里？"我先愣了一下，马上意识到可能是他，因为半个月前我的同事曾经给我描述过他的形象。我不好意思地笑了一下，说："我就是。"可以想象当时我们两个人的尴尬。

第一次和他见面，真的谈不上一见钟情。不过，他的憨厚与真诚给我留下了深刻的印象。他走后，我想起了一部电视剧里的一句台词，虽然我记得不是特别准确，但大致的意思我能够记得，也就是：你没有英俊潇洒的外表电到我，也没有巨额的财产吓到我，也没有优秀的才华吸引我，更没有优越的社会地位惊倒我。可以说，这一切在他身上真的都没有，但是冥冥之中我隐隐约约有一种预感，可能会和这个男人共度一生。我曾经向他发表过我们的恋爱感言：我们之间没有同学间的情趣相投和比翼双飞；没有青梅竹马、两小无猜的锲而不舍；没有一见如故、相见恨晚的惊心动魄；没有鸿雁传情、两地相思的罗曼蒂克；没有彼此相恨与相恋的优美桥段，乃至起承转合悲欢离合的场景；更没有"曾经沧海难为水，除却巫山不是云"的山盟海誓。一切都是那么的平淡。对此，他只是静静地看着我，笑而不语。不过，也正是这段平平淡淡的恋爱史使我的内心感到非常踏实，也非常温馨。经过一年的相识与相恋，我最终决定，嫁了吧！

我还有一个名字，是按照我们家的辈分取的，但是家里人很少叫，外人几乎不知道。自从认识他以后，这个名字成了婆家人的专利。第一次去婆家，婆婆慌得不行，高兴得满脸都是褶子。但是她只是笑，没有太多的话，好像有话说不出。第二天，他去找我的时候有点嗫嚅地问道："你有没有其他名字？"我好奇地问："干吗？"他有点不好意思地说："我妈说你的名字她实在是叫不出口。"我不好意思地笑了，说："还有。"我就把我的另一个名字告诉了他。从此，名字就成了我对家人的识别条件，只要听到有叫我另一个名字的，就知道是婆家人。

"5·20"的意蕴

5月20日，30年来一直是我心中铭记的日子。因为是他的生日。不知从什么时候起，5月20日成为一个值得全民纪念的日子。到了这一天，人们通过互联网络（以微信、QQ、微博、论坛等为平台）或手机短信大胆说（秀）爱，被称为"网络情人节"。除了利用网络进行表白，不少人通过送礼（红包）传情、相亲寻爱，更有无数对情侣扎堆登记结婚、隆重举办婚宴，很多商家也趁势开展团购、打折等促销活动，网上网下掀起一浪高过一浪的过节热潮。带着十分的好奇，我专门查了一下这个节日的来源，该节日源于歌手范晓萱的《数字恋爱》中"5·20"，其被喻成"我爱你"。

有人说，一个人的生辰八字决定了他的性格特征。虽然我并不相信生日和人的性格有关系，但当"网络情人节"出现以后，我开始相信他的生日所隐含的意蕴，他的确有着一颗极其善良的爱人之心。

曾经有不少人一脸狐疑地问过我："从表面看，你们两个在学历、职位方面都有一定的悬殊，你何以能够与他携手如此恩爱生活这么多年？他有哪些地方吸引你？"我非常坚定地说："善良！宽容！"一位好朋友争辩说："善良的人很多，不足以成为他身上的闪光点。"我反问道："如果你的孩子一岁时家里还住着一个娘家的孩子，你爱人是否乐意？"她说："那得看住多长时间？"我又问："同时住三四个孩子是否愿意？"她连忙摇头，说："肯定不愿意！"我又问："如果连续有孩子住在家里，最小的8岁，最长的住8年，你爱人是否愿意？"她不停地摇头，边摇头边说："肯定不愿意！别说他，我也不愿意！根本接受不了！"我笑了，非常自豪地告诉他："我爱人能接受。他不仅接受，还和我一起抚养这些孩子。"她一脸羡慕地看着我，发自肺腑地说："看来他真的很善良！少有男人有如此的爱心，有如此宽厚的胸怀。"我戏谑地告诉她："因为他是5月20日出生的。"引得朋友哈哈大笑。

　　他曾经迷恋买彩票，每天从彩票站拿一堆的号码纸，晚上趴在桌上研究。有时候还把那些数字的排列表挂到墙上，两臂交叉，眉头紧锁地站在墙根端详着那些密密麻麻的数字，非常投入和痴迷，经常熬到半夜。见此情状，我就给他说："彩票是随机的，哪个号码中奖，纯属偶然，没有什么科学规律。电视里说了，买彩票中奖相当于一个人正坐在家里的沙发上看电视，却被一辆汽车冲进来撞上了，概率是非常小的。再说了，如果有规律的话，能够准确算出来的应该是数学家，轮不到你们这些彩迷。"不过，他从不理会，坚持每天做彩迷的功课。

　　有一次，我们聊到彩票，我就问他："如果你中了一等奖500万，打算怎么办？"他慢慢地抬起头说："除了税钱只能拿到400万。你不是喜欢教育、喜欢当老师吗？用200万给你办个小学校，让你好好过把瘾，用你自己的教育思想去经营这所学校。剩下的200万，给弟弟在焦作买套房子，给妹妹在青岛买套房子，给老家的亲人们盖个小院……"他一会儿就把这400万分完了，家里大大小小的人都有份，唯独没有说他自己想干什么，或者给他自己留多少。

他的话感动了我，我调侃道："400万这么快就没了，你是不是准备要'解放全人类'呀！"他笑着说："我解放不了全人类，我就是想帮家人做点事。"我知道他中不了500万，不过，我相信他说的话是真心话，我也相信他如果能中500万肯定会这样做。大多数男人都有发财梦，因为当时周围很多男人都在买彩票。在这个充满诱惑的时代，人人都渴望成功，梦想一夜暴富的大有人在。但当物质的提升成为一个人的主要动力时，灵魂往往跟不上前行的脚步。但是，他不是，他一直关心周围的人。我不知道那些买彩票的男人是否想过中了奖后能够像他想的那样去做，对此我真的不敢断言。尽管如此，我还是不支持他买彩票。因为我更相信勤劳致富，不相信天上掉馅饼的事情，一分耕耘一分收获，只有用自己的劳动和汗水换来的财富和成就才更踏实。如果说偶尔买上两张玩玩还可以，中不了就当是为中国的福利事业、体育事业做点贡献。但不能把它当作职业，更不能为之神魂颠倒，梦想着一夜暴富。

可能是500万遥遥无期，也可能是我说得多了让他烦心，后来他便不再买彩票了，所以，"解放全人类"的愿望也没有实现。但是他的善良却一直存在着，用他的实际行动践行着，因为年年都有"5·20"。

之前的"5·20"，都是我给他过生日，买个小礼物以示祝贺，适当增加一点生活的仪式感。但自从出现"网络情人节"后，变成了他给我买礼物，还时不时也会买束花献一下殷勤。去年的"5·20"，他不仅买了一束花送给我，还给我发了两句诗："八千里路云和月，相知相印共婵娟。"说实在的，看到这两句诗，我还是蛮感动的，所以就在好朋友的圈子里晒了一下，并故作炫耀地调侃他："这个老帅哥进步越来越大。"惹得几个好朋友说我都这把年纪了，还故意秀恩爱。

兴趣不同可为谋

一个人的兴趣和爱好反映了一个人的性格特征、气质品位和价值取向，更是做人的一个标志。他有很多爱好，只是和我的爱好迥然不同。我喜欢读书、运动，他喜欢养鱼、养花、钓鱼、养狗、养兔子、下围棋等。我戏称他的这些爱好为"雅兴"。有时我自己也很纳闷，两个爱好迥异的人竟然能过到一起，后来很多人说这就叫作"互补"。

我家里养过一些小动物，一方面是因为他喜欢小动物，另一方面是为了女儿，用他的话说，要通过养动物来培养女儿的爱心。当女儿只有七八个月大，还坐在"轿子"（家乡用木头做的用于半岁到一岁小孩坐的器物）里的时候，他就给女儿买了一只兔子放在"轿子"前面的横板上。女儿看见兔子，很是高兴，一跃一跃的，想要站起来伸手抓，丝毫没有胆怯的样子。但是小兔子乱跑，女儿抓不着，就想伸腿从"轿子"里往外跳。后来，他让女儿坐在学步车里追着兔子跑。再后来，我不想养兔子了，就把兔子送回了老家。

第二年春天，他又给女儿买了两只黄色的小鸡。女儿看到小鸡一摇一摆走路时那可爱的样子，听着小鸡那富有节奏的"唧唧唧唧"的叫声，高兴得手舞足蹈。在他的精心照料下，小鸡慢慢变成了美丽的小公鸡，女儿每天都会和小公鸡玩一会儿，还跟爸爸一块儿给公鸡喂食。但是，小公鸡实在太脏了，家里总是弥漫着鸡屎味。我实在无法容忍，也担心影响孩子的健康，坚决反对让小鸡在家里再待下去。看到我这么反对，他只好把小公鸡送回了老家，让我母亲养着。每次回老家，女儿总会用她的小手指着小公鸡咿咿呀呀，有时候还会学着公鸡喔喔地叫，好像在和一个老朋友打招呼。临走的时候，还会到小公鸡跟前蹲下来，轻轻摸摸它，跟它说再见。

看着女儿这么喜欢小动物，他后来又买了两只小鸭子给女儿玩。鸭子长大了，就又送回了老家……再后来就是养狗、养猫等。有一次我们一块出去玩，路上遇见了一群羊，其中一只母羊的旁边跟着一只非常可爱的小白羊，女儿非常喜欢，想要抱回家。他就打算和羊主人商量买下来，因我坚决反对、极力阻止，这才作罢。每次和别人谈到他养动物的事，我都会多多少少带着一种抱怨的口气。

我不喜欢养动物，所以在养宠物上我们一直达不成一致的意见。我的生活原则就是"民以食为天"，保证全家人吃好饭是我在家庭中的第一要务。我对于工作、学习和家里人吃饭以外的事情概不关心，也不感兴趣。再说了，家里住着几个孩子，我能把家里人照顾好都很不容易了，哪有心思养动物。因此，对他的爱好和兴趣不敢苟同，还经常反对。但看着他那么喜欢，偶尔也迁就一下，不过事先声明，谁要说让我照顾，我不干，因为我照顾不过来。对于我的这种态度，女儿经常有意见，说我不喜欢小动物，没有爱心。为此，女儿小时候跟他走得比较近，两个人经常商量着怎么对付我，有时候还背着我偷偷去买个小动物回来养在阳台上。当然，两个人也少不了在背后说我"坏话"。

其实，我不喜欢养动物并不是不喜欢动物。我不喜欢养小动物一方面有自己精力上的原因，另一方面有思想观念上的原因。在我看来，养小动物有以下几个弊端：第一是"物以类聚"。动物就是动物，人就是人，无论动物还是人，都应该和自己的同类生活在一起。动物和人长期生活在一起，各自的特征都会退化，或者某些方面会被同化。如果把一个人长期放在动物的世界会是一个什么样的结果？学过教育学的人都知道狼孩的例子，其结果是他失去了人类生存的语言等基本特征，无法适应人类的生活。反之亦然，动物也是一样的。所以我极力反对人与动物"混居"。第二是"玩物丧志"。一个人的精力是有限的，如果孩子把相当一部分精力用在养宠物上，那势必会分散孩子的精力，占用她读书学习的时间。我最担心的是老师在课堂讲着课，她在担心家里的小狗是不是饿了，老师还没有宣布下课，她就急不可待地想回家见小猫，这怎么可能安心学习呢？第三是讲究卫生。家里养个动物实在太脏，尤其是掉毛的动物。比如家里养狗的时候，满屋子狗毛乱飞，板凳上、沙发上、床上、衣服上，到处都是狗毛。那时候我冬天喜欢穿深色的衣服，粘了满身的狗毛，真是挥之不去，除之不尽。第四是害怕被动物咬。这是最主要的原因。因为我小时候被狗咬过，到现在腿上还有伤疤，所以我小时候看见狗就害怕，总是担心被狗咬。真所谓"一朝被蛇咬，十年怕井绳"。所以，养狗对我来说是心理上过不了关的。动物毕竟是动物，本性是改不了的。

关于养鱼，他很是在行，为此家里买过多个不同款式的鱼缸，养过好多条不同品种的鱼，也死了不少鱼。每天下班回来，他会先站到鱼缸旁，看一会儿鱼，或者喂点鱼食，以至于后来鱼形成了非常强烈的条件反射，只要他的手指往鱼缸里一伸，即使不喂鱼食，鱼也会马上跑到他的跟前。每到这时，我就会想到巴甫洛夫的神经系统条件反射原理，生物学、解剖学、心理学上都讲过这个原理。但他认为这不仅仅是条件反射，主要是鱼认识他，对他有感情。我试着在鱼缸旁边站了几次，也伸出自己的手指，但是鱼却没有任何反应，让我很没面子。不过，那些年我很少去欣赏他养的鱼，或者说，我的脚步很少在鱼缸前停下来。现在不一样了，我有时也会在他外出时帮鱼换换水，也会站在鱼缸前欣赏着不同颜色的鱼在水里摆着尾巴自由游弋。

他最在行的莫过于养花。现在家里养着各种各样的花共100多盆。每一盆花他都精心侍弄，花架的样式也是各种各样，来过我家的亲戚朋友都把家里称作"花房"。不过说实在的，有了这些花，家里一年四季都是生机盎然，绿色满屋，看起来的确舒心。也许是年龄大了的缘故，我现在也喜欢上了养花，有时候还会向他咨询一些技术问题。这下增长了他的兴致，养花的积极性越来越高，花的种类越来越多，还时不时把他养的花送给我，还专门为我买了一个花架，让我放在办公室。不过，他对我的养花技术和耐心程度不是太放心，经常问我："花还活着吗？"每次到我办公室，都会帮我把花浇浇水，剪剪枝，松松土。

说来也是，自从开始养花，我似乎觉得生命中多了一种东西，多了一些对生命成长的关注，内心也多了一份宁静。有时候站在客厅里，看见那满屋的花，尤其是我自己养的那些像绿帘子一样，从二楼垂下来的绿萝，即使什么也不说，什么也不做，也会被那满眼的绿色所感动，甚至不由自主地会去捋一捋枝藤，擦一擦花叶，松一松花土，就像呵护自己的生命那样精心。

这几年，他的"雅兴"大增，爱好方面也变得越来越安静，开始在他的博客、微信中畅谈人生，吟诗诵经。除了买花，他业余时间基本上是"宅"在家里。对于他的这个雅兴，我很是赞同，也非常感兴趣，鼓励他坚持下去，还答应等他写够一定的篇幅，我出资给他出本书。

人们常说，两个人在一起久了，会相互影响，甚至出现同化的现象。我原来一直不愿意承认我们俩会被彼此同化。但是，最近几年，我发现我们俩的兴趣都或多或少走向了对方——我养花，他写东西。这是不是同化呢？我不想去探讨，感觉这样挺好。

夫妻相处"三四五"[1]

"君子之道，造端乎夫妇。""夫妇之际，人道之大伦也。"这是中华传统文化中对于夫妻相处之道的一些论述，体现了夫妻关系在人伦道德中的地位和作用。夫妻关系是婚姻的实体，夫妻之间相处的方式方法不仅影响着夫妻间的感情，也是对孩子实施家庭教育最现实的生活场域。它是家庭教育中最具影响力的部分，也是孩子判断父母感情最直观的场景，直接影响着孩子的情感体现方式、行为方式，乃至性格的形成。夫妻关系的营造是夫妻双方调整自己行为的过程，需要通过限制自己权利、约束个人行为、锤炼自身品格、适应对方生活习性、满足对方心理需求等方式来实

---

[1] 本文发表于《中国教育报》2018年1月4日，原文题目为《婚姻越美满 孩子越幸福》。

现，与人类天性中渴望更多权利与自由的倾向相悖。所以，生活中的柴米油盐难以完全调和，锅碗瓢盆间难免会滋生出许多不合拍的地方，演奏出夫妻各自不同的生活节奏和情绪音节，并体现在日常的相处方式中。

林语堂先生曾经有个暖心的夫妻相处之道。世间哪有不争吵的夫妻？真的争吵了，他总会先闭口不言，这是他的妙招："少说一句，比多说一句好；有一个人不说，那就更好了。"的确，夫妻吵嘴，无非是意见不合，在气头上多说一句都是废话，徒增摩擦，毫无益处。他说："怎样做个好丈夫？就是太太在喜欢的时候，你跟着喜欢，可是太太生气的时候，你不要跟她生气。"这是多么智慧的夫妻相处方式呀！

我有很强的职业病，比如给他说话的时候习惯于用一、二、三来表达我的意思。每当这时候，他就极力抗议："高老师，我不是你的学生，你不要用这么严谨的逻辑好不好！"我也会在跟别人说话时习惯于搬用书本上的条条框框，对此他曾调侃我："喜欢处处为人师表。"最典型的表现就是善于运用规章制度，包括在家庭生活中。

女儿小时候，为了给孩子营造一个良好的成长环境，我曾经认真思考过该如何与爱人相处。

三个自束约定。职业本能使然，我认为经营家庭应该如同管理班级一样，需要建章立制，因为制度是最好的约束机制。于是，我就开始制定家庭制度，首先提出的就是与丈夫相处的"约法三章"：第一，两个人不准大声吵架，尤其是不能当着孩子的面大声吵架，即使有争吵，只能表达意见，不能伤害对方。第二，不管发生什么分歧和争执，不能记"仇"。当天的事情当天解决，事情过去就算了，不能拿着这件事翻来覆去争论不休。第三，如果发生争执或者拌嘴了，谁错谁主动向对方道歉。关于这一条，我着重强调："如果我错了，我会主动向你道歉。不过，我是女人，你是男人，男人和女人不能一般见识，所以，如果我哪天错了，但又实在不好意思给你道歉，你要想办法让我说话，以示道歉。"条款一宣布完，他哈哈大笑，马上答应："好！没有问题，我一定会遵守你制定的这个不平等条约，不过，你也要遵守呀！"

制度颁布后，我尽可能自觉遵守。一方面，对于家务之事不过分计较，避免两个人拌嘴；另一方面，态度端正，错了就主动向爱人道歉。有了这个"约法三章"后，我们都会尽可能约束自己的行为，减少在孩子面前的争吵，也不会由于双方的过激言行和不良情绪伤害对方，从而影响孩子的情绪，给孩子的成长带来伤害。但平心而论，我道歉的次数要比他多。尤其是在我刚刚从事行政工作的那几年，有时候不经意间我会把工作的情绪带回家。每当出现这种情况，他都会选择沉默。也正是他的宽容，帮我冷却了许多的激动，也避免了我们之间不必要的争吵。

四个角色定位。2010年7月，焦作市妇联与焦作电视台联合举办的《焦作女性》栏目对我进行专访，其中提到一个问题就是夫妻的相处之道。这是许多人对女博士、女教授比较感兴趣的话题，总觉得其中必定含有一些不为人知的秘密，或者说与普通女人不一样的秘籍。

在采访时，我发自肺腑地说："其实，我只是一个普普通通的女人，和所有的女人一样，希望有一个幸福的家庭，有一个爱我的丈夫，有一个身心健康的孩子。中国传统文化对女人的角色定位就是：妻子、母亲。我也一样。"谈到与丈夫的相处之道，我拟定了四个角色定位。第一，做妻子，会家务。人们对好妻子的定位就是会做家务、做好家务，这是女人经营家庭的首要职责。在中国人的传统观念中，评价一个女人是否贤惠的依据，主要是看她的家务活做得怎么样，用农村人的话来说就是"茶饭"如何。因为没有人会说："你看人家媳妇多贤惠，天天看书，还会写文章，也发表过文章。"所以，做家务与写文章相比，首要的是做好家务，让家人吃上可口的饭菜，穿着干净的衣服，然后再说读书、写文章。第二，做朋友，会沟通。夫妻之间应该要学着做朋友，多沟通，多交流，才能够更好地相互理解。不少夫妻感情不和，并不是什么"深仇大恨"，而是沟通不畅，或者是沟通方式不妥，致使两个人在观念和行事方式上不能同频共振，出现了不和谐的音符。第三，做"女儿"，会示弱。俗话说，女儿是爸爸前世的情人，只有像他的女儿一样弱小才会得到他更多的疼爱。女人一定要会示弱，示弱只是一种生活智慧，它在给予男人自豪感的同时也给予他责任感，让他觉得他就是你的支柱、你的靠山，你需要他的呵护。第四，做"母亲"，会宽容。母爱是伟大的，母亲的胸怀是宽广的，她能宽容孩子所有的错误。一个人犯了再大的错误，即使世界上所有的人都孤立他、抛弃他，但母亲不会。宽容是一种美德，是一种境界，男人也需要宽容。有了这份宽容，就会获得一个温暖的怀抱。

平心而论，这些角色我自己做得并不是很好，但我一直在努力。其实，最重要的沟通，莫过于夫妻间的沟通；最重要的理解，莫过于夫妻间的理解；最有价值的宽容，莫过于夫妻间的宽容。

五个相处原则。积极心理学中有一个关于夫妻相处的"HAPPY 原则"，能帮助彼此感到快乐。Happy 原则：H（Help），越帮助丈夫，越能感受到快乐，没有什么比关心和帮助丈夫更能深化你们的感情；A（Appreciation），越欣赏丈夫，越能享受婚姻；P（Pursue），越有追求，越能满足，追求本身会带来快乐，能让人感到独立、强大和自信；P（Perspective），对婚姻越乐观越幸运，乐观地解决婚姻中出现的问题；Y（Yours），越自主越持久，爱情不能丧失个性，给彼此多一些空间和理解，双方都会觉得快乐许多。

我一直把 Happy 原则作为我与爱人相处的恒定原则，也曾经对照着"原则"去思考。但是，现实生活没有约定俗成的样板，它充满各种变数。人的心理活动也会随着现实生活的变化做出相应的选择，没有办法按照一个标准和一个模式去生活。夫妻关系也一样，没有固定的模板，只有真心相处，共同担当。只要双方共同努力了，就一定会不断地改善相处方式，形成和谐的夫妻关系，营造良好的家庭氛围。我曾经对照原则，逐条解读,逐一实践,希望自己能够做得好一点。我爱人知道后说:"教条,费那心事干啥!家是个没有原则、不讲道理的地方,只要有爱、有责任就够了。"我无言以对。

换掉了床头的婚纱照

我结婚那年,穿婚纱的不太多。虽然县城里也有一家婚纱店,但看到低胸露背的款式,我感到实在是不入眼,也从来没有想过要穿着它去结婚,所以才买了一套红色的呢子裙,自然就没有浪漫的婚纱照,也没有婚纱照挂在床头的那种温馨。随着时间的推移,婚纱的款式越来越多,婚纱店越来越多,穿婚纱的人也越来越多,尤其是看到很多朋友家里都挂着婚纱照,我心中感到些许的遗憾,甚至想过,我穿上婚纱会是什么样呢?

2001年国庆节前,女儿、外甥女、侄女几个人与我爱人商量,希望我们能照张婚纱照,以弥补我的遗憾,也为我们结婚十周年做个纪念。尤其是女儿,希望出现在我们的婚纱照里。爱人爽快地答应了,在几个孩子的前呼后拥中和我一起去了照相馆。

但是,拍摄的过程并不是太顺利,尤其是摄影师要求我们摆各种Pose,口中不停地以命令式的口吻提示:"老郎官,再靠近点!再亲热点!"这样的场景使平日比较内向的他不知所措,中途差点跑掉。好在几个孩子苦苦哀求,总算把照相过程进行到底。照片洗出来后,我选了其中的两张放大,其中一张是我们俩的,一张是我们一家三口的。我们俩的合影被挂在了床头,我们三个的被挂在了客厅。不知为什么,每次看到这两张照片,我心里都是暖暖的。去过我家里的朋友看到我们俩的婚纱照会羡慕地说:"不错,你们俩还有婚纱照。"但也不忘调侃一下:"怎么看着像是二婚。"

从1995年7月开始,我决定去圆自己大学时未竟的梦想——攻读硕士学位,后来又读博士。走上这条路以后,我发现它是很艰辛的。其间有过很多的风风雨雨、艰难困苦、酸甜苦辣。但无论遇到什么事情，他都会义无反顾地站到我的身旁，给予我极大的支持与鼓励。可以说，他一如既往的理解、支持与宽容是我不断进步的最强动力。

　　30年了，他一直默默地站在我的身后，用他的善良和宽厚，以及最平实质朴的言行，给予我的工作与学习最充分的理解、最无私的奉献和最有力的支持，督促我前行，鼓励我进步。从读硕士、读博士，到博士后进站，每一次命运的转折都与他的鼓励与支持分不开。在我最艰难的时候，是他的陪伴与鼓励让我重新鼓起勇气、坚定意志，一路顽强地走下去。尤其是遇到挫折和困难时，或者我自己心态没有调整好的时候，他都会安慰我："你不是江姐吗？有什么困难克服不了？"犹豫是否考博士时，他积极地鼓励我："我相信你能考上！"为了让我有更多的时间和精力学习，他主动承担了家务。为了能够让我有个好的心态参加考试，他千里迢迢陪我到兰州考试。博士后进站时，想到还要再受两年的煎熬，也会给他的生活带来不便，我曾经纠结过。但他一如既往地鼓励我："不就是两年吗？这么多年都过来了，还在乎这两年？咬咬牙就过去了。"我一直觉得自己挺坚强的，但时不时也会有软弱的时候，尤其是当不被理解，或者望而却步时，他就语重心长地跟我说："你有那么美好的梦想，怎么能轻易放弃呢？"也正是因为他一路的支持与鼓励，我前进的脚步才走得越发踏实、稳重。应该说，我做的所有研究和取得的所有成绩，都是他和我共同努力的结果，没有他的支持，我真的走不到现在。尤其是在我读博士的三年，他不仅忍受着孤独与寂寞的煎熬，还要节衣缩食，为我提供学习与生活上的物质保障。因此，在那三年中，尽管有过由于清静而致的孤独与困顿不惑而致的郁闷，也有过由于经济的拮据而出现"囊中羞涩"的尴尬和窘迫，但我内心始终有着一种充实与满足的幸福感。一路走来，我们彼此体会到了对方的重要性，更懂得了彼此的相互珍惜与拥有。

　　基于此，我对他一直满怀感激。感谢他30年来对我任性的宽容。我性格倔强，脾气耿直，有时候会在自己心情不好的时候提高声调加快语速，还时不时使个小性子。但他从来没有和我计较过，要么一笑了之，要么保持沉默。还要感谢他用宽厚与善良对待我的家人。有的人心很善良，但行动上未必能做得到。就拿我家的几个孩子在城里上学这件事来说，我对他真的感激不尽。大凡男人，能够对自己的孩子好，对别人的孩子好，这样的男人是有的，但能够让别人的、还不止一个的孩子住到自己家里却从无怨言的真的不多。尤其是让几个孩子成年累月在家里住，并且能够把他们当作自己孩子看待的尤为罕见，至少我见到的不多。所以，不仅孩子们，包括我的家人对他一直有着感激之情。很多时候，孩子们一打电话就是找姑父或者找姨夫的，每逢此时，我都会质问孩子们："到底是姑父（姨夫）亲还是姑（姨）亲？"孩子们都会笑着说："您对我们的亲和爱是本能，是应该的，我姑父（姨夫）的亲和爱是崇高的、神圣的。"

更为感动的是，在我上博士的3年，他主动替我承担起孝敬我父母及照顾我家人的责任与义务。我读博士的3年没有工资，我们过着很拮据的生活。但是，他用省下来的钱坐公交车到老家去看望我的家人，给他们零花钱，给他们买吃的。父亲住院时，他不让家人告诉我，害怕我在外面担心，拿出身上所有的钱为我父亲交纳住院费，还主动替我承担起在医院照顾父亲的责任。直到我放假回家才知道了这件事。

相遇是一种缘，相识是一份情，相爱是一首诗，相伴是一种默契。"百年修得同船渡，千年修得共枕眠。"对这份缘分的珍惜就是对他最大的感激。2008年6月，为了表达对他的感激，我邀请他参加了我的博士学位授予仪式，就是希望和他一起分享这份成功的喜悦与幸福，也是希望他一如既往地支持和鼓励我。我平常不太爱照相，我们俩也很少有合影，但是那天我专门邀请了他的堂兄（甘肃省摄影专家）作为我们的摄影师，穿着博士服和他照了一张合影。回来后，我把这张合影做了放大，挂在了床头，替换掉了2001年我们结婚十周年时补照的婚纱照。他问我："为什么要换掉?"我说:"两张照片所代表的意义不一样。婚纱照只是代表着一种身份关系的确认——夫妻,而这张照片既代表了身份关系,又代表着共同走过的历程,后者更具有意义。"我想,这应该是我对他最长情的告白。

美丽的生命邂逅

在生命中,我们会与许多人邂逅,与每个人的邂逅都是我们命中注定的,都是在诠释生命的存在方式和价值意义。茫茫宇宙中,有一种神奇的生物,他与你的邂逅无法用语言表达,他不仅改变了你做人的层次,甚至会改变你的整个世界,让你的生活变得更加丰富多彩——那就是你的子女。

不期而遇的生命之缘

我与女儿的邂逅可以说充满了传奇,很多事情出乎我的预料。

和大多数的女人一样,我对于婚姻的期许,就是希望有一个爱我的丈夫,生一个健康的孩子,我和丈夫一起抚养孩子长大,陪伴他成长。这也就是中国人传统的家庭观:婚姻美满,家庭幸福,夫慈子欢,温馨甜蜜。尤其是作为一名教师,对于未来的孩子,我更是给予厚望,期望他健康、快乐、聪明、善良、勤奋……总之,所有与优秀有关的词语我都希望在他身上体现。基于此,在结婚之前,我就曾经有过这样的想法,结了婚以后先不要孩子,让自己从生活上、身体上、心理上等方面做好充分的准备,能够保证孩子的质量,也就是所谓的优生优育。当然,也不排除其他方面的原因:一方面,刚刚结婚,两个人的世界还没有完全适应,再多一个人更难适应,我不想让自己的生活过早地陷入手忙脚乱的状态;另一方面,我于结婚当年的9月份刚从一所中学借调到师范学校任教,属于试用阶段。在这种情况下,我理应努力工作,好好表现,不能刚到一个新单位就又是结婚又是生孩子,不仅影响工作,也影响领导对自己的看法。所以,生孩子这件事暂时没有列入我新婚后的计划范围之内。

然而，命运总是不以人的意志为转移，它有很多既定的"法则"，注定了你生命的际遇，尤其是我们的亲人，都与我们有一种命中注定的机缘。无论你是否接受，他都会如期而至，会让你在某个特定的时间与他不期而遇，让他成为你生命的一部分。结婚当月，我的"大姨妈"没有来，最基本的生理常识告诉我：八成是怀孕了。我一下子慌乱起来，该怎么办？要还是不要？我甚至想过先不告诉爱人，等自己想好了再说。但是，内心似乎也有点欣喜，一种从未有过的、柔软的幸福悄悄在我心中萌生，因为在我的身体里，生长着一个新的生命。虽然其不在我的计划范围，但我无法抑制内心里开始疯长的柔情和难以表达的喜悦，更无法抗拒一个与自己血肉相连的生命在身体里的涌动，所以我最终还是打算把其生下来，好好抚养其长大成人。

如果说无意中的怀孕是我与女儿的不期而遇，那么她的提前降临也令我措手不及。按照预产期，孩子应该在1992年7月中旬出生，也就是暑假期间。针对这样的时间安排，我曾经心中窃喜，暗暗庆幸自己无意赶上了怀孕的最佳时机。根据国家有关政策，我可以休半年的产假。按照这样的计划，我坚持把这学期的课上完，在孩子出生前我不请假，那么按照正常的假期休息，产假期满刚好是寒假，这样我就可以多带孩子一个多月，这可以说是天赐的生育良机呀！

然而，人算不如天算，命运再一次和我开了个玩笑，不但没有按照我的计划执行，并且不按常理出牌，让我又经历了一次不期而遇的措手不及和慌乱不堪。当然，更多的是激动和欣喜。

1992年5月17日早晨，在我毫无思想准备的情况下，我邂逅了一个新的生命——我的女儿，一个我怀了只有七个月大的女婴顺利诞生。她的提前降临，弄得我手足无措，狼狈不堪，无所适从，甚至连包裹都没有准备，只好用爱人临时在医院门口小卖部买的一条毛巾将她裹起来。最让我吃惊的是加上包裹她的毛巾，我心爱的小姑娘一共也只有4斤8两。我从来没有见过这么小的婴儿！看到女儿满脸的皱褶，一身透明的红肉，麻绳一样的手指头，像我的大拇指一样粗细的胳膊，还有那昼夜酣睡睁不开的眼睛，我害怕极了。尤其是看到同房间出生的孩子一个个都是胖嘟嘟的，瞪着水灵灵的眼睛到处看，我心里百思不得其解，迫不及待地问了母亲好几个问题："我生的孩子怎么这么小？她长得怎么这么难看？她怎么一直睡觉不睁眼睛？""为什么别人的孩子都是怀了9个多月才生，而我的孩子只怀了7个多月？""会不会因为不足月而影响她的健康成长？"虽然母亲一直在安慰我，非常耐心地一一回答我提出的问题，告诉我孩子非常健康，七个月是因为她就是七个月生的孩子，属于瓜熟蒂落，"七成八不成"，让我尽管放心；浑身的褶子是因为她不足月，肉还没有长实，所以皮肤没有撑展，等吃得胖一点了，自然就展开了；一直睡觉不睁眼是因为别的孩子在妈妈肚子里都是要睡够九个多月，而她却只睡了七个月，所以要补觉。尽管如此，但我仍然充满了疑虑，更多的是担忧，甚至担忧她能否健康成长。母亲不停地鼓励我，要对自己的孩子有信心。她还列举了很多例子，向我证明七个月早产的孩子不但健康，而且长大了还聪明，目的就是解除我心中的恐惧。

虽然女儿没有按照我的计划出生，长的也不是我想象中的样子，甚至对她的出生我还有些许担忧，但是，她的呱呱坠地，使我的内心顿时变得柔软，变得温暖，仿佛周围的世界也变得柔和可爱起来。尤其是她那一声嘹亮的啼哭，成为我生命河流里激起的美丽浪花，成为我生命乐章中最动人的音符，弹奏起我新的生命进行曲，甚至把我的生命之旅逐渐推向了一个新的高潮，从此，我的生命和她血脉相连、生死相依。

由于女儿的降临，我开始变成一个母亲，有了一份神圣的职责，开始对人生休养生息有了真正的理解。当我从母亲手里接过女儿，将她抱在怀里的那一刻，我控制不住内心的欣喜与疼爱，流下了激动的泪水。那一刻，我觉得我拥抱的不仅仅是一个新的生命，也不仅仅是与自己血肉相连的精神依存，而是整个世界。至此，我的人生也由于她的存在而显得更加丰富多彩，也使我们母女俩的邂逅变得更加美丽。由于她的存在，我的人生才变得富有诗意，她的健康成长成为我此生最大的心愿，她是我人生最大的慰藉。

我特别喜欢一首歌《美丽的邂逅》，歌词中这样写道：她在慢慢地长大／黑色的眼睛里闪烁着智慧的光芒／喜欢花朵小动物／学会了叫妈妈／她就在我身边静静长大／开始学会了要这个和那个／我的女儿在学会长大／我的女儿在慢慢长大／开始学会了唱歌跳舞。歌曲唱出了全天下母亲的心声，更是唱出了我陪伴女儿成长的深刻体验。

转眼28年过去了。每到女儿的生日，我在替她高兴、为她庆祝之余，都会打从心底里感谢命运的安排，感谢女儿的到来，感谢生命中最美丽的邂逅！2018年9月，我的著作《家庭教育：为孩子的成长打好底色》在清华大学出版社出版，其中最主要的案例就是女儿成长的点点滴滴，我想用一种特殊的方式来表达对她的爱，来感谢命运让我与她邂逅。

她是我生命的四分之一[1]

在我们每个人的生命中，周围的人都会在我们的生活中占有一定的地位，因为每个人在我们生命中所具有的重要性不一样，所以他们在我们心中的地位也不一样。

女儿是我的四分之一，在亲情的"场域"里，我一直给予她这样的定位。

可以说，女儿一直是我的自豪和骄傲，也是我的欣慰和幸福。对于女

---

[1] 本部分内容发表在《大河报》2011年5月20日，原文题目是《生命里的四分之一》。

儿，我一直有着一份歉意。由于我忙于工作，忙于学业，一直在追求自己的教育梦想，所以，我既没有像别的母亲那样经常陪着孩子逛公园、参观动物园，每天接送孩子上下学，也没有经常参加孩子的家长会，更没有像别的母亲那样能够放弃自己的职业去陪读。对此，女儿也有过不解。

女儿曾经问过我："妈妈，别人的孩子都是父母的全部，我想知道我在您心中占多大分量？"我笑着说："四分之一。"女儿眨着疑惑的眼睛问我："为什么只有四分之一？"我拉着女儿的手，轻轻地告诉她："你想想看，妈妈周围有这么多人，怎么可能只把你放在心里呢？妈妈把自己的爱分成了四份：四分之一是你，四分之一是你爸爸，四分之一是妈妈的亲人、老师、学生、朋友等周围的人，最后四分之一是留给我自己的，这才是我生活的全部。"女儿愣了一下，接着便问，"妈妈，您为什么要给自己留四分之一？"我收敛了笑容，带着几分严肃和认真告诉女儿："一方面，妈妈有自己的工作，有自己的生活，有自己的追求，需要有自己的空间，因此，我需要'自私'地给自己留一份；另一方面，我这四分之一的存在是为了让你们其他的四分之一更好地存在。如果我这四分之一没有了，其他的四分之一也就不可能了。"

其实，我的真实用意是想告诉女儿，每个人都是独立的，都有自己的生活，谁都不是谁的全部。父母不是她永远的依靠，只是她成长道路中的一个指引者、助推器，她应该学会独立，不能依靠父母来考量她的人生。

对于我的"四分之一"说，女儿曾经有点不理解，沮丧地在别人面前说："我只是我妈妈的四分之一。"我已经记不清从什么时候起，女儿开始高兴地对别人说她是我的四分之一，并自然阐释着我的"四分之一"说。后来她把这种"四分之一"变成了一种自豪，当成了一种动力。每每我表扬她时，她都会笑着说："因为我是你的四分之一呀！"倘若忙了忘给女儿打电话，女儿就会主动打给我并风趣地说："高老师，您还有四分之一在这儿呢，抽空关心一下吧！"

回想起来，我清晰地记得女儿成长历程中的点点滴滴，这些点点滴滴在伴随女儿成长的同时，也伴随着我的成长。然而又不知道从什么时候开始，女儿不再一脸好奇地问我："妈妈，这是为什么？"也不再是一脸的懵懂："妈妈，我该怎么办？"她开始不再让我拉她的手，而是在散步时搀着我的手臂，给我讲她的故事；她开始独立思考她自己的人生，有了自己的人生目标……也许是女儿没有办法更多地依赖我，也许是女儿理解了我，便早早地学会了独立，学会自己思考问题、解决问题。尤其是在我读博的三年里，她用她那稚嫩的双肩和孱弱的意志承担起了母亲缺席所带来的一切困难，勇敢地面对生活中的风风雨雨，用她自己的坚强独自承受生活与学习中的压力，艰难地跨过了从初中到高中的转折，并在升学的压力下勇敢前行，以优异的成绩考上了大学。在我写博士论文期间，女儿还充当我的"小助手"，为我编制问卷，帮助我做调查，提供了许多有价值的建议和重要信息。

随着女儿的成长，她在家庭中的地位越来越凸显，尤其是我和爱人之间的桥梁和纽带作用越发突出。她会"勒令"我爱人在情人节和三八妇女节的时候给我送花，在我生日的时候给我送礼物……每年的母亲节、女儿的生日和我的生日，她都会给我一个惊喜。女儿十四岁那年的母亲节，我回到家里，餐桌上放着一个字条，上面写着："请点击电脑。"我赶紧走进书房，点击鼠标，电脑屏幕上写着"Happy mother's day！"紧接着开始播放席琳迪翁的 *Goodbye's The Saddest Word*: "Mamma/ You gave life to me/ Turned a baby into a lady/ And mamma/ All you had to offer was a promise of a lifetime of love/ Now I know/ There is no other love like a mother's/ Love for her child……"优美的旋律、感人的歌词和甜美的歌声使我心头的暖流一直盘旋、回荡。

从那以后，每年的母亲节、三八妇女节，我都会收到女儿送给我的祝福。上大学后，每当节日，她会发送祝福的短信，或是寄上一张写满祝福的明信片，或是送上一段温馨的动画，即使远在国外也不曾忘记。

2011年的三八妇女节，我收到的第一个短信是女儿发给我的："My dear mom, happy women's day, I love you forever and ever, I hope and sure you have a brighter way. Your one of fouth ." 2017年的母亲节，女儿从日本给我寄了一张明信片："Dear mammy and Daddy, I love you so much! As you know, it's the time of mother's day! All of what I wanna say is thanks for surpporting me so far to do what I wanna do!Best wishes! Your dear daughter." 2019年的母亲节，女儿在日本为我买了三双鞋，给我发了一个祝福的微信……

但是，随着女儿渐渐长大，我才意识到：女儿成长的过程，也是我作为一位母亲逐渐成长的过程，作为一个女人逐渐成熟的过程。她不仅仅用她的成长教会了我如何学着去做一个称职的母亲，应该怎样和孩子相处，还建议我当老师应该怎样理解学生，给我推荐了许多赞美和歌颂老师的电影，为我提供了许多英文学习资料；她还教会了我要不断更新生活理念和生活方式，让我下班后要脱下那"古板"的套装；她教我唱英文歌曲，教我动漫画面的制作，教我网购……

虽然我认为女儿只是我的四分之一，但这四分之一是我生命中最灿烂、最靓丽，也是最给力的四分之一。漫步家庭教育的百花园中，感谢女儿和我一起走过生命中的每一段芬芳之旅。

陪考[1]

2009年，女儿参加高考，我专门请假在家，打算陪女儿参加高考。考场的地点离家很近，即使步行也就10多分钟的路程。但我特别想陪陪女儿，就提出用自行车载着送她去考试，她答应了。

翌日早上，我按时骑着自行车载着女儿去考试。一路上，她几乎都没

---

[1] 本文发表在《济源日报》2019年6月28日，原文题目是《那年，我陪考》。

有说话，我不想打搅她，更不想给她太多的压力，只是问了问中午考试结束的时间。快到考点时，她嗫嚅地跟我说："妈妈，我有点紧张。"我建议女儿下车，我们步行过去，我陪她走走。到了考点，我跟她说："别想太多，中午妈妈来接你。"她点了点头，没有说话。其实我本想抱一下女儿叮嘱几句，但我怕这样会在无形中给她更多的压力，就故作轻松的样子，向她挥了挥手，笑着说："加油！"目送她走进考点的一刹那，我不知为何眼眶一热，嗓子哽咽了。于是我赶紧转身离开，担心她回头看我，那我真不知该如何面对。

考试结束前，我早早地来到了考点，和许多家长一起在考场外等候。看着那些和我一起等待的家长，心中感慨万千，尤其是看着那些衣着朴素的从农村来的家长，我心中甚至有点酸楚，想起了我高考时父亲、大哥和侄子的等待。不同的时代，不同的群体，一样的等待；不同的时代，考场内外，一样的期盼。

考试结束后，考生摩肩接踵、鱼贯而出。门外焦急等待的家长更是迫不及待、蜂拥而至，到考点门口去迎接自己的孩子。看着那些堵在警戒线外的家长，公安干警要求家长向后退，给考生让出一条通道，让考生顺利离开考点。不知是哪位家长激动地喊了一声："家长们，咱们给孩子们让让道，给孩子们鼓鼓掌！"紧接着，家长们非常默契地迅速给考生让出来一条通道来，并热烈地鼓掌，有不少家长留下了泪水，是感动，是欣慰，还是心疼？我想那大概也是百感交集吧！

考生出来时，有的喜笑颜开、谈笑风生，有的愁眉不展、默默不语，有的面无表情、目光游离，还有的挂着泪水……看到这样的场景，我心绪难平、五味杂陈，焦急地等待着女儿的出现。

看见女儿时，我不由自主地紧了一下嗓子，因为女儿的表情似乎不太高兴，她不停地在向外张望。我赶紧往前迎，上去一把紧紧地抓住了女儿的双手，没有说话。我感到女儿的双手发凉，就来回不停地搓着她的手背。女儿嗫嚅地跟我说:"我有点紧张,开始的时候手都发抖,后来好点。"我拉着女儿的手走向自行车停放的地方,边走边说:"回家吃饭,妈妈给你做了你喜欢吃的虾,吃完饭先睡一会儿。"女儿说:"您怎么不问我考得怎么样?"我笑着说:"已经考过就不说了。考成什么样都没有关系,先吃饭。"

下午我把女儿送到考点,女儿说:"下午别来接我了,没多远,我想自己走回去。"我说:"好吧,我在家里等你。"

第二天上午,我按照女儿的要求,只送不接。第二天下午,因为是最后一门,我还是过去接了。女儿从考场出来时,一脸的轻松,见了我就说:"终于考完了!"我笑了笑说:"祝贺你顺利完成人生的一次考试!回家吃饭!"女儿忧心忡忡地说:"也不知道结果会怎样?"我语重心长地说:"无论什么样的结果都不重要,影响不了你人生的发展。试卷只不过是几张纸,人生才是一幅美丽的画,试卷上的任何一道题,都不是你人生的最终答案。只要你心存梦想,总有一天会画出美丽的图案。"女儿说:"那我接下来要考虑报哪一所学校。"我轻松地说:"不着急,等分数出来再说。明天跟着妈妈去焦作玩两天,放松一下。"女儿说:"好吧。"女儿要求自己骑车,让我坐在后面。我答应了,让女儿载着我回家了……

10多年来,我曾经多次目睹高考时家长陪考的场景,对于家长陪考时那"望子成龙""望女成凤"的心情非常理解。因为高考的确为不少人提供了改变命运的机会,打通了很多人向社会上层流动的道路,有太多的人通过高考改变了自己的命运,尤其是对于那些农家出身的子女来说,高考承载了太多人的期许与守望。

但是,不能否认,高考就是一个平台,也只是生命中的一次机遇,并不能决定人终生的命运。人生中的机遇有很多,孩子的成长是一个动态的、漫长的发展过程,绝对不是由中考、高考的分数决定的,我们不能以"一时成败"论英雄。家长要以发展的眼光来看待孩子的成长,认识到高考只能决定人生的一部分，不能决定一切。因此，无论考场上发挥如何，都已经是过去，不必再去多虑。试卷小天地，人生才是大考场。真心希望所有的家长和孩子都能坦然面对，因为无论成绩多少，都是人生的一次收获。

背影

记得学习朱自清的《背影》这篇课文时，我严格按照老师的要求，把它完整而又熟练地背了下来，但是，对于文章的理解，只是停留在字面上。当时，我自认为课文没有给予我深刻启迪，甚至对作者以"背影"为题材有点"小题大做"，完全可以从别的视角来写他对父亲的感怀。然而，随着年龄的增长、阅历的增加，我才慢慢地感受到作者的深意，明白了"背影"的魅力所在，并在生活中去体悟"背影"带给我的人生启迪。

2013年6月，女儿如愿拿到了英国赫尔大学人力资源管理专业硕士研究生的录取通知书，我们一家人非常高兴，亲戚朋友也纷纷向女儿表示祝贺。

送女儿进安检通道的时候，我的内心突然升起一种离别的伤感，意识到厅外的航班将要载着女儿到一个陌生的地方，也是她实现梦想的地方。在未来一年多的时间里，我将见不到女儿，只能隔空与她视频。从此以后，女儿将成为远在他乡的游子，家乡会变成她的故乡。想到这里，我内心的伤感变得更为沉重，甚至不知道该跟女儿说些什么，那些动情的离别赠言在我脑海里回想了很多次，但面对即将远行的女儿，我却什么话也说不出来。我站在女儿面前，极力地控制着自己的情感，故作轻松地上前抱了抱她，轻轻地在她耳边说了一句："多保重！"然后将提前写好的一封信交给了女儿，让她到飞机上再看。

女儿进了安检之后，没有回头，俨然一副勇往直前的样子。目送着她越走越远的背影，我内心更加落寞，既欣喜又悲伤，想上去拥抱，却又不敢声张。我站在安检口，看着女儿的背影渐行渐远，直至消失在候机通道的拐弯处，目光一直没有移动，盼望着女儿能够再转回来。同时，我也极力地控制自己的感情，告诉自己：不必追！然而，我做不到。我甚至期望小路不要转弯，直通英国，能够让我一直看到女儿远行的背影，让女儿永远生活在我的视线范围内，唯有这样，我的心里才会比较踏实。

然而，对我产生触动的不仅仅是女儿进安检后昂首挺胸径直前行的背影，而是目送女儿背影时泪水夺眶而出的那个场景和那份牵挂惆怅的心情。因为那一刻，我想到了自己上大学时，家人送我到村口时的情景。当年的我也是背起行囊，跟着大哥，头也不回地径直奔向远方，急切想走出那个贫穷的村子，去追逐自己心中的梦想，留给家人的是一个背着行囊远去的背影。现在回想起来，当时家人也一定和此刻的我一样失落和惆怅，尤其是我的母亲，我不知道她是否会和我一样失声痛哭，但我知道她一定会流下泪水，她也一定会望着我的背影渐渐远去。大学毕业后，我每次回老家，亲人们都会站在村口翘首期盼；每次离家的时候，亲人们也会一程又一程地将我相送。但我都是毅然决然地离他们而去，甚至对他们在我走远后仍在对着我的背影张望有所不解，认为他们太多愁善感。现在，我才理解了小时候常听祖母讲的话："养儿才知报母恩。"然而，20多年来，我从来没有想过母亲在目送我的背影时会有怎样的心情，在我走后她会如何去平复自己的心情，在我为了工作、为了学业长久不能回家时，她会有着怎样的期盼。人同此心，情同此理。我也是母亲，我目送女儿的背影有着如此的惆怅，那么我的母亲在一次次目送我的背影时，她会有多少的惆怅呢？

从那以后，每次回老家，我都会多待些时间，尽可能多陪陪母亲。从家走的时候，我会不止一次回头张望，与母亲的目送进行语言和神情的交流，减少她的失落，减少她的牵挂，减少她目送我背影时的惆怅。

再读朱自清的《背影》，我感同身受，甚至体悟更为深刻。女儿的背影，我的背影，不同的背影一样的深情，演绎了人世间的同一种血缘亲情，它能穿越时空，穿透心扉，永远镌刻在我的生命中。

结　　语

如果说每个孩子都是一粒种子，那么家庭就是这颗种子萌芽和成长的丰厚土壤。家庭对于孩子的影响最为深远，家长是孩子的第一任，也是终身老师。那么，如何做一个好家长、给孩子营造一个良好的成长环境呢？

所谓的好家长，未必一定要有过人的本领或高超的学识，但是一定是有爱的。这种爱，不仅是对于孩子，也是对于爱人、对于家庭乃至对于生活的爱。我们常说，家是一个人最温暖的港湾，这种温暖不是来自物质的充盈丰富，而是来自家人的默默关爱。

爱的表达方式有很多。对孩子的爱，可以是情不自禁地捧起他可爱的小脚丫，可以是每晚在灯下陪他一起读绘本，可以是耐心地听完他想说的话；对于爱人的爱，可以是不经意间一个默契的眼神，可以是对爱人发自内心的一句夸赞，可以是偶尔送给对方的一个小礼物；对于家庭和生活的爱，可以是在茶几上摆放一枝花，可以是在餐桌前分享一本书，可以是跟所有家庭成员一起聚个餐……

父母是孩子最好的老师，并不是因为父母要用语言去"教育"孩子"你要这样做"，而是因为父母能用生活中的一点一滴、一举一动让孩子感受温暖与美好，懂得关爱与责任，知道理解和包容，学会热爱和进取。这些品质摸不着，却看得见，它们会镌刻在孩子生命的基因里，为孩子未来的人生道路打下亮丽的底色。

第二课
学校教育：精神涵养之甘霖

师范启其塞,小学导其源,中学正其流,专门别其派,大学会其归。

——〔清〕张謇

学校的任务不仅仅在于授给学生从事劳动及合乎要求的社会活动所必备的知识,而且也在于给每个人以个人精神生活的幸福。没有丰满的内在精神世界,没有劳动和创造的快乐,没有个人的尊严感、荣誉感,就不可能有幸福。

——〔苏〕苏霍姆林斯基

    人自出生就开始了自己的社会化进程,当进入学校教育的群体活动后,便开始接受知识滋养,发展思维能力,提高认知水平。一个人只要踏上求学之路,便会有与众不同的经历。也许你曾经徘徊过,也许你曾经奋斗过,也许你曾经踌躇满志,也许你曾经一无所获,但你所经历的每个阶段都是一个心灵的驿站。

    功不唐捐,玉汝于成。学校是我梦想开始的地方,也是滋养我心灵的一块圣地。小学、中学、大学、硕士、博士,直至走上博士后岗位,一路走来,对于那些"孤灯锁清秋,经书暖相伴"的日子,我有太多的感触。其间,师恩绵长,同学友善,给了我人世间的真情暖意,记载着我求知的心路历程,让我真正感到了知识的力量。它不仅改变了我的命运,滋养了我的精神,而且为我的梦想插上了腾飞的翅膀,让我在人生的道路上自由翱翔。

乡村学校的启蒙

小时候看着哥哥、姐姐上学，很是羡慕。尤其是听着那琅琅的读书声，心里特别兴奋，觉得特别有磁性，穿透力很强，惹得我心里痒痒的，经常好奇地站到教室门外去"偷听"。就这样，还没有正式上学，我已经认识了好多字，背会了好多篇课文，哥哥、姐姐放学时我还背给他们听。同时，我也天天盼望着自己快点长大，可以光明正大地坐到教室里听课、学习，甚至想过要和同学比赛背书，并坚信自己一定会背得很好。

7岁那年，母亲牵着我的手把我送进了村里小学的大门。

其实，村里的学校没有大门，也没有围墙，只有两排土房子，房子后面就是蜿蜒的沁河大堤。前排房子中间有个门洞，东边是一年级、二年级教室，教室前面是块空地，用作操场；西边是五年级教室和大队部，前面是个小树林。后排房子中间是个戏台，东边是三年级教室，西边是四年级教室。学校既是学生上学的地方，也是村里集中活动的地方。开群众大会、农闲时唱戏、节假日的文艺会演等活动，都在学校进行。所以，那时候经常出现教室内上课、戏台上唱戏的情景。至于学生上课时被某些优美动听的唱段吸引而走神也是常有的事。不过，我们的老师讲课却很有定力，尽管外面锣鼓喧天、唱腔优美、琴声悠扬，还伴有嘈杂的人声，小贩的叫卖声，但老师上课却丝毫没有被扰乱，没有被打断，仍然讲得抑扬顿挫、有声有色。

我们村办小学历史悠久，可以追溯到解放前。几经周折与迁移，于1966年冬季建成了新的校舍，也就是我上小学时的校舍；1976年开始成立初中部，原来在西高村上初中的学生也逐渐开始回流；1982年撤点并校的时候撤掉了我们的初中，1997年开始小学撤点并校；1998年学生开始逐渐分流到邻村的小学。2000年，由于校舍破漏，留下的学生只好搬到村北的道观中，在道观二楼供奉着各路神仙的厅堂隔壁上课。浓重的香火味弥漫在教室上空，夹杂着烧香人那喃喃自语的念叨声。当然，烧香的人也能听见学生琅琅的读书声，还有老师抑扬顿挫的讲课声。我曾经专门去教室看过，但也只是看看而已，除了些许的悲哀没有更多的言语。2004年暑假，最后一批学生分流到周围的村子上学，我们村的学校完全撤销。

我上小学的时候，教室里的陈设很简单，根本谈不上什么现代化的教学设施，只有几排木制的条桌。学生坐的板凳都是自己从家里带的，一、二年级是小板凳，到了三年级以后才坐高板凳。学校的作息时间和当地人的生活习惯是一致的，每天早上6点到学校，先跑早操，再上早读，然后上一节语文课，8点钟回家吃早饭；上午9点上课，3节课，中午回家吃午饭；下午3节课，夏天3点上课，冬天2点上课。教室里没有电灯，冬天的早上天亮得晚，同学们都是点着墨水瓶做的煤油灯早读。虽然油烟把大家的鼻子熏得黑黑的，但都没人在意，早读时个个都是张着嘴大声朗读。上初中后有了晚自习，依然点着煤油灯。虽然光线昏暗，但班里却很少有近视眼。

当时不仅学校设施简单，学生的"装备"也很简单。书包就是一个瘪瘪的"布兜"，里面装了两本书，一本语文，一本数学，书都很薄，还有两本薄薄的练习本。书包里没有各种各样的教辅资料，所以背起来很轻，比起现在孩子的重磅"炸药包"来轻松多了。现在学生的书包款式多，材质好，做工精良，非常时尚。更为便捷的是拉杆式书包，学生不用背，而是拉着"书包"去上学。但我们知道，现在学生的课业负担和学习压力要比以前学生重得多。那时候上学没有那么多的作业，也没有人请老师补课，一般放学前作业就完成交给老师了。即使有作业，放学后一会儿就做好，交了作业就回家干活，没有加班加点的学习，没有所谓的课业负担，考试考得也挺好。就现在的学生而言，因为书包里装的东西太丰富了，减负的呼声在日益压弯的拉杆书包前显得那样的苍白无力，沉甸甸的书包背后是沉重的课业负担和身心压力。为此，我常常庆幸自己的小学时代是多么的幸福。

我在多处写过童年时学校留给我的印象：一个破败的庭院，几间残损的土房，还有那几个衣着简朴、亦教亦农的乡村教师。就是这所普通的乡村小学，留给我太多美好的回忆，也让我对它产生无限的眷恋。

乡村学校总是和乡村文化紧密相连的，不仅承载这乡村文化的传承，也是乡村文化的特殊标志。农民的起居作息与学校也密切相关，伴着学校的铃声出工、收工，学校的铃声让他们燃起生活的希望，琅琅的读书声让他们看到了孩子的未来，乃至家庭的命运，也成为他们劳作的动力和精神的寄托。有了学校，乡村就有了生机和活力，文化的氛围也显得更加浓郁；没有了学校，乡村就失去了灵魂，失去了灵性。所以，我一直对那所破旧的学校心怀依恋，她让我在那里度过了7年的美好时光，也让我生活的村庄充满了生机。

我上小学时，学校一共有7名教师（包括校长），1976年有初中部后，学校教师增加到11名。我们的老师都是一个村的（中间来过一名公办教师，没多长时间就走了，所以记不得他的姓名），我上了初三才知道有专门培养老师的学校——师范学校，但只知道民办老师可以考，并不知道应届初中生可以考。不过我们村的老师中却没有一个是师范学校毕业的，也没有所谓的公办教师。由于当时农村教育落后，接受过专门师范教育的教师很难被分配到像我的家乡那样贫穷的小村子。在这种情况下，村里一些干部的子女或亲戚就成了我们的老师。这些老师一般都是初中毕业，少有几个高中毕业的，还有的是小学毕业。这样的教师队伍，尽管其中大多数人有着对教育事业的一腔热情和对学生的一片爱心，但要想提供给学生一个良好的基础教育，他们却是力不从心的。应当承认，在我的成长过程中，这些老师曾经给了我很大帮助，也教会了我很多东西。但他们缺乏许多教师应有的基本教学方法和技能，也没有学过教师教育的专业理论知识，那么教学能力可想而知。面对正值学习的黄金时期、对知识如饥似渴的莘莘学子，他们左支右绌，教学显得苍白无力。也正是从那个时候起，我就有了当老师的愿望。尤其是看到老师不用下地干活，就可以挣工分，还有那些女老师，穿着打扮都比我的两个姐姐好，也显得漂亮。当然最主要的是那些老师都被村里人称为文化人，也很受人们的尊重。这样想想，当老师还是挺好的。

由于这些教师的专业知识、技能的缺乏，我们上学时的课程设置也非常简单。一、二年级的课程只有语文、数学、音乐、劳动。美术课到了小学三年级才开设，不过只上了两节课：第一节课画的是太阳。老师在黑板上用圆规画了一个圆，用红色的粉笔把圆涂成红颜色，然后用黄色的粉笔在圆的周围画上光芒。我们就照着老师的样子画了一个貌似光芒万丈的红太阳。第二节课画的是水桶。老师先画了两个椭圆，上面那个大一点，接着用两条线段把两个椭圆连起来，桶身就画好了。然后以上面椭圆的两个交点为直径画了一个半圆作为桶的提手。我们照着老师的样子画了一个水桶。至于什么原因使美术课没有继续上，我不得而知。在以后的求学生涯中，我再也没有上过美术课。

音乐课倒是比美术课上得多。但是由于当时农村学校条件简陋，既没有专业的音乐老师，也没有起码的音乐教学设备，培养学生的音乐素养更是无从谈起。所谓的音乐课就是唱歌，主要学了一些诸如《我们是共产主义接班人》《学习雷锋好榜样》等慷慨激昂、催人奋进的革命歌曲。这些歌曲主要在三个场合唱：一是课前预备十分钟的时候；二是放学排队回家的时候；三是学校集会的时候。

虽然老师教的歌曲不多，但是我很喜欢唱，还参加过一些表演。小学四年级的六一儿童节，学校排练了小合唱《我们是共产主义接班人》这首歌曲，让我担任领唱，为此母亲还专门为我做了一件绿色碎花衬衣，遗憾的是由于下雨，演出取消了。小学五年级的六一儿童节，我独唱了两首歌曲，一首是电影《黑三角》的插曲《边疆的泉水清又纯》，一首是电影《红日》的插曲《谁不说俺家乡好》。那时候农村没有钢琴，也没有电子琴，是我家对门的一位老师拉着二胡为我作的伴奏。

  学校偶尔也会安排上体育课，体育课的主要内容就是跳绳、踢毽子。绳是自己从家里带的，毽子是自己做的，也有把用过的作业本剪成毽子踢的。对于踢毽子来说，最能体现水平兼具美感的就是踢鸡毛毽，不仅在动作上花样百出，而且彩色羽毛做成的毽子，踢起来就像一朵彩色的花朵在上下翻飞，那金色的羽毛在太阳底下闪闪发光，漂亮极了。为了做一个好看的毽子，我曾经让二哥和弟弟钻到鸡窝里，把家里最漂亮的大公鸡的毛拔下来给我。因此，我的毽子经常是同学中最漂亮的，这不仅满足了我的虚荣心，而且对于提升我的踢毽子水平很有促进作用。由于每次体育课都是一样的内容，所以，我从小练就了很好的跳绳和踢毽子技术。有很长一段时间，我出差都会带一条绳子，遇上下雨天气，或者不方便跑步的时候，就找个地方跳绳。尤其是读博士期间，我坚持每天跳绳，最多可以跳2000多下不中断。从2018年暑假开始，我坚持每天踢毽子，把它作为锻炼身体的一种方式。当有人夸我踢得好的时候，我就会自豪地说："小时候练的童子功。"其实，这应该归功于当时的体育课吧，现在一口气踢上几百个不掉地上是很轻松的事，曾经一次踢了1500多个。

  至于其他才艺，如珠算、毛笔字等，我都没有学过。但是，小学阶段的学习与生活，是我接受学校教育过程中最为轻松、快乐、幸福的时光，让我感受到学习的乐趣，为我的求学之路打下了一个良好的心理基础。

  上小学四年级的时候，老师给我们讲社会主义的美好未来，其中提到实现四个现代化。有同学问："什么是现代化？"老师慷慨激昂地说："也就是所有的事情都是由机器来做，人不必劳动，连吃饭也是自动的。吃饭就像城里人现在用的自来水一样，到吃饭的时候只需要拧开相应的管口就行了。比如你想吃饺子，你只要拧开饺子的开关，饺子就出来了，拿个碗直接接就行了；想吃面条，只要拧开面条的开关就行了。"听老师这么一说，我激动坏了，觉得现代化的时代太美好了，到时候想吃什么拿个碗接就行了，这恐怕就是共产主义吧！总之，感觉就是到了2000年，每天都是阳光灿烂、生活幸福，不必再辛苦地劳作；每个人活得都很快乐，不怕没钱花，不怕生病，不怕老了没人养；到那时候，国家富强，人民安康。我一直盼望着时间过得快一点，好让我马上过上现代化的生活，那是多么美好的生活！因此，我一直对未来充满着期待，期待着四个现代化早日实现，期待着吃饭自动化的日子尽快到来。

是的，社会在进步，科技在发展，人们的日子越过越好，丰富多样的高科技产品使我们的生活变得越来越方便，速成、速熟的食品越来越多，食物的加工程序会伴随着半成品的出现变得越来越简单，时间也越来越短。但是，我一直没有等来拧开开关就能接饭的生活，每顿饭还是要备齐原料，经过自己的制作，煮熟加工以后才能吃。

可以说，随着接受教育层次的提高，我对自己小学阶段所接受的教育有了些许遗憾，总觉得自己没有接受良好的基础教育。尤其是上了大学以后，与那些来自城市的同学相比，我总是感觉自己的素质不够全面，缺乏艺术素养；与那些从小饱读诗书的同学相比，缺乏文学功底。其实，我常为此遗憾的原因，一方面是对自己没有扎实的知识功底和多方面才能的一种自我安慰，另一方面也是对农村基础教育的一种热切期盼。也正是这些对基础教育的遗憾，使我的研究领域不乏对基础教育，尤其是针对农村基础教育的思考。我把自己多年来对农村基础教育发展的热切期盼变成一种深情的守望，去守望我国农村教育事业健康发展的春天，也守望我国城乡教育一体化战略目标的早日实现，更守望那不远的将来，农村孩子都能够和城市孩子一样，在高远明净的教育蓝天下自由飞翔！

信仰与偶像

在每个人成长的过程中,信仰的积极引领和榜样的示范作用是不可低估的。英国作家塞缪尔·斯迈尔斯在《信仰的力量》中写道:"能够激发一颗灵魂的高贵与伟大的,只有虔诚的信仰。"因为有了信仰,人们就有了精神的寄托,有了行动的指南;有了信仰,可以唤醒生命,促进社会的发展;有了信仰,可以激发潜能,造就优秀人才;有了信仰,可以鼓舞斗志,实现美好理想。信仰如果是目标的话,那么榜样就是力量。于我而言,心中一直有着自己的信仰,也不乏崇拜的偶像,是他们给了我精神的鼓舞和奋斗的力量,影响的不仅仅是我的童年梦想,更是生命的成长。

做共产主义接班人

上小学的时候,我们经常唱《我们是共产主义接班人》这首歌,这是少先队的队歌。但当时我并不知道,也没人告诉我,直到加入少先队以后才知道。尽管如此,并没有影响我对这首歌的喜爱,以及它对我人生的启迪。

我是小学四年级加入少先队戴上红领巾的,那一年我11岁,符合入队年龄。在我戴上红领巾的时候,老师给我们讲:红领巾是红旗的一角,是用革命先烈的鲜血染红的,一定要好好珍惜,努力学习,做共产主义事业的接班人。我把它记在了心里。第二天上课预备铃响了之后,文娱委员领着我们唱《我们是共产主义接班人》,其实这首歌我已经唱了好多次,但从来没有像那天那么激动。刚唱了第一句"我们是共产主义接班人",我已经感觉到热血沸腾，两眼发热，激动不已，情不自禁低头看了一眼红领巾，一种从未有过的神圣与庄严、自豪与骄傲油然而生。一定要"继承革命先辈的光荣传统，爱祖国，爱人民……"直到唱第二首歌，我依旧沉浸在激动与兴奋之中，久久不能平静。

虽然那时候我对共产主义的认识非常抽象，更谈不上什么理论自觉，但是我知道那是我们的共同理想，是非常美好的社会。大家都希望实现共产主义，过上老师讲的所谓人人有饭吃、人人有衣穿的美好生活。至于红领巾是用革命先烈的鲜血染成的，我知道那是为了让我们牢记历史，深刻领悟眼前幸福生活是无数革命先烈用生命和鲜血给我们换来的，我们应当继承先烈的遗志，将革命进行到底。

我曾经看到一则调侃的信息，说有位小同学加入了少先队，回家以后很不高兴。妈妈问："你加入少先队是一件光荣的事情，为什么不高兴？"小朋友说："老师说红领巾是用革命先烈的鲜血染成的，不知道今天是哪位先烈牺牲了，用他的鲜血给我染了一条红领巾。"很多人看了以后哑然失笑，还把它当作笑料来讲，然而我看了以后心情却非常沉痛。不仅是因为孩子对红领巾所蕴含的教育意义的理解，同时也看到了我们的爱国主义教育所陷入的困境。其实，"红领巾是用革命先烈的鲜血染成的"，只是一种比喻的说法，其意义在于让每一个少先队员珍惜红领巾，爱护红领巾，懂得幸福生活来之不易，从而激发少先队员们奋发努力、积极向上的精神风貌。然而我们可爱的孩子却把它具象化了！为什么会有这种现象？不难看出，在关注分数、注重排名的功利思想下，作为公民素养的国情知识教育却被忽视了。

记得当时，年少的我戴上红领巾后，真的很自豪，每天都戴着，直到睡觉的时候才取下来，叠好放到自己的枕头边，第二天再戴上。也就是在那年的春节，我们照全家相，也是我有生以来第一次照相，我就戴着自己的红领巾。后来有人看到这张照片后就取笑我，认为我有点迂，但我却严肃地说："你不懂，我很高兴这样做。"红领巾挂在胸前的感觉真的很好，一种责任感和使命感在心中油然而生。

长大以后，才知道那是一种信仰，不过当时我真的不懂，也理解不了信仰的含义。有位学者曾经说过："确立了共产主义信仰，就要把在全人类实现共产主义作为自己终生奋斗的理想；就要用共产主义思想体系观察世界、观察社会、观察人生，树立科学的世界观和人生观；就要用共产主义道德原则和规范来处理个人与社会、集体与他人的关系，培养高尚的道德品质。"我知道，共产主义是我们的理想，而且是不能放弃的理想，也是我们不懈努力的精神力量和奋斗目标。正如生活中的我们一样，必须有奋斗的目标，有了目标才有方向，才有动力。我相信，只要我们齐心协力，共同努力，就会离我们的奋斗目标越来越近，共产主义最终一定会实现。也正是由于这方面的原因，在入党宣誓时，我心潮澎湃，热血沸腾，铿锵有力地宣誓"为共产主义奋斗终身"，更加坚定了自己的信仰。在后来的无数个重大场合，都会重温入党誓词，我依然会心潮澎湃，热血沸腾。因为我知道，那是初心，是使命，是庄重的承诺，也是奋力前行的动力。因此，我深深地感到，教育必须注重学生精神世界的发展，使学生具有高尚的道德品质，树立远大的理想，发展他们的高级精神需要，进而把他们培养成为拥有精神信仰，具备精神力量，能享受精神文明的社会主义新人。

学习雷锋好榜样

雷锋是我国社会主义建设中涌现出的道德模范。几十年来，雷锋一直是全国人民学习的道德楷模，是中国人精神生活的道德标杆，在不同的时期都被赋予了不同的意义。雷锋是一名普通的汽车兵，然而他在平凡的工作岗位上做出了不平凡的业绩。他把远大的理想和日常工作紧密地结合起来，体现出了社会主义一代新人的高尚情操，并铸就了伟大的雷锋精神，影响了几代人。他所承载的"全心全意为人民服务"的精神，是集体主义文化精神在20世纪六七十年代的发展。[1]"向雷锋同志学习"是毛泽东同志号召全国人民学习雷锋精神的时代号角；《学习雷锋好榜样》是当时唱响全国的时代旋律；发扬雷锋的"钉子"精神是歌颂雷锋坚强毅力和平凡中伟大的时代战歌。雷锋最主要的精神体现在"人的生命是有限的，可是为人民服务是无限的，我要把有限的生命投入到无限的为人民服务之中去……"[2]"人民的困难，就是我的困难，帮助人民克服困难，贡献自己的一份力量是我应尽的责任……"[3]等。雷锋是我们上小学时一个道德教育的榜样，是时代精神的典范，被称为共产主义新型人格的典型代表。在我们的印象中，雷锋永远有着儿童般青春的容貌和欢乐纯真的笑脸，以及时刻为人民服务的思想。

上小学时，学习雷锋是接受思想道德教育的主要方式，比如做好人好事，从小事做起，拾金不昧等。每天早上上课前，老师都会让每个同学汇报前一天做了哪些好人好事。大家经常说的就是我帮助谁干了什么，我捡到了什么还给了谁。捡了东西要交公，要交给老师（至于警察叔叔，那时候没有见过），一些捡不到东西的同学只好拿点自己家里的东西交上去。我们生产队里有个"五保户"，她没有孩子，70多岁了，一个人生活。因为和我们住得比较近，家里人经常去帮她，我也就跟着去。所以我每次汇报的做好事大多数说的就是帮助"五保户"奶奶家打水、分菜、扫地等

---

[1] 师永刚、刘琼雄：《雷锋（1940—1962）》，生活·读书·新知三联书店，2012，第63页。

[2] 师永刚、刘琼雄：《雷锋（1940—1962）》，生活·读书·新知三联书店，2012，第63页。

[3] 师永刚、刘琼雄：《雷锋（1940—1962）》，生活·读书·新知三联书店，2012，第139页。

等。当时老师布置的作文大多是《有意义的一天》《有意义的一件事》等，总之是做好人好事的。说真的，在雷锋精神鼓舞下，那时候的确没少做好事。仔细想想，雷锋之所以伟大，并不是他干了什么惊天地、泣鬼神的大事，也没有什么豪言壮语，就是默默无闻地从一点一滴的小事做起，常年坚持。海尔集团董事长张瑞敏曾经说过："坚持把简单的事情做好就是不简单，坚持把平凡的事情做好就是不平凡。"对于大多数人而言，所谓的成功，就是从自己的事情做起，从身边的事情做起，在平凡中做出不平凡的坚持。

时过境迁，做好事虽然不再成为我们学习雷锋的主要标志，但雷锋精神对我们的鼓舞却是永远的，就像号角一样一直在激励我们奋进，成为新的历史条件下社会主义道德的价值取向，是一面永放光芒的旗帜。

做江姐那样的人

小时候从课本、电影、连环画、小人书中看到过许多英雄人物，但是最能触动我心灵的就是江姐。江姐是小说《红岩》中的人物形象，是我上小学时的偶像，也是我心目中的女英雄。她是一名共产党员，由于叛徒的出卖而不幸被捕，被关押在重庆渣滓洞监狱。敌人多次对她进行拷问，使用各种酷刑，老虎凳、吊索、带刺的钢鞭、撬杠、电刑……甚至将竹签钉进她的十指，但她始终不屈不挠："你们可以打断我的手，杀我的头，要组织是没有的。""毒刑拷打，那是太小的考验。竹签子是竹子做的，共产党员的意志是钢铁铸成的！"她关怀难友，参与领导狱中斗争，被狱中难友称赞为"中华儿女革命的典型"；为了鼓舞狱中战友的斗志，她和狱友提出"坚持学习，锻炼身体，迎接解放"的口号；她背诵并默写下毛泽东《新民主主义论》和刘少奇《论共产党员的修养》，组织女牢难友学习，并积极进行狱中策反工作。后来，江姐被特务秘密枪杀，然后被用镪水毁尸灭迹，时年29岁……

年少的我被这位女英雄面对敌人严刑拷打依然坚贞不屈的顽强精神和从容赴死时慷慨激昂的英雄气概深深地打动了，敬佩之情油然而生。我想：这需要多么坚强的意志和顽强的毅力呀！一般人是难以想象、难以忍受的，十指连心啊！是什么超凡的力量在支撑她呢？那就是一种对党的信念，对党的执着！正是这种信念、执着，使她至死不渝，视死如归！正是这种不屈不挠、坚贞顽强铸就了我们中华民族之魂！"你是丹娘的化身，你是苏菲亚的精灵，不，你就是你，你是中华儿女的革命典型。"这是渣滓洞的难友写给江姐的诗。

每次看到江姐的事迹，我都会有心灵的震颤。江姐的生命虽然短暂，却气壮山河，表现出坚定的理想信念和高尚的精神情操。由此，江姐成了我少年时无比景仰的英雄，我下决心要做像江姐一样的人，要为理想奋斗终生，坚强地面对生活中的各种困难和挫折。有了这份雄心壮志和革命信念，后来每当身上有病痛，我都会想到江姐，然后就不觉得自己有多痛；每遇当到困难，我就会想到江姐，她连死都不怕，困难有什么可怕的。母亲曾经说过我小时候比较坚强，大有宁死不屈的气概，尤其是对疼痛的承受能力比较强。这或许是我受江姐事迹的影响，骨子里自然多了一种坚强不屈的精神。其实，很多我同时代的人和我一样，都有一种英雄情结，只是所崇拜的英雄不同罢了，或许是刘胡兰，或许是董存瑞，或许是黄继光……虽然英雄人物和事迹不一样，但他们身上所体现的民族精神和爱国情怀是一样的。

对于江姐的崇拜，我还有另一层情结。作为一个女人，她能有如此大义凛然的牺牲精神和坚强不屈的英雄气节，已经令人可敬可佩。对于课文中所描写的江姐失去丈夫和撇下孩子的那种悲痛与难舍情感，虽然当时的我还没有这样的人生体验，但也会感到怜惜和同情，毕竟一个女人死了丈夫，孩子失去了妈妈，都是很悲惨的事情。在我长大成人以后，尤其是成家有了自己的孩子后，我更加深刻地理解和体会到了江姐的柔软和坚毅、悲愤和顽强，对江姐的敬佩也进一步提升。

我们有幸生活在和平年代，不必去经历江姐承受过的苦难。但重要的是她的精神一直在鼓舞着我，激励着我，坚强地面对生活中的困难和挫折，做一个有信仰、有信念的人，用积极的态度与不懈的追求去构筑自己的精神家园。

终于上了高中

或许是比较平稳吧,初中阶段对我来说具有深刻意义的事情并不是太多,我一直找不出原因所在。初一、初二期间,我一如既往地保持着优秀的学习成绩,依然保持着回家就干活的生活习惯,并没有太大变化。只是到了初三,上学地点发生了变化,我的心理也曾经有过变化,因此,成为我记忆深刻的一段时光。

初三的时候,由于撤点并校,我们村的初中被撤掉,老师和学生一块被合并到邻村学校(解住村学校,也就是我姥姥家的村子)。二哥不愿意和我一起到外村去上学,就辍学在家了。因为我是女孩子,家里人也有不让我上学的想法。但是,到了开学时间,我坚持要上学,父母也就只好依着我。虽然解住村离我们村不远,但上学开始变得不太方便。从我们家到学校,要走两里多地的河堤,河堤两边的堤坡上都是大树,一边的堤坡临着庄稼地,另一边的堤坡临着沁河滩。冬天早上上学和晚上下夜自习的时候天都很黑,给人的感觉阴森森的,走到路上有点害怕。为此,母亲多次交代我要注意安全,一定要和同学结伴上下学。后来,村里上学的同学越来越少,尤其是女孩子就剩下了三四个人,母亲干脆让我住到了姥姥家,和表妹睡一张床。没过多长时间,大舅单位招工,表妹弃学去上班了。

表妹上班后,我没有上学的伙伴,就不想在姥姥家住了。在这样的情况下,母亲开始每天早上送我上学。如果路上碰见同学,就让我跟人家结伴上学。如果没有碰上同学,她就把我送到解住村的村口。这样的情况维持了一段时间,母亲就和我商量,要不就别上了,"晒纸"晒得挺快的,在家也算是一个好帮手。可能是看到表妹上班我有点嫉妒，我也想回家干活挣钱，就答应了母亲。可回家干了两天的活，我依然放不下上学，尤其是看到结伴上学的同学，心里很不舒服。虽然人在干活，但是心却早已随着同学们飞到了课堂。晚上翻开自己的课本，我仍然会如饥似渴，真的还是想去上学。我把我的想法告诉了母亲，她看到我每天晚上一个人坐在灯下看书，真的不忍心，便答应让我再回到学校。

初三下学期，村里上学的人更少了，我们班准备考高中的剩下不到10个人，很多女同学都回家帮助家人做衣服、卖衣服挣钱。街坊邻居不少人也劝母亲："女孩子上学有什么用？将来还不是嫁人？"对回家挣钱同学的羡慕，家庭经济的窘迫，我有点动摇了；邻居的劝说，家里干活缺乏人手，母亲有点动摇了。于是，我就再一次辍学回家干活。可刚回去一个多星期，对门的任老师就找到了家里，和母亲谈了一次话，表达了三个意思：一是说我学习成绩挺好的，如果不上学太可惜了，还是让我回学校吧，至少让我参加一下中考，考上了也算是给学校挣得一个荣誉，至于学上不上以后再说；二是他是大哥上学时的老师，大哥没能上高中，他就很遗憾，希望我不要再有这种遗憾；三是我们兄妹这么多，还没有一个上过高中的，家里出个高中生在村里也是很荣耀的事。大哥知道这件事后，和我谈了一次话，希望我继续回到学校。其实，上高中曾经是我的梦想，我还是很想回到学校的，不想就此辍学。就这样，我又回到了学校，参加了中招考试，并顺利考上了高中。

拿到高中录取通知书以后，家里人并没有松一口气，反而更加纠结难受，大家为我上不上高中争论了一个暑假，直到报到那天还在犹豫。最后，在老师和邻居的劝说下，父亲答应让我去上高中，母亲就让父亲把我送到了学校。那天我是我们班最后一个报到的。后来班主任告诉我，他对我印象特别深刻，不仅是因为我报到那天去得晚，更因为父亲质朴而又恳切的言辞，以及恳请老师对我多关照的"乞求"，他希望我能够通过读书改变命运。

可能是第一次真正离开家在外生活，也可能是因为家里人在这么困难、这么矛盾的情况下送我上学，我内心感到非常不安，总之，我那一晚上没有睡着。第二天一大早，我步行回到了家里，跟母亲说我不上学了。母亲说："你大哥在乡里开会，你去问一下他。"到了乡里，我找到大哥开会的地方，把大哥叫了出来。一见到大哥，我就站在走廊里伤心地哭了起来，边哭边跟大哥说："我不上了，我要回家干活，我不想再给家人增添负担。"大哥很认真地对我说："千万不要放弃，一定要坚持上学，只有这样，你才能改变自己的命运。"在大哥的鼓励下，我又回到了学校。如果当时不是大哥的坚持与鼓励，我可能真的就放弃了，可能真的和我的两个姐姐一样，变成地地道道的农村妇女了。

可以说，高中阶段，曲折的求学经历让我更加珍惜自己难得的学习机会，我不再犹豫和彷徨，一直用刻苦学习和优异成绩回报父母在艰苦的条件下仍然坚持供我读书的恩情。当时，已经渐晓世事的我，在"知识就是力量，知识改变命运"的感召下，决心要从那个贫穷的小村子里走出来，洗掉腿上的泥巴，过上一种与祖辈们不一样的生活。那时的我希望能够上一所师范院校，去做一名优秀的人民教师，用自己的知识和对教育的热爱去改变未来孩子们的生活，为他们的奋飞插上坚强的翅膀，为教育的发展做出一点贡献。

没有预设的人生轨道

人生规划是我们每个人接受教育过程中的必修课。所谓的人生规划就是对自己的人生要有一个预设，以便自己的人生轨道不偏离，更加顺畅易行。一个人如果能够规划好自己的人生，就会有目标，有方向，有计划，有步骤，人生的道路就会走得踏实稳健。然而，命运的改变往往有很大的偶然性，很难先知先觉。自己将来会走什么样的路，会有什么样的际遇，真的无法预料。在高中，我有了第一次改变自己人生命运的机会，它完全不在我预设的人生轨道上。但正是这次机会，使我走上了体育专业的发展之路，虽然它没有成为我的终身发展之路，但它却让我受益终身，影响了我的生活方式和存在方式。

上高中的第一节体育课，老师测我们的一百米速度。我自己也没想到，在女生中我竟然跑了第一名，具体成绩我记不清了，只记得我跑完之后，体育老师走到我跟前，看着我不住地点头，并面带微笑地跟我说："很好！叫什么名字？"我告诉了她。过了两天，班主任找我谈话，说体育老师认为我的身体条件很好，想让我到体育队参加训练。我疑惑地问："体育队是干啥的？"班主任指着楼道东边的操场，说："你看一下操场，那些打篮球的就是体育队的，平常也训练田径。"我一看，有一群男女学生正在操场上打篮球，他们嬉笑着、打闹着、奔跑着。我从小接受的家庭教育就是女孩子要"站有站相，坐有坐姿"，看到操场上拿着篮球跑来跑去的女孩子，我一脸的不屑。心想，那么一个大姑娘在操场上跑来跑去，成何体统？于是我马上边摇头边回答："我不去！"班主任愣了一下，问我："为什么不去？"我非常坚决地说："我不会！"班主任语重心长地说："既然是体育老师说了，肯定是你有这方面的优势和潜力，去试试看。如果你觉得不行，还可以回来嘛。"我一想，班主任把话都说到这份儿上了，不去也不好。当天下午，我就硬着头皮到操场去了。去操场的时候，我穿的是大姐给我做的带襻的方口布鞋，看到人家都穿着运动衣和运动鞋我也挺不好意思，不过想想自己只是来应付一下，也就无所谓了。

体育老师一见到我，非常热情，表示欢迎我加入体育队。然后让大家站好队，每四人一组，进行运球训练。说真的，我一点都不会，连篮球都没摸过，只是见过大哥有时候会拿个篮球说是到我们邻村去打球，可是究竟怎么打，什么规则，我真不知道。我如实告诉老师："我不会。"老师微笑着说："没关系，试试看。"我心想："反正我不会，你看到我不会，就可以让我走。"就这样，我硬着头皮和其他队员站到一块。老师当时正在进行运球训练，我们每人拿个篮球，等待着老师发令。老师一声令下："开始！"其他同学都运着球走了，只有我拍了一下，篮球跑了，站在旁边的其他同学"哗"的一声哄堂大笑。这一笑，我脸红了，恨不得找个地缝钻进去；这一笑，我恼了，这是我有生以来受到的最大的一次耻笑；这一笑，我改变想法了，我的命运将发生转折。老师耐心地说："没关系，捡起来再拍。"在去捡球的过程中，我的眼泪一直在眼眶里打转，我强忍着没让它掉下来，但我在暗暗告诉自己："捡回来，好好拍，一定要拍好，一定要超过他们！"我把球捡了回来，又开始拍，掉了，再捡回来，再开始拍……就这样，我学会了打篮球；就这样，我喜欢上了体育；就这样，我成了学校体育队的队员。可以说，我的命运就是在这次哄堂大笑后发生了变化。由于我原来没有基础，又想超过别人，所以我训练得特别刻苦。早上起得最早，下午训练回去得最晚；冬训跑得最长，力量练得最多。功夫不负有心人，后来我篮球打得越来越好，跑得也越来越快，成了学校篮球队的主力，成为全县田径运动会的种子选手，最终走上了体育专业这条

"不归路"。

相对而言，我的文科比较好，但按照当时的招生政策，如果我报考体育专业，只能学理科。二年级文理分班的时候，好朋友劝我："你文科那么好，学文科吧，肯定能考上大学，别考体育专业了，太可惜了。"而我根本听不进去，非要考体育专业，就是要赌这口气。大哥为此专门到学校跟我商量，不希望我考体育。因为在家里人看来，没有听说过打篮球、跑步能上大学的。但我还是要坚持自己的意见，非考体育专业不可。直到高考预考的前几天，大哥还在劝我，不过没有劝住。看到我如此坚决，大哥也只好依着我的意见让我报考了体育专业。还好，我最终顺利被河南师范大学体育系录取，也是我们学校应届生中唯一考上本科学校的学生。因此，我非常感谢那个哄堂大笑的场景，它改变了我的人生轨道；我也非常感谢我的体育老师，是他认定了我的智能优势，让我知道了自己体育方面的潜质。后来我喜欢上了乒乓球、羽毛球、网球等运动，并且对技能掌握得比较快，水平提升的幅度也非常大，于是我对自己的身体/运动智能优势更加肯定。不过，有时候我也会有点遗憾，尤其是得知很多运动员都是小时候就被教练发现而后培养成才的。于是我就在想，假如我小时候就有人发现我有这方面的潜质，精心地培养我，也许我在体育方面会有更好的发展，而不只是上了师范院校的体育系……当然，我也只是偶尔想想罢了。

2009年暑假，我开始学习打网球。在学习的过程中，我对技术掌握得很快，得到了教练的夸奖，夸我悟性好、协调性好。每次训练回去我就给爱人调侃自夸："小时候也没人发现我体育运动方面的悟性和天赋，假如有，我现在不是李娜也应该是彭帅。"其实，成不成为李娜或彭帅并不重要，重要的是我已经喜欢上了体育运动，并把它作为自己生活的一部分。

每次提到这段经历，我都非常感谢当时的体育老师。按照多元智能理论，我应该属于身体/运动智能比较高的。遗憾的是，之前没有人发现我这方面的潜能，我也没有接受过这方面训练。如果不是体育老师，我也不知道自己在体育方面的智能优势，也不可能有后来因从事体育带给我的收获与启迪。

由于在这条路上长期坚持训练，练就了我健康的体魄、坚强的性格和顽强的意志；在赛场上赢过、输过，培养了我宠辱不惊的心态；面对红色终点线冲刺时那咬牙坚持的经历，让我真切体会到爱拼才会赢的精神；站在领奖台上心潮澎湃无上荣光的经历，让我变得越来越自信和从容。而最大的收获应该是对健康的理解。

正如一位哲人所说的：人的健康是"1"，事业、爱情、家庭、金钱等都是"0"，只有"1"勇敢地站立在前面，后边的"0"越多价值才会越大。如果前面的"1"倒下了，那么后边的"0"再多也只能是"0"，没有任何意义与价值。我一直把它作为生活的至理名言，不止一次在课堂教学中和与他人的交流中阐释其意义，并以此为准则过好生活中的每一天。

我曾在自己大学毕业纪念册的首页上写下这么一句话："生命在于运动。"这是18世纪法国哲学家伏尔泰的名言，也是我的座右铭，并且这句话也挂在了我办公室的墙壁上。

每天坚持运动是我的生活习惯，也是我生命存在的重要方式。我之所以喜欢运动，是因为我一直认为，经常参加体育锻炼的人，经常面对阳光，不仅身体是健康的，心理也是很健康的。

曾经有不少人问过我："你每天坚持锻炼身体是不是为了减肥？"我说："不是。""那你是为了长寿？""也不是。""那是为了什么？""为了健康地生活。"可以说，坚持体育锻炼，让我受益匪浅，不仅收获了一个健康的体魄，也收获了一个良好的心态。

由于我常年坚持体育锻炼，又把"生命在于运动"作为座右铭，有不少人让我讲述从中得到的收获。我总是不厌其烦把自己对这句话的理解与感悟分享给大家。

运动收获人生。热爱并坚持运动的人，收获的不仅仅是身体的舒展与强健、精神的愉悦与乐观、头脑的清醒与高效，更有青春延年、洒脱自信的神奇功效。我们天天都在谈理想、谈追求，寻找自己的存在价值和走向幸福的人生道路。然而，人只有拥有一个健康的体魄，才能有精力、有心情、有能力去做想做的事情，过想过的日子，拥有想拥有的生活，享有幸福的人生。

其实，坚持锻炼身体是学习自律的过程，更是锻炼意志力的方法之一，也可以帮我们养成一种良好的生活习惯。美国心理学巨匠威廉·詹姆斯有过经典注释："种下一种行为，收获一种习惯；种下一种习惯，收获一种性格；种下一种性格，收获一种命运。"实践证明，良好的习惯必然是在有意识的训练中固化，不可能在无意识中自发形成。习惯一旦养成，就会成为支配人生的一种巨大力量。因此，对想要获得强健身体的人来讲，必须在有目的、有计划的训练中培养对运动的爱好，养成良好的运动习惯。坚持运动锻炼这个良好习惯，可以使人终身受益。一个人如果能够从事一项体育项目，发展一项体育特长，养成锻炼身体的习惯，他就会拥有一个健康的体魄，也会为实现自己幸福而美丽的人生打下坚实的基础。

考场外的等待[1]

人生中会经历许多种等待，我最难忘的就是家人在考场外的等待。

2019年的3月31日，是河南省高职院校单独招生考试的时间。考试期间，我到学校的2号教学楼去巡考，途中看到在考场外等待的陪考家长。时值中午，他们有的席地而坐，有的坐在湖边的凳子上靠着垂柳打盹，有的在警戒线外不停地踱步，时而焦急地向考场方向张望……于我而言，在大学教书30年，这样的场景并不罕见。但是，每次见到这样的场景，我都会感慨万千：可怜天下父母心呀！同时，也不由得想起家人陪我参加高考时的情景。

1986年5月，我到郑州参加全省体育专业统一考试。这是我第一次去郑州，同行的还有三位同学，由体育老师带队统一乘车去。在出发之前，大哥去学校告诉我，父亲决定和他一块去郑州陪我考试。在那个年代，家长陪考的现象还不多，尤其是农村的家长。听到这个消息，我非常高兴，非常激动。但是，转念一想，我又不想让他们去，因为这一去肯定要花不少的钱，这对于我们经常捉襟见肘的家庭来说，确实是不小的经济负担。可是，大哥说父亲没有去过郑州，刚好可以趁机去看看。我不好再做反对，就答应了。得知老师要带队统一行动，大哥向老师咨询了考试具体的

---

[1] 本文发表于《济源日报》2019年5月31日，原文题目是《30多年前的等待》，发表时有删改。

安排，要了考试的地址，告诉我他和父亲在郑州等我。

考试的前一天，在老师的带领下，我们一大早从学校出发，坐汽车到县城，又从县城坐长途汽车到郑州。那时候没有高速，过黄河桥的公路还是单行道，所以等我们到郑州时，已经是下午了。由于当时的通信不发达，我无法得知父亲和大哥是否已经到达郑州。

到宾馆安顿好以后，老师带我们去看场地——省运动学校。快到运动学校时，我远远地就看见了父亲和大哥拉着侄子（6岁）站在运动学校的门口。至今我依然清晰地记得那幅画面——那祖孙三人的组合特别鲜明，他们在学校门口四处眺望寻找我，那画面是多么的甜蜜而温暖，惹得同行的老师和同学纷纷对我投来羡慕的目光，发出啧啧的赞叹声。对于当时的我来说，祖孙三人的身影，让我一下子喉咙发紧，两眼发热。

其实，我知道父亲和大哥来陪考的原因：一是因为我是家里6个孩子中第一个读了高中而且有机会考大学的，如果我能考上大学，改变的不仅仅是我自己的命运，也会改变整个家庭的命运；二是如果我能考上大学，我将会成为村里为数不多的大学生，也是第一个女大学生，会成为家人的骄傲，父亲和大哥在村子里会很有面子，家里人也不再会因为贫困而被人轻视。所以，对我的考试，家人格外重视，他们内心对于我"鲤鱼跳龙门"的期待不亚于我自己。

父亲和大哥跟我们一块儿看完场地之后，要带我到亲戚家（父亲的表兄）吃饭。征得老师同意后，我们一块儿来到那位伯伯家。伯伯一家人非常热心，准备了一大桌丰盛的饭菜款待我们，说是特意为我增加营养的。说实在的，那是我长这么大见过的最丰盛的一桌菜，有的菜是我平日心心念叨却吃不起的，有的菜我连名字都叫不上来。席间，大家不停地劝我多吃，为我夹菜，给我加油鼓劲，希望我能考个好成绩。但也许是因为晕车，也许是一路颠簸太累了，也许是因为有压力，面对满桌子的佳肴，我却没有太大的食欲。但想到明天还要考试，我还是尽力地吃了些。

吃完饭后，大哥把我送回了宾馆。一天的奔波，紧张的心情，酷热无比的天气，在耳边嘤嘤不绝的蚊子，在空中轰隆隆飞过的飞机，让我辗转反侧，难以入眠；尤其是父亲、大哥、侄子三个人站在考点门口等待张望的那幅画面一直在我的脑海里闪现……总之，那一夜我没有睡好。

考试的第一天，我们去得很早。当我们走到考点门口时，父亲、大哥和侄子已经等在那里。大哥递给我一包饼干，说："带上吧，万一排序靠后肚子饿了可以垫一垫，否则体力跟不上。"我没有吱声，接过饼干就跟着老师进入了考点。果不出大哥所料，我的排序真的非常靠后。不过还好，成绩还比较满意。当天下午，考的是我的弱项，可能是因为心理上有点怯，我明显感到身体疲惫，未能发挥出最好的水平。考官报完成绩后，我内心有些许沮丧，甚至觉得没有勇气去面对考场外等候我的家人。从考场出来时，我跟同行的同学说："你们先出去吧，我想自己待一会儿，麻烦你跟老师说一声，让他转告我父亲和大哥，让他们先回家吧。他们在，我有压力，影响水平发挥。"

同学们走后，我在操场附近的一个台阶上坐了一会儿，平复了一下心情，然后一个人慢慢向门口走去。当我走出考点时，看到父亲、大哥、侄子和带队老师都站在路边等我。父亲没有说话，只是一直看着我。父亲没有读过书，他应该是找不到合适的话来安慰我，再加上他平日也不善于言辞，不知道该如何去安慰我，只是远远地看着我。大哥迎着我走了过来，跟我说："听同学说你没有发挥好？没有关系，明天还有两项，还是你的强项，回去好好休息。"我强忍住眼里的泪水，嗫嚅地跟大哥说："你们回去吧，明天不用再过来了，今天我也不想去伯伯家吃饭，想跟老师和同学们在一起。"大哥笑了笑说："那好吧，我们回去。我给你留些钱，明天考完试别着急回去，第一次来郑州，到公园或动物园去转转。"说着，大哥从兜里掏了 20 元钱塞给我。父亲依然没有说一句话，拉着侄子一直在看着我。我深深地吸了一口气，调整了一下心情，走到他们跟前，摸了摸侄子那被烈日晒得通红的小脸,帮他擦了擦脸上的汗水,对父亲说:"你们都回去吧,没事,我明天会考好的。"父亲非常平静地说:"别想太多了,尽力就行。"而我却非常坚定地说:"放心吧,我明天一定会有好成绩。"不等父亲和大哥回话,我转身往宾馆方向走,一直没有回头。我不敢回头,害怕看见他们三个站在考场外的身影,也害怕看见他们那充满期待的眼神。身后突然传来侄子那稚嫩的声音:"小姑,再见!加油啊!"我的泪水夺眶而出,是感动,还是压力?我不知道。但祖孙三代人给予了我多大的希望和爱,我能体会得到。

那天夜里,我睡得比前一天要好。第二天去考场时,我没有看见家人的身影,我想他们应该是已经回家了,顿时感觉轻松了许多,考试也发挥出了自己的水平。当下午考完试走出考点时,我看见父亲、大哥和侄子依然在校门口的路边站着等我。我吃惊地问:"你们不是回家了吗?"大哥说:"其实我们一天都在外面等着你。怕你有压力,不敢让你看见。父亲说等你考完了带你去吃饭。"这真是人世间最温暖的话语,我无法用语言表达自己的感动,只是拉起侄子的手,跟着父亲和大哥吃饭去了。

30多年过去了,父亲、大哥和侄子在考场外等待的身影深深地印在了我的脑海中,永远镌刻在我的心底,融进了我的生命里,成为我学习与工作的原动力。有了自己的孩子后,我更能理解父亲当年执意陪考的心情。

感恩高考

对于参加过高考的每一个人来说，高中生活都刻骨铭心。很多人提到高考都会感慨万千，那种千军万马挤独木桥的悲壮着实令人难忘。

我上高中的时候条件比较艰苦。首先是住宿条件比较简陋，两个班的女生住在一个三间屋的寝室，一个班20多个女生一个通铺。其次是生活条件比较艰苦，我们自己从家里带点粮食交到伙食科，每斤出1毛钱的加工费，换成饭票。早晚都是1两饭票买一碗汤，馒头和咸菜大都是自己从家里带的。中午2两饭票加5分钱菜票买一碗汤面条即可。每星期三改善伙食吃捞面条或者卤面，需要2两饭票加1毛钱菜票。到了高二，饭价有所提升，中午需要2两饭票加1毛钱菜票，改善生活的时候需要2两饭票加2毛钱菜票。所以刚上高中时，每周只需要1块钱伙食费就足够了，但后来涨到了2块钱，再后来3块钱，到高三的下学期涨到了每周需要5块钱。为此，母亲曾经叹息过，没想到上学需要花这么多的钱。

由于家里条件不好，没有专门的自行车作为我上学的交通工具，所以我一开始上学就是走路，后来搭过几个月的便车。当时西向公社五街大队实行新规划，盖排子房，经常到我们村外的沁河滩上拉沙子。因为我们家门口是通往沁河滩的必经之路，母亲为了不让我步行，就截住马车，跟赶车的说情让把我捎到镇上。每次拉沙的人到了，就会在门口喊："小姑娘，走不走？"我就拎着干粮坐到马车上去。后来，我多次回想起当时的情景，穿着花布衫，围个花围巾，坐在马车上，真是一股原汁原味的乡村风情。

半年后，我不再乘坐马车，而是改为乘坐自行车。当时我有一个好朋友，她是一位心地善良、性格内向的人，我们俩比较投缘，经常在一起聊天、讨论问题。她家离学校比较远，有15里左右的路程，家里就让她骑了个旧自行车。我们成为好朋友后，每星期回家或者上学，我就不再坐马车了，而是趁她的自行车。从她家到学校有南北两条路，之前，她一直走北路，因为有公路，相对好走；之后，她开始走南路，正好路过我家。上学时，她骑车到我家，我载着她去学校；星期六回家时，我载着她先到我家，然后她自己骑车再回去。因为她们家比较远，也没有人经常为她送干粮，而我们家有专人送，所以我母亲每次都会多送一点，把她的那份也算上。这样她就能够经常跟着我吃上新鲜的馒头或者烧饼。所以，我俩可以算得上"在一个碗里吃饭"的朋友了！最为难忘的是我们曾经为了梦想一起拼搏的日子。

我俩在班上的学习成绩都比较好，能排到年级前几名，排名经常不分上下，这次她在前，下次我在前。我俩晚自习后在一起的时间稍多点，会在一起讨论学习上的问题，一般要到教室熄灯后才回宿舍。高三的时候我俩经常加班，教室熄灯后，会点着蜡烛再学习一会，然后一块回宿舍。

我在学校体育队，每天参加早上和下午的训练，很难按时吃饭。每次该我打饭的时候都是她替我，打饭回来后，她都会细心地用碗把我的饭给盖住，尽量不让凉。夏天还好，饭凉得慢，就算凉点也没有关系，还能吃得下，然而冬天就很难保持它的温度了。尽管如此，一想到将来如果能够考上大学，所有的这些付出都会变得很有价值和意义。所以，高中阶段的艰苦生活成为我一生中令人难忘的记忆。

当然，高中给每个人留下印象最深刻的，恐怕非高考莫属。

于我而言，高考的压力不在文化课，而在专业项目的考试。虽然理科不是我的优势，但对于准备考体育专业的我来说压力不算太大，某种程度上讲是比较轻松的，所以我就把主要精力放在专业训练上。尤其是最后一年,我好像着了心魔一样,无数次暗暗督促自己一定要把专业考好,所以就按照高考的项目有针对性地训练。也许是我的执着,也许是我的体育天赋好,刚升高三时,体育专业高考项目除了"100 米"以外,其他项目我都能拿满分。然而,命运有时就是捉弄人,1986 年的体育专业考试项目进行了改革,原来的蛇形跑改为立定跳,原来的俯卧撑改为原地推铅球。这些项目对于我来说优势不太大,所以只好重新制定训练方案。因此,在高三的后半年,我的主要任务就是专业训练。

十年寒窗磨利剑,七月沙场试锋芒。1986 年 7 月,随着夏蝉的高鸣,像大多数参加高考的人一样,经过了 11 年的拼搏,我带着满腔的热情和满心的希冀参加了高考。高考之后,虽然自我感觉良好,但是在等待成绩的那些天,真可谓度日如年。成绩出来后,我非常高兴,因为我的文化课成绩和专业成绩都远远超过了分数线。但是能不能录取?什么时候录取?我焦急地等待着改变自己命运的时刻。

真没想到,等待录取通知书的日子依然那么难熬。我跑到公社的邮局,用公用电话往学校打了一个长途,询问录取结果。接电话的老师问了我的成绩,然后非常肯定地跟我说:"没问题,肯定录取了。"放下电话,我的心也放了下来,回家耐心等待。可是,已经过了 8 月 10 日,我还没有接到录取通知书,全家人都心急如焚。刚好那几天家里出花生,父亲不让我去地里干活,担心送通知书的邮递员来了家里没人。可是等了几天,还是没有等到邮递员。我有点耐不住性子了,就决定自己到学校去看看。

我顶着烈日,骑着自行车来到学校。由于正值假期,学校没有人办公,我就去问传达室的老师。因为父亲经常为我送干粮,所以传达室的老师认识我,他告诉我:"有你的录取通知书,交给体育老师了。"我一听,高兴坏了,推车转身的时候差点绊倒,然后骑着车就去找体育老师。当我从体育老师手里接过通知书的时候,我的手忍不住在发抖。我把通知书紧紧攥在手里,生怕被别人抢了去。谢过老师后,我把通知书放在衣服口袋里，骑着车快速往家跑。我想让家人尽快知道这个消息，和我一起分享这份幸福与喜悦。在回家的路上，我几次停下来摸摸通知书，确定它依然还在，生怕自己不小心弄丢了影响我上大学。

在我看来，这张通知书不仅系着我的命运、连着我的未来，也关系到我的家人，以及他们以后的生活质量。因此，尽管后来我也拿到过硕士录取通知书、博士录取通知书，也都有过激动和兴奋，但是那激动和兴奋的程度却远远不及拿到大学录取通知书时的心情。可以说，对于高考，我一直怀着万分的感激之情，是高考给了我改变命运的机会，是高考改变了我的命运，让我走出了农村，过着与父辈们完全不一样的生活，开始了自己新的人生，也找到了适合自己潜能发展的事业平台，或者说实现了自己的人生理想，找到了自己生命的价值和生存的意义。

每到高考前，关于高考的话题众说纷纭，当然也有闲暇之余不忘调侃一下高考的。2019年高考前，我看到了一位朋友发来的微信："高考前，你的数理化文史哲水平达到了人生的巅峰，此后终生都在下滑。""高考前以为上了大学就轻松了，后来才发现，最轻松的岁月已经过去了。""希望风华正茂的你高考结束铃响时，合上笔盖那一刻，都有战士收刀入鞘的骄傲。"对此，我相信很多人都有同样的感悟，尤其是数理化三门科目，除了大学毕业后从事专业之外，有几个人能够保持高考时的水平呢？对此，也有不少人抱怨，认为学这些东西除了考试没有用处，生活中根本用不着。然而，另一条微信对此有了很好的诠释："学习高数可能你买菜时用不上，但它能够决定你在哪儿买菜。"真的如此，我们的认知程度、思维方式、精神境界都不是某一门功课体现的，是综合素养的体现。正如有句话说的："你的气质里，蕴含着你读过的书和走过的路。"如此看来，任何一本书都不会白读，任何一段路都不会白走，都是在为你的人生奠定基础。

自古以来，教育就是一种社会"调节器"，它能给人提供公平竞争、向上流动的机会，帮助弱势者摆脱出身的局限，能够显著地改善人的生存状态，极大地减少社会性的不公平，被视为实现社会平等的"最伟大的工具"[1]。就中国的教育来说，从古至今都有"学而优则仕"之说，它是社会底层的人们向上流动的最重要机制和契机，引导人们形成这样的价值取向：教育可以为人们改变命运提供机会。作为世界范围内的"天下第一考"，高考承载着家长、学校和社会的期望，也承载着国家选拔人才的重任。中国的高考40年来历经风风雨雨，众说纷纭，备受责难。但不可否认的是，它的确为不少人提供了改变命运的机会，铺就了很多人向社会上层流动的道路。尤其对于像我这样出身的农家子女，有太多的人通过高考改变了自己的命运。所以，尽管一提起高考大家就不寒而栗，甚至觉得不堪回首，但是我一直感恩高考，并且相信对高考怀有感激之情的不止我一人。因为高考给予许多人的精神锤炼有目共睹，对于我国教育事业的贡献也是天地可鉴。可以说，中国在经济发展、科技进步、实力提升的过程中，高考功不可没。

在我国，每年都有近千万的高考大军奔赴考场，那种情景着实壮观，令许多参加过高考的人感慨万千，更让国人感动。其实，学校和社会对高考的渲染氛围在某种程度上增加了它的竞争力度，尤其是那些慷慨激昂的励志标语，各式各样的誓师大会，以及由高考引发的大讨论等，其中饱含对师恩亲情的感念，用青春赌明天的焦灼，反而遮蔽了科学知识的魅力和追求知识学问的乐趣，这些都给参加高考的学生无形中增加了很多压力。

就目前社会现实而言，高考是当前社会各界关注的重大焦点问题之一。作为一种重要的评价方式，尤其是作为决定学生毕业和升学的主要依据，它的"指挥棒"作用依然存在，并将在相当长的一段时间存在。同时，我们也不能否认，至今为止，高考还是被国人视为最公平、最严格、

---

[1] 杨东平：《中国教育公平的理想与现实》，北京大学出版社，2006，第4页。

最公开的竞争入学途径。随着社会的变迁与教育事业的发展,高考也面临着新的挑战与要求,新的形势要求我们对高考的发展和改革展开理性的思考。对于高考,需要的是完善,而不是否定。

因此,我热切地期待学生、家长、老师、学校、社会,都能以一个良好的心态看待高考,多一些理性和平静。我相信,随着高考方案的改革,将会为更多的人才提供升学的机会,提供改变命运的机会,千军万马挤独木桥的悲壮历史将会终结,随之而来的将是多元的人才选拔方式。

最美的青春

与青春有关的日子，总是和学校分不开。在大学这片拥有青春气息的沃土上，不仅有我专业发展转折的见证，也承载着我太多美好的回忆。

1986年9月1日，在大哥的陪伴下，我背起行囊，怀揣着心中的梦想，承载着家人的期望，走出村子，回首惜别送至村口的家人，踏上了奔赴我梦寐以求的高等学府的列车。一路上，我的心情非常激动，久久不能平静。甚至几次嗓子发痒，两眼发酸，那种滋味很难形容。也许是因为第一次坐火车，有点好奇，也有点不适应；也许因为是经过艰苦努力，终于实现了自己的梦想，对即将开始的未知生活充满向往；也许是因为我要告别我的家乡，我的父老乡亲，从此成为他乡之人；也许还因为这一走，意味着我从此会过上和父辈们不一样的生活，一种令村里人羡慕的生活，会洗掉腿脚上的泥巴，不再靠辛苦"封秋"养活自己，也不必冒严寒顶酷暑在地里劳作……无论如何，我要开始自己新的征程，经过四年的大学教育，我将正式成为一名人民教师，承担起教书育人的职责。想到这里，我倍感责任重大，使命神圣；我也暗下决心，要通过自己的努力，让自己成为一名优秀的人民教师……凡此种种想法一直在我的脑海中起伏跌宕，火车把我载到了新乡，开始了我的大学生涯，在此我度过了青春阶段最美好的年华。

先进学习小组

我在河南师范大学读书的时候，体育系每一届招生70人，其中，女生20人，男生50人。体育系的学生住在西6楼，共三层，男生住在一楼和三楼，女生住二楼。按照学哥学姐们的说法，一楼不安全，三楼是顶层，为了保护女生和方便女生，让女生住二楼。我入校时被分在了49号宿舍，两年后搬到对面52号宿舍。宿舍住着7个姐妹，很投缘，非常团结，关系融洽，惹得其他宿舍的姐妹们羡慕不已，经常到我们宿舍玩。那时候我们穿着一样的衣服去公园玩、去大街逛，一路上都赢得了很高的回头率；我们一起步行到火车站去逛市场，边走边品尝各色新乡小吃；我们一起和楼下宿舍的男生打心理战，并赢得最终的胜利，对方不得不主动上楼向我们道歉求和，他们走后我们关起门来一起欢呼；我们还一起到阅览室上自习，熄灯时再一起背着书包回宿舍……总之，和姐妹们在一起相处的日子，我感到非常愉快，回忆里充满了无限的美好。

  谈到大学期间得学习，我首先会想起占座位这件事。大学期间，我一直坚持上晚自习，去得最多的地方就是我们的固定教室308、"五五四"自习教室和图书馆的阅览室。阅览室一般冬天去，因为里面有暖气。也正因如此，冬天去的人非常多，需要占座位。我们宿舍的人都比较爱学习，经常让我去阅览室帮她们占位。每天自习前我会背好几个书包，到阅览室唰唰一摆，位置就占好了，然后我开始学习。吃完饭后她们几个会陆续过来，凤琴姐会帮我带两个馒头。由于我们宿舍的姐妹团结友爱，互相帮助，学习刻苦，考试成绩也很好，所以被评为"先进学习小组"，奖品是一个绿色的暖水瓶，上面用白色的楷书写着"先进学习小组"。我们宿舍的姐妹感到非常自豪。一方面标志着我们宿舍的姐妹团结友爱，另一方面标志着我们宿舍是一个勤奋好学的集体。为此，每次去打开水，我们都喜欢拎着这个暖水瓶，还故意把有字的那面朝向外面，向旁边的人炫耀一下我们的身份——"优秀学习分子"。尽管旁边的人也许压根就没注意到这个暖瓶有什么特殊的地方，或者注意到了也不屑一顾，甚或嗤之以鼻，我们却全然不管，只顾炫耀。由于我们非常爱惜这个暖水瓶，一直用到了毕业它还完好如初。毕业时我是宿舍中走得最早的，暖水瓶作何处理，我没有问过。不过我一直很怀念这个暖水瓶，它的样子经常在我的脑海中浮现，尤其是暖水瓶上的"先进学习小组"几个字一直刻在我的心里。它既是我们友谊的象征，是我们共同进步的标志，也是我大学生活的一个美好记录。

到了大学二年级、三年级，随着姐妹们的生活发生了变化，各自有了新的"学习伙伴"，我占座位时背的书包越来越少，最后就剩我和凤琴姐。2009年春节，宿舍的几个姐妹到焦作来聚会，其间我们谈到了当时的生活，其中就有去阅览室占座位的情景。我抱怨她们当时欺负我，让我替她们背着书包去占座位。凤琴姐取笑道："你应该感谢我们，正是我们让你每天去占座位，你后来才能考上博士。假如当时占座位的是我，那么现在考上博士的或许是我而不是你，因此，你应该感谢我们给你这个刻苦学习的机会。"这调侃虽然有些"强词夺理"，但我还是发自内心地感谢我们宿舍的姐妹们，因为她们不仅仅给了我团结友爱、互帮互学、亲如姐妹的4年友谊，更重要的是她们在我最困难的时候，给予了我很多生活上的关照和精神上的安慰。

毕业前的那天晚上，姐妹几个在宿舍里谈天论地，彻夜未眠，许下了来日约定——无论走到哪里，都要把宿舍作为我们心灵永远的栖息地。我们相互之间都写下了友谊的见证，并约定毕业以后要经常联系，找个机会回到学校，在我们的宿舍再住上一晚。不过，这个约定我们一直没有兑现，倒是在同学聚会时5个人在宾馆同一个房间住过，促膝交谈，通宵未眠。

毕业30年了，每次回到河南师范大学，我都会有无数的感慨，激动的心情与拿到录取通知书时一样澎湃。学校的大门，校园的绿荫小路，一草一木，都会让我感到无比亲切。2014年8月，我因公到河南师范大学办事，办事的地点刚好就在当年的图书馆。一走进图书馆，当年占位置学习的场景就浮现在我的眼前。办完事，我特意绕着校园步行走了一圈。虽然天气炎热，但依然没有能够阻挡我的脚步。走在校园的路上，我思绪万千，虽然横亘着20多年的时光，但是所有的故事都不曾走远，上学的情景像演电影一样不停地在脑海中盘旋。尤其是走到西6楼时，我心跳加速，异常激动，信步往楼道里走。不巧的是，整个宿舍楼正在装修，为了安全起见，看楼的人不让我进去。我只好走到当年住过的52号宿舍的窗口下，向它投去眷恋的目光。我在窗口下站了好长时间，想了很多，并拍下了几张照片发给我的姐妹们。看到昔日曾经住过的宿舍楼，姐妹们和我一样激动，纷纷在微信上发表感慨，和我一起回忆曾经度过的美好时光。

2018年6月，我再次来到河南师范大学参加会议。因为报到的当天晚上有会议，所以，我不能马上到校园转转。会议结束时已是晚上九点半，但我依然不顾旅途的奔波，也不顾夜幕已深，迫不及待地到校园去散步，并直奔西边那条道路，寻找西6楼。因为夜色漆黑，路灯昏暗，原有的建筑已面目全非，变成了一排排的新楼。我走到每一栋楼的下面，仔细辨认楼体有标识的地方，一个一个寻找有西6楼的标识。功夫不负有心人，我终于找到了熟悉的西6楼，虽然标识已经改成了"西寓6"，但我知道它就是当年的西6楼。非常幸运的是，二楼西面第二个房间，也就是当年的52号宿舍的灯刚好亮着，我就站在窗户下面注视着那扇窗户，带着无限的感慨，带着满怀的惆怅，带着美好的回忆，久久地站立着，站立着……真的很想在此住上一晚，睡上一觉，重温当年的岁月。

2019年1月，我有幸到河南师范大学参加了为期5天的业务培训。我每天早上都会到操场跑步，每天晚上沿着当年的校园小路散步。校园还是原来的校园，宿舍还是原来的宿舍，但同学已不是原来的同学，老师也不是原来的老师，我也已经不是原来的我。光阴流转，物是人非，在这里曾经发生的所有故事，尤其是"先进学习小组"的荣耀，姐妹间的情谊，虽恍如隔世，却历历在目，但也只能是我心底永远的美好回忆了。

向张海迪学习

  大学一年级的时候，曾发生过一件事，让我体会到了什么是"乐极生悲"。学期快结束时，我满怀信心地参加每门课程的考试。有一次，因为考得非常好，心里自然特别高兴，回到宿舍精心梳妆一番，穿上新买的高跟鞋，哼着小曲，背着书包去阅览室占位。可下楼的时候，不小心绊住了鞋跟，脚下一滑，"啪"的一声，干脆利落地坐到了台阶的棱上。实在太狼狈了，前后一看没人，赶紧扶着栏杆站了起来。站起来的时候，我觉得腰部用不上力，腿使不上劲，顿时感到不妙。我扶着栏杆慢慢爬上楼梯，又扶着墙慢慢回到宿舍。我一进门，姐妹们看到我的表情，问我："怎么了？"我说："摔着了。"大家以为我又是恶作剧，一起大笑："骗谁呢？你装得也太像了！"我低沉地说道："姐妹们，这次不是装，是真的！"大家一看我的表情，意识到真的不是恶作剧，就赶紧把我扶到了床上，然后去找辅导员。在辅导员的带领下，同学们把我抬到了校医院，拍完片子后又把我送回宿舍。

  第二天上午，我问凤琴姐检查结果，她若无其事地说："没事，只是骨头有一点裂缝，需要自己长好，你自己别动就行了。"第二天下午，运动医学老师来了，他让同学抽掉我身下的褥子，让我躺到床板上，并再三交代我不要来回翻身，一定要直直地躺着，好让骨头固定，长得会快一点。殊不知，直直躺到硬板床上以后的疼痛可以说是锥心刺骨，疼得我满身大汗，忍不住大叫了几声。老师提出让家人过来照顾我，我说不想让家人知道。凤琴姐自告奋勇地说她可以照顾我，不用惊动家人了。后来宿舍的姐妹们也纷纷要求照顾我，有几个老乡也排好班每天为我买饭，所以当时我的家人都不知道，只是给宿舍的姐妹们和老乡们添了很多麻烦。

  生活上的问题其实不是最大的问题，心理上的问题才是。由于刚刚学过解剖学，想想辅导员拿着检查报告的表情和凤琴姐那躲闪的眼神，我自己摸了一下伤口的位置，感觉似乎不是太好，甚至想到，我会不会残废？我怎么这么倒霉，刚来上大学就碰上这样的事情。家里人还沉浸在我上大学的喜悦之中，如果让家里人知道了，会多么伤心呀！这样的声音不停地在我脑海里回荡。我不能残废，我一定要健康地生活，不仅仅是为了我，还有我的家人！还有我当老师的梦想，假如我残废了，怎么站在讲台上呢？想到这里，我在心里不止一次地告诫自己：一定要听医生的话，忍住疼痛，尽可能保持固定姿势，让伤口尽快长好，否则，我可能会成为残疾人。如果是那样，我的人生将会留下很大的遗憾，我将会过着另一种生活，一时的疼痛和一辈子的生活相比不算什么，一定要忍住。不过，我也在想，如果真的残废了，怎么办？当然要好好地活着。可该过什么样的生活呢？

当时全国上下正在学习张海迪，对于她的事迹，我一直很受感动。她5岁患脊髓病，胸部以下全部瘫痪。她无法上学，便在家里自学完成中学课程。15岁时，她跟随父母下放山东聊城农村，给孩子们当起教书先生。她还自学针灸医术，为乡亲们无偿治疗。后来，她自学多门外语，还当过无线电修理工。在残酷的命运挑战面前，她没有沮丧和沉沦，以顽强的毅力和恒心与疾病做斗争，经受了严峻的考验，却仍对人生充满了信心。她虽然没有机会走进校门，却发奋学习，学完了小学、中学全部课程，自学了英语、日语、德语等多种语言，并攻读了大学和硕士研究生的课程。我在想，张海迪在高位截瘫的情况下尚且能够如此坚强，并且掌握了那么多的知识和本领，我最多是下肢瘫痪或者走路跛脚，我一定不能倒下，要坚持读书学习、完成学业，还要靠自己生活下去。假如那样的话，我干什么呢？能教书当然最好，如果不能，我就做个翻译吧。于是我开始学习外语，躺在床上背词典、背语法。说实在的，躺在床上的那一个月，是我外语水平进步最快的一段时间。甚至有时候想过，我之所以考硕士、博士英语能够顺利过关，应该多少与那时候打下的基础有关。不过，每次回忆起这件事，我就觉得好笑，我怎么会想到残废呢？如果真是那样，自己的生活会像当时想的那样吗？不知道。

　　上天真的是很垂爱和眷顾我，在姐妹们和老乡们的轮流照顾下，再加上我的积极配合，一个月后，我竟然能够下床走路，并且没有留下任何残疾。到医院复查时医生非常震惊，让我来回走着给他看，口里不停地啧啧："真的不错！恢复得真好！"之后，辅导员和凤琴姐告诉我，当时检查的结果是"骶骨骨折，椎间盘裂缝"。检查报告之所以没让我看，是怕我思想有负担，影响心情，并影响伤口的恢复。我笑了笑说："你以为我傻呀，我能意识到，不过，你要相信我的坚强。"凤琴姐又说："你知道医生为什么吃惊吗？因为当时医生说，你即便好了，也会留一点残疾，走路会受影响，有可能不能再学体育专业了，并告诉辅导员给你做好转专业的准备。当时把我吓哭了，我担心如果脊髓从裂缝里出来了怎么办？"我说："不会的，命运不会这么残酷。再说了，姐妹们对我这么好，我一定要和你们在一起学习。"经过一个寒假的休整，等开学的时候，我已经完全康复了。但由于受伤，第一学期的考试我没有参加，而是第二学期开学后补考的。

　　虽然这次受伤没有给我的身体留下后遗症，也没有影响我的运动和生活，但这段经历，刻骨铭心，永生难以忘怀。同时也教训深刻，以至于现在下楼梯我都是小心翼翼，不敢快走。看到我下楼梯的样子，常有人问我："怎么这么小心，腿不舒服吗？"每当这时，我都会笑着回答："怕摔！"

阳刚与阴柔的抉择

　　刚上大学时，学校办了个迎新生篮球赛，我作为班级的主力队员参加了比赛。比赛结束后，先后有三个老师找过我，一个是篮球队的教练聂老师，一个是排球队的教练王老师，另一个是田径队的教练王老师。他们都分别表示从赛场上看到了我的速度和反应，希望我能加入他们负责的训练队伍。后来，我仔细想了一下，田径太累、太枯燥；排球我不是太感兴趣，中学也没学过，我将来是要到学校当老师，排球的普及度远不如篮球；而篮球是体育老师的门面，篮球在各级各类学校的普及度比其他球类要高，因此篮球打得好还是比较实用的。经过这么一番思考，我决定参加篮球队。当然，最主要的是我喜欢打篮球。

到篮球队以后，我才发现曾经以篮球专业参加高考的我并没有很强的专业优势。首先身高不占优势，特招的几个队员身高都在一米八左右，抢起球来，我远远不及；其次是由于小时候没有接受过专业训练，和具有专业童子功的几个特招生相比，和高年级的学姐相比，我的基本功还是有差距的。但是，既然来了，我就得好好地练下去。不过教练很看中我，根据我自身速度和反应的特点，让我打组织。为了能让自己有所长进，每天早上的训练我都会早去半个小时，一个人在操场练习。在篮球队待的两年，我虽然不是主力队员，但是的确学会了很多东西，锻炼了自己的意志，提升了自己的篮球专业技能。

大学前两年是普修课程，大学三年级要确定自己的专业方向。选修专业的时候，老师和同学们都认为我会选择篮球专业，因为经过这两年在校队的专业性训练，我的篮球技术有了很大的提升，在同年级中还是比较好的。但是我没有选篮球，而是选择了体操专业。因为我将来的愿望是当一名教师，又不进专业队，现有的篮球理论知识和技术水平当一名老师绰绰有余；而且我是一名女孩子，应该慢慢锻炼自己的柔韧性，培养和塑造自己的精神内涵和气质。所以我选择了体操专业，而对于篮球我仍然舍不得丢。非常幸运的是，篮球班的教练马老师是我的老乡，他原本想让我选篮球专业，听说我选了体操，他感到有些遗憾。鱼我所欲也，熊掌亦我所欲也，鱼和熊掌不可兼得。当我把想法跟马老师讲了以后，他表示了充分的理解，并给予我极大的支持，鼓励我一定要努力把专业学好，因为它将会成为我吃饭的资本、立业的本钱。后来，我看到课表上体操班的专业课时间刚好和篮球班有错开的，我就向马老师提出能不能同时到篮球班学习，他同意了。就这样，我在后来两年的学习中，除了修体操专业外，还要到篮球班上课。

其实，选择体操专业，我是给自己选择了一条非常艰难的道路。由于我个子相对较高，腹部肌肉也不是非常好，所以学起体操来非常吃力。但是我已经选择了体操，只有硬着头皮学下去，并且还要学好。为此，我坚持每天下午先到操场打一个小时篮球热身，然后到体操房去训练。尤其是对于艺术体操中自由操的学习，我非常刻苦，总觉得它对我的个人素质提升会很有帮助，具体为什么，我当时也说不清楚。当时的教练是位姓师的女老师，她是省体工专业队出身，健将级运动员，专业水平非常高，对我们要求也很严格，不仅要我们学好专业技能，还要注重专业素养。她要求我们每次上课的前10分钟对着镜子练站姿，抬头、挺胸、收腹、提臀、两眼平视、下颌微收等，然后再进行20分钟的柔韧性训练，这些成为我们每天上课的必备训练。也正是这些训练，使我养成了良好的走路习惯和站立姿势，让我重新塑造了自己，接受了艺术的熏陶，体验了力量之美、阴柔之美，从更高的境界去理解美、欣赏美；也培养了自己良好的精神风貌，无形中提升了自己的精气神儿。

更重要的是，选择体操专业让我多掌握了一项技能，让自己的专业能力更为全面，使自己的人生多了一个选择的机会。我能够到沁阳师范学校上班，就是由于我所学的是体操专业，以舞蹈教师的身份从中学调入了中师学校，从事舞蹈、形体、健美操等课程的教学，才有了我后来的专业成长之路。

充实中的缺憾

上大学时有生活补助，一个月是45斤的饭票，23.5元的菜票。饭票多，菜票不够吃，这就是我经常吃馒头的原因。父亲给我规定每个月 20 元的零花钱。对于我来说，吃饭上除了国家的补助不需要贴多少，20 元零花钱原本是够的。但我喜欢看书，常常买书，还订阅《英语学习》杂志，偶尔也会和同学们一块儿出去郊游，钱总是特别紧张。可以说，我的大学生活过得比较拮据。不过好在我明白自己的任务是什么，所以我从来不去和别人比吃、比穿，除了好好学习，其他都不重要。作为女孩子，我大学 4 年没有穿过特别漂亮的衣服，穿得最多的就是运动衣。

后来，物价越来越高，家里给的钱根本不够花，有时候我也很想臭美一下，就琢磨着怎么解决自己的生活费用问题。当时我篮球打得好，新乡市每年都会举行各类篮球比赛，有中学生的，有工厂的，还有其他形式的比赛。每到比赛的时候，就有单位到学校"借人"，我就是被"借"的人选之一。每次被"借"去比赛，一般的行情就是，一场比赛，要么给 10 块钱的补助，要么管一顿饭，给 5 块钱的补助。饭菜很丰盛，大部分同学选择美美吃一顿，再领 5 块钱补助，高高兴兴地回去。我选择直接领 10 块钱走人，回到学校 5 毛钱吃一大碗的烩面（4 两）。那时候一顿饭基本上都是 2 毛钱的菜，4 两米，吃烩面是一件很奢侈的事，一般情况下都是同学来玩的时候才领着去吃一碗烩面，算是请客。因此，对我而言，每次比赛回来吃上一大碗烩面，也是一件很幸福的事。

我曾经做过兼职，印象最深的就是到工厂里教操的那段时间。虽然我不是从小练的体操，但是选择学体操专业后，我发现自己非常喜欢，还有一点表现力，自然也就非常刻苦。专业课老师不仅让我们学艺术体操，学健美操，还学编操，更加提高了我学习的积极性，自然成绩也就不错。大学三年级时，河南师范大学有个生物制片厂，厂里的职工想学跳操，通过一个同学介绍，邀请我利用业余时间到厂里教他们。教了半个月，给了我 20 元钱，我高兴坏了。当时正流行黑色的健美裤，25 元一条，我们班女同学基本上都穿，我很羡慕，但没有钱买，也只好"望裤兴叹"。这下可好，有了这 20 元钱，我添了 5 元钱就买了一条健美裤，穿上很显腿长，让我臭美了好长时间。

有时候想想，虽然当时的生活那么艰苦，但是非常快乐。我一直认为我的大学生活过得是比较充实的，虽然不是风光无限，但是没有荒废时间，还积极踊跃地参加学校、班级组织的各类活动；虽然没有漂亮衣服，但是生活很充实；虽然没有更多的零花钱，但我一点也不觉得自卑，我知道自己有更重要的事情要做，这些对于我来说都是微不足道的。再说了，我相信经济的拮据是暂时的，不久的将来，一切都会改变。

不过，大学生活也给我留下了一个小小的缺憾。上了大学后，看见名牌大学学生戴的校徽很是羡慕，总觉得自己考的学校不是太理想，希望能够有机会到一所更好的学校去读书，甚至想过将来找对象一定找个名牌大学的毕业生来弥补遗憾。或许就是这个原因，大学期间，我一直坚持学习英语，希望自己能够考上研究生，可以上个更好的学校，提升自己的学历层次和知识水平，弥补心中的一点缺憾。为了准备研究生考试，我把省下来的钱订阅了《英语学习》杂志，买了《新概念英语》并自学了 1—4 册。

毕业在即，选择就摆在我们面前，是毕业工作还是继续深造，难以抉择。当我正在为上研究生还是就业纠结时，学校传来通知，当年的研究生实行推荐制，我们这个专业没有推荐名额。我专门问了一下辅导员，他说的确如此。我刚听说的时候，心里有点生气，把英语杂志扔到了垃圾堆里，《新概念英语》拿起来又放下，想想还是要为自己的大学生活留个纪念。同时，我突然有一种侥幸，或许命运有意这样安排，让我断了继续上学的念头，早点回家上班，挣钱贴补家用。否则我还会继续在上班还是上学的泥潭中挣扎。

没有了纠结，我就死心塌地等待着毕业分配，并期待着早点上班。毕业聚餐时，班里好多同学都哭了，尤其女同学哭得非常伤心。也许是因为不能选择读研分散了我的注意力，也许是因为我本身就是一个不爱当着人面哭的女孩,总之,我没有想象中那么伤感,也没有掉泪。相反,可能是我期待上班的心情更为迫切,所以,毕业典礼后,我是同宿舍第一个离校的。我走的时候,姐妹们都含着热泪相送,我头都没回,一直往校门口走,直奔火车站方向。上了火车,我的眼泪禁不住流了下来。是为了这4年的大学生活?是为了难舍的同学情谊?还是为了自己未卜的人生道路?或者都有,我说不清楚。

  我没有想到,自己会以这种方式告别大学生活。在这个留下4年生命足迹和人生最美好青春年华的地方,离开时却有着不太适宜的心态。虽然也有着太多的眷恋和怀念,却没有想象中的悲壮,也没有想象中的凄美,更没有想象中的浪漫,还带着一个小小的遗憾。之所以称之为小小的遗憾,是因为研究生不是非上不可,回去工作可能更符合我的家庭情况。就是带着这个遗憾,我决绝地翻过了校园那蒹葭苍苍、白露为霜的青青子衿岁月,结束了自己的大学生活,真正成为一个社会人,开始追寻自己新的人生道路。我甚至想过,这一生中的学生生涯可能就此结束,上研究生可能只是我曾经有过的一个梦想。现在想起来,其实也不遗憾,对于当时的我来说,或许上班是最好的选择。

想做一株百合

中国有句古话:"男怕入错行,女怕嫁错郎。"意思就是一个男人一旦入错了行,就像女人嫁错了郎君一样,会一辈子不幸福。在现代男女平等的社会,任何一个人入错了行,都会影响自己的发展。这里的"行",指的就是行业或专业领域。专业是一个人从业的本领,谋生的技能,甚至决定着一个人的命运走向。因此,大学填报志愿时,每个考生都是非常慎重,担心选错了专业会影响自己的前程和命运。

作为一名老师,经常会被别人问到一个问题:"你是教什么课的?"或者:"你是学什么专业的?"每当这时,我都会从容地回答:"本科学的体育,硕士和博士读的教育学。"对于我的回答,有的人会心一笑:"一个大类学科的。"有的人一脸的不解:"怎么跨度这么大?一个武,一个文。"每每听到这样的话,我就会调侃一下:"那就当是文武双全了。"其实,在专业发展方面,我一开始并没有想到有一天会转到别的专业,更没有想过什么文武双全,真的是一个巧合,也是一个机缘,更是一次圆梦的专业转身。

参加工作后,我的人生步入了一个常设的轨道,谈恋爱、结婚、生孩子,一直过着平淡而又安定的生活。孩子小的时候,我没有更多的想法,再加上家里一直住着几个孩子,我也不敢有更多的想法,单是照顾这几个孩子已经够我忙活了。但是,无论有多忙,读书这件事我一直没有放下。随着大哥大姐陆续在城里买房生活,家里孩子变少了,我的孩子也大了,我的内心又慢慢开始有想法了,一直想着去做点事情。可我应该去做什么呢？后来仔细想想，那个一直没有忘记的梦想，重新涌上心头，挥之不去。我想去上学！想读研究生！从此，我开始寻思着通过什么方式来圆自己的读研之梦。

有时候命运会捉弄人，也会成全人。就在我为上研究生这事烦恼的时候，领导的一个批评改变了我的想法，也改变了我的专业，更是改变了我的人生。

在沁阳师范的时候，学校有一个领导值班制度，每天都会安排一个校领导带领两三个中层和相关科室的人员在校园巡视，检查教学秩序、校园卫生、坐班情况等。有一天，一个校领导带班，我属于值班人员之一，跟着领导一起巡视校园，走到教学楼前，领导在学校的宣传板报前停了下来，开始看板报的内容。这块板报的内容每周会更换一次，由学校的各个部门轮流负责。看了一会儿，领导突然问道："这周是哪个部门负责办板报？"我们查了一下，是教务处。有人马上接嘴："教务处办的板报怎么能有错别字呢？我以为是体育组办的呢！"一看到我站在跟前，马上说："我不是说你，你已经不是体育组的老师了。"我淡淡地笑了笑，没有作声。其实中国的文字博大精深，谁在不经意间读错一个字，写错一个字，是很常见的事，与个人智商没有多大的关系，与专业更没有关系，我们并不是因为智商不高才学的体育专业……总之这话让我心里很不舒服。

突然想到了硕士学位的事，我就有了新的想法，我是不是可以攻读一个别的专业硕士学位呢？那应该选哪个专业呢？学师范的人都知道，心理学告诉你教什么，教育学告诉你怎么教，因此心理学和教育学是从事教师职业的必备知识。我从事的是培养老师的工作，学好教育学不仅是我自己专业成长的需要，也是所培养学生的专业发展需要，不仅能为我以后的教学与科研奠定一个良好的理论基础，而且能够掌握更先进的教育理念和更科学的教学方法，从而提升自己的专业能力。既然如此，我何不趁机悠然转身去攻读教育学专业的硕士学位呢？

同时，我也想到了一个特别喜欢的关于百合的寓言：

春天的时候，在悬崖峭壁上长出来一片野草和百合，因为都是刚长出来的绿色苗苗，没人认得哪个是百合，哪个是野草。但在百合看来，它知道自己不是一株野草。在它的内心深处，有一个美丽的念头："我是一株百合，不是一株野草。唯一能证明我是百合的方法，就是开出美丽的花朵。"所以，它拼命地生长，努力地吸收阳光、水分，深深地扎根，直直地挺着胸膛，对附近的杂草置之不理。百合努力地释放内心的能量，它心想：我要开花，是因为我知道自己拥有美丽的花朵；我要开花，是为了完成作为一株花的使命；我要开花，是由于自己喜欢用开花的方式来证明自己的存在。不管你们怎么看我，我都要开花！终于，它开花了。它那灵性的白和秀挺的风姿，成为断崖上最美丽的风景。[1]

我当时就想：我虽然不是美丽的百合，但我可以学习百合的精神，用自己喜欢的方式来证明自己，做一株我心中的"百合"，开出我喜欢的花朵，履行自己的专业职责和职业使命。就这样，我开始走上教育学专业的发展之路，与教育学结下了一生之缘。它不仅开启了我专业成长的新篇章，也成为我专业发展上不懈追求的新动力。

人的成长过程就是一个生命体不断发展完善的过程，在不同的阶段会有不同的发展，没有所谓的"一考定终身"，也没有所谓的一成不变的专业发展，命运、时机等都会给人的发展带来新的机遇和挑战，因此，既要以发展的思维来看待每个人每个阶段的成长，也要有悠然转身的心态和理念。请相信：做自己心中的百合，才是最好的成长。

经过一番努力，我终于获得了一个攻读教育学硕士学位的机会。自从拿到录取通知书，我就下决心要学好理论，学好外语，一定要拿到硕士学位，实现自己曾经有过的梦想，并证明自己是一株"百合"而不是"野

---

[1] 德群、胡宝林：《感谢折磨你的人》，中国华侨出版社，2011，第13页。

草"。

考研之前，横亘在我面前的最大障碍还是外语。说实话，从1989年不让考研究生后，我就没有再看过外语，考职称外语时还是凭着自己上学时的功底直接参加的考试并侥幸通过。工作的单位是中等师范学校，不开设外语课程，生活在县城也没有说外语的机会。可以说，在这样的语境下，时隔8年，我再把外语捡起来那是何等的艰难。记得第一天看外语书时，我基本上全靠查字典，并用汉语在英语下面把意思标下来。就这样，我用了整整一天的时间，只看了一篇课文，并且文中密密麻麻写满了汉字。说实在的，一开始就遇到这样的情况，我有点灰心与沮丧。就在我纠结之时，一位姓康的外语老师启发了我：不要担心有生词，更不要担心忘记的单词，就像一位多年不见的老朋友，刚一见面没认出来，自我介绍后马上就想起来了，甚至慢慢地会想起你们相处时发生的很多事情。所以，碰见忘记的单词，不要着急，先记下来，慢慢你就会想起很多与这个单词相关的知识。我一听，觉得挺有道理，也有了一些自信心，就耐下性子继续学下去。

学习第二课的时候，我感觉好多了，标的汉字也少了好多，第三课就更少了，这样几个星期下来，我坚持学下去的信心和决心更加坚定。同时，我也给自己制定了拿学位的目标计划，用三年的时间通过全国统一考试：第一年考30分，第二年考45分，第三年考60分，通过！

愿望是美好的，计划也是很科学的，但是学习的时间却很难保证。那一年学校举办艺术节，由我牵头负责，每天下午排练节目，天天晚上加班，根本没有时间看书，只能白天偷个空躲到图书馆去看一会儿。不过，第一次去参加全国外语统考时，我竟然考了51分，这个成绩可是大大出乎我的意料，我的信心也更足了，重新计划，第二年一定要考过。

第二年的备考依然是一个漫长、煎熬、痛苦而充实的过程。这一年中，我几乎把自己沉在了书堆里，准确地说是英语书堆里。除了规定的专业课时间，我几乎都在学英语，并尽可能给自己营造英语氛围，读着英语报纸，用英语写日记，走路练听力、听英语歌曲，早上背单词，晚上做习题……可以说从生活到工作，英语融入我周身的每一个毛孔中，到处呈现的都是英语的魅力。

1999年6月，我顺利通过了河南大学的专业课考试，再一次参加了全国攻读硕士学位外语水平统一考试。考试结束时，我的感觉就是要么刚刚过，要么差一点。过了还好，差一点怎么办？还好，经过几个月的耐心等待，我以61分的成绩顺利通过。当我得知这个消息的时候，激动地流下了眼泪，个中滋味只有自己能够悉心体会。经过近两年的努力，我终于争取到了申请硕士学位的机会，离自己的梦想更近了一步。

做论文的过程，也是一个艰难的历程。选题的迷茫，撰写过程中的困顿，查找资料的艰辛，调研的奔波……多少辛酸，点滴汇聚，都化作一行行的文字，最终形成了一篇3万多字的硕士学位论文。交了论文，我如释重负，期待着答辩的顺利进行，也期待着带上硕士学位帽的那一天。功夫不负苦心人。2000年6月，我顺利通过了硕士论文的答辩，并拿到了硕士学位。拿到证书的那一刻，我双手把它抱在怀里，闭上两眼，沉浸在一路走过来所经历的酸甜苦辣的回味中，享受着梦想照进现实那令人心醉的欣慰与幸福。

那一刻，我想起了祖父常说的话：一勤天下无难事！

"诡异"的眼神

生命中的每个阶段都有其特殊的意义,但于我而言,备考博士的过程是一个艰难而又美好的经历,过着和正常人不太一样的生活,也经历了和正常人不太一样的事情,因此也是一个淬炼精神、磨炼意志的过程。

获得硕士学位后,我曾经有过考博士的愿望,还和华东师范大学的一位博士生导师联系过。不过,由于各种原因,我放弃了。后来也一度告诫自己,打住,就此作罢,好好过日子,读书的习惯要坚持,上学的事情不再提。

2003年11月,河南大学教育科学学院副院长汪基德教授和我聊到了攻读博士学位的事,并鼓励我去考。说实在的,虽然这几年我极力说服自己要打消考博的念头,但是内心深处还是没有放下。尤其是所在单位升格后,我由一名中师教师变成一名大学教师,意识到需要进一步提升自己的专业水平才能适应高校人才培养对教师专业素质的要求。经汪院长这么一提点,我心里又蠢蠢欲动,回家把这事讲给了爱人听。没想到爱人听后,非常坚决地说:"去考吧,我觉得你能行的,肯定能考上。"在爱人的鼓励下,我决定挑战自我,开始了艰难的考博历程。

2004年4月,经过5个月的刻苦努力,我报名到西北师范大学参加博士生入学考试。考完试我就有预感,今年可能不行。另一个声音马上从我内心升起:明年再考!基于此,考试结束后,我没有心情在兰州停留,第二天就返回了河南。回到家里闭门不出,生怕别人问我考试的事情。同时,我将曾经放起来的参考书目和相关资料又拿了出来,重新开张。爱人为了减轻我的负担，主动承担起了家务，每天晚上负责刷锅。

"雄关漫道真如铁，而今迈步从头越。"这一年，是我学习上压力最大的一年，因为我给自己定的目标就是必须考上，考不上就不再考了，不能为此让家人跟着我受累；这一年，是我在精神上最为孤独的一年，因为为了保证学习时间，我几乎隔绝了与外界的联系，每天除了上班就是看书，经常晚上熬夜到一两点，甚至给家里人规定，除了《新闻联播》，不能看电视。

我有早起的习惯，即使晚上睡得再晚，早上5点多都会醒来。夏天天亮得早，天气炎热，我一般是先锻炼再看书；冬天天亮得晚，气候寒冷，我一般都是先看书再锻炼。也许是人有了目标和动力以后精力就充沛了，所以尽管熬夜加班，但我并不感到疲惫，总是劲头十足。我从小背书的功力还算好，不过为了强化记忆，我习惯于读书时读出声音来。尤其英语，有些东西是必须背会的，比如单词、固定搭配等。冬天天亮得晚，为了不影响家里人休息，我起床后就到阳台的灯光下踱步背英语。

有一段时间，我总觉得大院里的一群老妇女看我的眼神不对。有好多次，当我走进胡同时，明明看见她们喜气洋洋，欢声笑语，但是当我走近她们时，笑声却戛然而止，还个个都把头低下，故作没有看见我。有的会忍不住翻着眼看我一下，有的是用眼睛的余光斜着看我一眼。等我走过去之后，她们就开始窃窃私语。虽然我对于此类情景从不在意，也不予理会，但我能够感觉到背后的目光比较"诡异"。

我们单元一楼住的人家是我家的老邻居，也是老朋友，她的儿媳、女儿都是我的学生，两家关系非常好，我喊这家的女主人嫂子，她也亲切地喊我名字的一个字"青"。有一天，她到我家来，一脸的严肃，欲言又止。看到她的表情，我纳闷地问道："嫂子，怎么了？"她略带迟疑地说："青呀，有件事我一直想问你却又不敢问。"我略带吃惊地问道："什么事？您尽管说。"她神色凝重地说："你最近是不是有什么不顺心的事情？"我一脸惊奇，说："没有呀！您怎么会问这样的问题？"她一本正经地说："大院里的人都私下议论，说三楼那个女老师每天晚上亮着灯不睡觉，早上天不亮就一个人站在阳台上自言自语，嘟嘟囔囔说的什么也听不懂，她是不是有什么精神问题？"我先是愣了一下，然后悬着的心也放了下来，笑着说："您就当是吧！"后来她坚持问我到底在干啥，我就告诉她我在准备考博士。这下换作她愣了，一脸的惊奇，语气中带着一种钦佩："有文化和没文化的人生活方式就是不一样，你太厉害了，我要告诉她们，你做的是一件多么了不起的事，以后大声读，没事儿，我去告诉她们不许乱说。"我笑着说："没关系，你也不必去说，我以后注意一下，声音再小一点，尽量不影响大家。不过你们真把我当作神经病也好，我就更没有顾忌了。"后来不仅大院里的妇女，包括她们的家人见了我都是满脸笑容，还主动和我打招呼。

在对大家的理解报以感激之时，我更加深刻地体会到，人与人之间的相互沟通与理解是多么的重要，能够站在别人的角度设身处地考虑问题更为重要。

其实，我不是特别在意别人看我的眼神，因为那是别人的事情。当时的我在意的是自己每天的学习任务有没有完成。也就是在那段时间，我养成了仰望星空的习惯，因为站在阳台上看书的时候，会自觉不自觉地抬起头看看星空。印象最深刻的就是沁阳凌晨2点和凌晨5点星空的样子，春夏秋冬都不一样，阴晴圆缺各自不同，但我读书的地方和读书的神情一个样，对求知的执着与对事业的坚守一个样。它不仅让我增长了知识，而且滋养了我的精神，也让我对教育多了一份情怀、多了一份坚守、多了一份期待。

2005年4月，我再次来到兰州参加西北师范大学的博士生招生考试。功夫不负有心人！这次我终于以第一名的成绩被胡德海先生招到门下，时年37岁，命运又进入一个新的转折期。当学校告知我被录取时，我激动得一晚上没有睡觉，一种从未有过的欣喜与自豪一直荡漾在我的心田，并电话告知了一直关心和支持我的家人。2005年6月，我拿到了录取通知书。虽然我没有像拿到大学录取通知书时一直紧紧地攥在手里那样兴奋和激动，但内心的喜悦仍不亚于当年，并比当年多了一份对专业发展的坚守和对未来之路的希冀。

如歌的西师岁月

"亭皋木叶下，陇首秋云飞。"2005年9月，在这个秋色渐染、硕果挂枝的美好时节，已近不惑之年有着15年教学经历的我，告别家人，风尘仆仆地从中原河南来到了甘肃兰州——西北师范大学。在此，我再次开始体验学生生活，开始我的读博生涯，开始我专业成长的新起点、新征程。从此，我与西北师范大学结下了不解之缘，在此度过了人生中最难忘、也是最重要的3年。

原来以为，读博士就是自己做研究，写一篇毕业论文完事，不会有太多的课程，自由支配的时间会比较多。然而读了以后才知道，博士必须经过系统的专业理论学习、哲学思维训练和英语水平考试，还要通过中期考核，考核有具体的要求。这样下来，需要一年半的课程学习，每学期的课程都安排得比较多。尤其第二学期的课程，竟然达到每周20节。此外，导师每过段时间会布置一些读书任务，还要发文章、选择毕业论文研究问题等等。同时，当时的西北师范大学有个规定，博士研究生必须通过全国大学生英语六级考试或者相当于六级的学位英语水平考试方可拿到学位。通过全国大学生英语六级考试的学生可免修英语课程。总之，上了博士以后，要学的课程很多，学习的负担还是挺大的。

也许是刚到学校有点想家，也许是一下子对兰州的生活习惯不太适应，也许是压力太大，两个星期后，刚开学的那股新鲜感和内心的激动很快就过去了，突然有一种非常沮丧的感觉：我这是干吗呢？千里迢迢、抛家舍口来到这里承受这么大的压力，为的是什么呢？尤其是想到我的女儿，她正处于初三阶段，马上就要参加中招考试，在她人生的重要转折时期我没有陪着她，反倒与她相隔千里。

每每想到这些，我的眼泪都会禁不住掉下来。尤其是在刮风下雨的日子，我想到女儿下晚自习后要独自顶风冒雨行走在漆黑的回家路上，那种担心、痛心、愧疚与不安的复杂心情实在难以用语言表达，只有偷偷地蒙在被子里哭泣，并祈祷上天保佑女儿平安到家。凡是遇到这样的天气，我都会在女儿下自习20分钟后打电话给她，只有听到女儿的声音后，那颗悬着的心才能放下来。可是，仅仅半个月，我就出现了这样的心情，漫长的3年时间我该怎么度过？我突然意识到，3年的时间实在是太长了，该怎么让自己坚持下去呢？可以说，那段时间我经历了有生以来最煎熬和最纠结的日子。

这种心情持续了一段时间后，我发现自己有些任务没有按照原来的计划完成，马上意识到不能这样下去了，必须让自己静下来。"既来之则安之"，我只有按时修完学校规定的学分课程，按质按量完成学校规定的科研任务，尽心尽力完成学位论文，才能如期顺利毕业，早日和家人团聚，陪着家人过幸福相依的生活。如果能够顺利毕业，毕业时女儿刚好升高三，那么我可以给即将参加高考的女儿一些关心与支持，陪着她度过高三这个关键时期。想到这些，我的心也慢慢安静下来，开始认真地读书学习。

基于学校关于学位方面的有关规定，我开始着手搜集撰写论文的相关资料，以保证能够在第二年中期考核之前在CSSCI源刊上发表2篇论文。同时，我开始复习英语，准备参加当年12月份的全国英语水平考试。幸运的是，我顺利通过了全国大学英语六级考试，也是西北师范大学2005级当年参加外语水平考试的博士生中唯一通过的，所以就享受了第二学期免修英语课程的待遇。不过我没有申请免修英语课程，还是坚持去上英语课，包括第二年美国教师Poper的口语课。

在开题报告时，一位李姓的老师曾经对博士论文的完成做过一个形象的比喻，他说："读博士就是一个备受煎熬的过程。开题报告是把你先煎上一次，中期报告是翻过来再煎一次，中间需要你自己不停地翻来覆去煎，然后盖上盖子焖，等到毕业答辩时掀开锅，看看熟透没。熟透了，拿学位走人；没熟，说明火候不到，留下来继续煎。"听了他的话，我内心对于能否如期毕业有了些许担心，思想负担也更重了。不过他的比喻一点都不夸张。读博是一个艰难的历程，需要读书学习，尤其是人文社科类的，需要天天泡在书堆里，基本上没有娱乐、交友的时间，需要忍受清静而别致的那份孤独；读博士是一个提高的过程，需要做科研，还要在规定的相关级别的期刊上发表论文，这就需要不断地探索、调查、思考、总结、提炼、创新，达到一个新的理论水平；读博士是一个美好的经历，意味着你需要经历一个跟别人不一样的人生，也是一种生活方式。这种生活体验是非常奢侈的、有限的、难得的，自然也是有价值、有意义的，它完成和实现的是一种精神追求，享受这种生活方式本身就是一种经历、一种财富、一种收获。尤其是读博士期间所分享和积累的教育资源都是极其珍贵的。一方面，西北师范大学的教育学专业是国家一级学科，师资力量雄厚，教学资源丰富，经常举办高层次的论坛和讲座，可以聆听到许多原来离我们很远的专家学者的教诲和指导。这对于我，乃至所有教育学专业的博士生来说，真的是非常难得的资源，会终身受益，这种视野的开拓与融合，对于一个人的专业发展来说至关重要。另一方面，读博士期间相处的同学都是各个专业领域的精英，他们的潜在品质、学术视野、天资悟性、顽强毅力、刻苦精神、执着追求等特质都是常人所不能及的。与这些人的交流碰撞，无论是关于学术方面还是关于生活方面的看法和感悟都会让人受益匪浅，颇有助益。与智者的交流是件令人愉快的事情，是难得的一种生命体验。这种学习和生活方式是我想要的，我喜欢这样的生活，假如条件允许，真想一辈子当学生，一辈子在校园里待下去，让读书变成一种生活。拿到学位后,我对校园里流行的一句话感触颇深:"如果你恨一个人,怂恿他去考博士,让他备受折磨;如果你爱一个人,鼓励他去考博士,成就他的人生。"真的如此!所谓成就他的人生,并不是功成名就,而是一段不平凡的心路历程。

  三年中,我虽然有过无数个不眠之夜,有过无数次的苦思冥想,但我也有过无数次的欣喜;我不仅学到了许多专业方面的基础理论和前沿知识,在学问方面得到了长足的进步,而且在人生感悟方面也获得了前所未有的飞跃;我不仅懂得了求索的艰辛,也感受到了收获的幸福。可以说,三年的读博生活丰富了我的人生,西北师范大学给我留下了许多美好的回忆,我真诚地感谢西北师范大学对我的培养和教育,无论到何时何地,"西北师范大学"几个字都会深深地烙在我的心里。正如我在博士毕业论文的后记中写的:"光阴荏苒,岁月如歌。对于我——一个40岁的女人来说,最美丽如歌的岁月是在甘肃兰州度过的三年。"[1]

---

[1] 高闰青:《"以人为本"理念及其教育实践问题研究》,甘肃教育出版社,2008,第336-339页。

西北的"教育胡杨"[1]

2018年11月1日,《中国教育报》以《扎根西北的"教育胡杨"》为题,报道了西北师范大学教授胡德海先生的教育事迹。他自1949年到北京师范大学教育系读书到现在,已经从事教育理论的学习与研究70多年。提起胡先生,我内心不仅充满了自豪、感激,还有满满的感动。我与先生缘识起于他的《教育学原理》。2003年冬天,我因打算报考西北师范大学教育学院教育学原理专业的博士,便写信向先生索要了一本《教育学原理》。可以说,读先生的书,犹如享用教育理论的饕餮盛宴,博大精深的教育学体系,清晰缜密的逻辑思维,浑厚扎实的理论功底给我留下了深刻的印象,尤其是对传统的教育学理念大胆突破,给人耳目一新之感。我期待着能够成为他的学生,在他的引领下徜徉于教育学的知识海洋,汲取教育理论的精髓,提升自己的学术水平。

崇高的为师之道

2005年9月,我如愿正式拜在胡先生的门下攻读教育学博士学位,开始了我人生新的起点,开启了我新的教育学研究之路。

师从于胡先生是我今生莫大的荣幸。从我报到的第一天开始,先生就

---

[1] 本文部分内容分别发表于《当代教育与文化》2016年第5期,原文题目《撷英咀华 且行且思——我与〈胡德海教育学术思想研究〉》,发表时有删改;《光明日报》2019年12月16日,原文题目为《教育之学、人生之思》,发表时有删改。

一直严格要求我，并给我列了许多书单，要求我在规定时间内读完。这些书都是我之前听说过，或者翻过几页的，但是认真读过的的确不多。他叮嘱我不要急着发文章，读一些书以后再写。

关于发文章，学校有一个传言，博士生写文章要署上导师的名字，并且导师要署名第一作者。一个学期结束后，我写了第一篇文章《20世纪中国教育学的发生学考察》。根据一些不成文的规定，结合学兄、学姐的点拨，我署上了导师的名字，诚惶诚恐地呈给先生指正。一个星期后，他打电话让我过去。路上我一直在想："肯定要挨批评。"没想到，他并没有批评我，而是将修改好的论文拿出来给我看。我接过来一看，只见稿子被修改得密密麻麻，导师的署名也被划掉了。看着我一脸的不解，他笑着说："不错，比我想象的要好，意见已写在上面，再好好修改一下，我帮你推荐发表。另外告诉你，以后写文章不要署我的名字，对于我来说没有什么用处，你将来还要评职称，文科需要独著，写上我的名字你就用不上了。再说了，考核的时候文章独著和合著的分量是不一样的。"我嗫嚅地说："文章是您帮我修改的，应该署上您的名字。"他很严肃地说："文章本来就是你写的，我帮你修改、指导都是作为导师应该做的。"在先生的推荐下，我在《西北师大学报（社会科学版）》2006年第4期发表了我博士期间的第一篇文章。这也是我第一次在CSSCI来源期刊上发文章，开启了我教育基本理论学术研究的先河，使我站在了教育理论学术研究新的起点上，那种欣喜与兴奋真的难以形容。

读博士期间，在他老人家的悉心指导、亲切关怀和精心呵护下，我不但学业上取得了很大的进步，更是从他身上懂得了做人的道理。当时他已是80岁高龄，在学术上造诣很深，德高望重。尤其是他严谨的治学态度、宽广的学术视野、睿智的思维方式、渊博的知识储备、无私的奉献精神、正直的为人品格和高尚的师德风范深深地影响了我、教育了我。他不仅在我困惑的时候给了我许多教益，化解了我好多思索之苦与不解之烦，而且还无私地将他多年来收集的关于"以人为本"方面的资料全部送给了我，并为我的论文反复修改、润色，这也是我能够顺利完成博士毕业论文研究的重要助力。

学术思想的研究

师从先生以后，他的著述，我曾研读多遍；他的教诲，我已牢记在心；他的教育学思想和其中所体现的人文关怀，给了我莫大的启迪。作为他的弟子，我有责任和义务将先生的教育学思想发扬光大，这不仅是教育学自身发展的需要，更是时代和社会对我们这些从事教育理论和实践研究者的要求。

2006年暑假，在庆祝胡先生80华诞的座谈会上，我非常荣幸地结识了时任北京市教育科学研究院副院长、西北师范大学教育学院1999年毕业的博士张铁道研究员。在我们交流的过程中，他曾语重心长地跟我说："胡先生的教育学思想博大精深，是一笔巨大的教育财富，希望你将来对胡先生的教育学思想有所研究，使其发扬光大。"学兄的积极鼓励给了我极大的鼓舞和勇气，从此，我开始对先生的著作和文章更加细心地研读，也开始对他教育学理论体系进行研究。其间，先生对教育理论的思考与表达带给我心灵上极大的震撼与激励，对我的教育理论学习与研究产生了深刻影响。2008年春天，我完成博士毕业论文后，在对先生教育学理论探讨研究的基础上，潜心研读他的论作，开始了对他的教育学术思想进行系统研究的艰难跋涉。这场研究，可谓是与先生进行了一次长时间的思想对话，在不断丰富自己专业理论的过程中，我对他的崇敬与叹服也更是与日俱增。

三年的读博生活，无论是研读先生的大作还是聆听他的教诲，我常常都会有顿悟与欣喜，收获之大难以言表。这些得天独厚的优势，使我一方面愈感对先生教育学思想研究的价值与意义之重大，另一方面也坚定了我继续研究下去的决心和信心。在研究过程中，我曾多次与先生进行交流，广泛收集有关资料，有困惑不解、力不能及的问题就向他请教，其中的感慨与收获不言自喻。但准确深刻地理解和研究先生的教育学思想，对于当时的我来说是个极大的挑战。它不仅需要我具有开阔的视野和整体意识，也需要具有深厚的哲学、社会学、文化学、心理学及相关理论知识，更需要具有观察问题的敏锐性和思考问题的辩证性、深刻性。但是，这些我都没有，或者说还不够，有的只是对先生教育学思想研究的执着与热情，还有对教育理论发展的痴情与期许。研究的过程中，知识和能力的欠缺，使我时常有力不从心之感，但先生却给了我极大的鼓励和支持。2009年9月，在先生的理论影响和精神感召下，我经过一年多的刻苦研读与认真思考，在前期相关研究成果的基础之上，在河南大学出版社出版了《胡德海教育思想研究》一书。

此书付梓之时，我内心有着无限欣喜：一方面是一种近水楼台所产生的荣耀感，另一方面是引起相关专家学者共鸣的成就感。与此同时，书中内容的不尽完善也让我产生些许遗憾与惶恐。先生教育学思想体系的形成是他半个多世纪思考和探索的结晶，其博大精深非一般人所能道，而自己的研究只是一鳞半爪，感觉只是打开了对其研究的一扇窗，涉之未深。姑且作为学习感悟斗胆抛砖引玉，诚惶诚恐地将其呈现于读者面前。当时就想，若干年后，在合适的机会，我可能会将此书修改再版。

2016年春天，我和师兄弟们谈到胡先生90华诞之事，重新出版此书的念头油然而生。因为随着教育的发展，先生的教育学术思想也在不断地发展，很多理论不仅阐释了历史的观点，也得到了现实的印证，并深深地影响着我和尊崇他的人。其间，有不少专家和学者在研究他对中国教育学发展的贡献，学习他教育学术思想的心得，诉诸文字，著作为文，用他们最朴素的方式表达着对先生的景仰、敬重和感激，传播着他的教育理念和学说，推动着教育学理论的发展与进步。应该说，这些执着于先生教育学术思想研究的学者给了我深刻的启迪和极大的鼓舞，他们对先生教育学术思想的认识和体悟，督促着我重新解读先生的教育理论，并将此书修改后重新出版。

另一个让我修改再版此书的原因就是胡先生本人。我们常说："文如其人。"胡先生本身所具有的学术内涵，实际上是他人格精神的外在表现。他是懂修养，也是重修养的人。一言一行，表里如一，一任其诚，大朴无华，道德文章，有口皆碑，确乎当得起"先哲的精神，后生的楷模"。他是真的知识、真的生活、真的人格相结合的典范。他同时又是一个崇尚气节、砥砺情操的人，他要求自己能始终保持纯正的心灵，养成独立思考的习惯和分辨是非善恶的能力，把自己的生活和社会的发展联系在一起。因此可以说，求真理、做真人，是他终身的追求。或者也可以说，这也就是今日作为学者和教育学家胡先生的基本风貌。

当然，重新出版此书最主要也最重要的因素是我自己，因为胡先生的教育学术思想、理论体系一直是我专业成长的助推动力和理论指导，他的学术品格和治学精神、为人为学的人格魅力，一直是我学习的榜样，并深深地影响着我的生活态度和治学心向。

2016年9月29日，适逢胡先生90华诞，我重新出版此书，一方面是对他培育之恩的报答，将他对中国教育学术的贡献进行再一次凝练，将之前出版的《胡德海教育思想研究》进行丰富和完善；另一方面是期待着能为传播发扬他的教育学术思想寻找一个新的契机和途径。

修改书稿期间，我再次静下心来研习先生的理念与学说，体悟他的教育学体系，与他进行精神对话与思想交融，在他的精神感召中再次感受其"先立乎其大"的治学原则，"沉思而后言说"的治学路径，"辩证统一"的治学思维，以及其为师为人的精神风范。其间，我和先生通过电话进行了多次交流。在一次次的通话中，我不仅再次聆听了先生的教诲，对他的生活经历有了更多的了解，而且对他的学术思想有了更深刻的领悟。

同时，我也不止一次打开这么多年来先生写给我的信件，逐字细读，逐句细品，回味他的教诲与勉励；不止一次回想起读博期间他为我们上课的情景，他那慷慨激昂的言辞表达，循循善诱的教学方法让我终生难忘。一切都历历在目，件件都令我感慨万千。

出版《胡德海教育学术思想研究》，可谓圆了我心中的一个梦，为发扬光大胡先生的教育学术思想尽了一己之力。以此作为对先生90华诞的寿礼，我想这或许是我对他知遇与培养之恩的最好报答，是发扬光大他的教育学术思想的最好方式和最佳途径。同时也完成了先生的一个心愿，希望能够有更多的人对他的教育学理论体系有所了解，及其对教育理论发展的影响有一个客观评价和理论阐释。非常荣幸的是，此书出版不仅得到了西北师范大学教育学院的支持和资助，还作为先生90华诞学术研讨会的会议资料赠与参会的专家学者。更为幸运的是，此书获得了河南省2016年度社会科学研究成果二等奖。能够获得这个奖项，一直是我的心愿，所以2008年博士毕业后，我连续申报了7年，但未能如愿。而这本书，却让我如愿以偿，不得不让我对先生的感激和崇敬又增加了几分，也是我人生中的一大幸事。但是，由于时间仓促，一些专家学者的精辟见解没有来得及融进，我自己的一些感悟也没有在书中完全体现。掩卷沉思，感慨万分，欣喜之余，心中不免仍有些许遗憾。我把这种遗憾变为自己的一个心愿，期待着胡先生100华诞之时，我将此书重新再版，定会倾力对其进一步充实与完善。

在胡先生90华诞的研讨会期间，我针对教师修养问题对他进行了采访，他不仅用理论对教师的修养问题进行了阐释，同时也用自己的言行给了我一个非常满意的回答。

"胡杨"精神的感召

如果我们对胡先生的学术轨迹进行一个梳理，就会发现一个惊人的现象——他1996年出版了《人生与教师修养》,时年69岁;1998年出版了《教育学原理》,时年71岁;2001年出版了《雷沛鸿与中国现代教育》,时年74岁;2005年出版了《教育理论的沉思与言说》,时年78岁。同时,他不断在权威期刊上发表自己的学术论文。2012年,85岁的胡先生在《教育研究》第12期发表了《王国维与中国教育学术》一文。2013年,86岁的胡先生将自己的《教育学原理》进行修订,增加了3万字,在人民教育出版社出版。同时,还在《中国教育科学》(第二辑)发表了近三万字的长文《关于什么是教育学的问题》。2014年,他出版了《陇上学人文存·胡德海卷》。2018年,胡先生91岁。这一年是先生学术活动比较活跃和学术影响非常深远的一年。从学术活动和成果来讲,3月份,他应邀到山西师范大学为师生作《关于教育学和教育的问题》的学术报告;11月份,他在《中国教育科学》(第2辑)发表了2万多字的文章。从学术影响来讲,9月份,《西师学人》的视频风靡全国,分别在中国教育电视台、甘肃电视台等媒体播放,报道胡先生的学人精神;2018年11月1日,《扎根西北的"教育胡杨"》在《中国教育报》发表,报道了胡先生的教育事迹。2019年6月,92岁的胡先生在《中国教育科学》(第一辑)发表《关于什么是儒家传统修养的学理解读》;他的著作《文化与生活——我的生活印记》于2020年在人民教育出版社出版。如今,先生仍不遗余力地研究教育文化。他说:"研究教育学是有方法的。既要站得高,又要扎得深,既能大至宇宙,也能深入到人,研究人性、研究人心,用人、人性、人心和人心产生出来的文化来解释社会和历史。"

凡人常理,耄耋之年,自当静养,而胡先生却老当益壮、勤思善著、乐此不疲,一如既往地追求着他的学术生活,演绎着一个学者的生命意义。此情此心,令人喟然感佩!

博士毕业已经12年了,我一直与先生保持着密切的联系,或电话交流,或书信来往。每次他对我都关怀备至,询问我的生活情况,家人是否安好，工作是否顺利，精神是否紧张；还要询问我近期看的什么书，有什么感想，写了什么文章，有时候会就一个问题和我讨论半天；他还会告诉我，他最近看了什么书，写了什么文章，打算出什么书，以及他近期对历史、哲学等方面的研究情况，等等。可以说，和先生的每一次联系、交流，我都受益匪浅，收获颇丰。有几次打电话他不在，家人告诉我，他看书累了，到外面去转一转，放松一下。每当听到这样的话，我都会百感交集，感慨万千，为先生的求学治学精神深深感动，也为自己常借故放松所产生的精神懈怠而羞愧不已。

虽然博士毕业了，但先生还是一如既往地关心我、支持我、帮助我、培养我，并用他一以贯之的勤勉风范鼓舞我。2018年12月，先生给我寄来一本中华书局出版的《王国维早期讲义三种》，希望我和他一块写书评。接到这个任务，我既欣喜又忐忑。欣喜的是这是先生又给我的一次学习机会，忐忑的是不知自己是否能够胜任。说实在的，拿到书的时候，一看是文言文、繁体字，我有点为难，但细读书中的内容，美观舒朗、文笔隽永，尤其是王国维那富有创见性的教育思想，深深地吸引了我，乃至一个寒假我都在细心研读，爱不释手。后来，我与先生一起发表了两篇书评。其中《王国维早期教育思想——读〈王国维早期讲义三种〉》发表在2019年7月27日《光明日报》；《王国维早期教育思想的现代启示——读〈王国维早期讲义三种〉》，发表在2019年8月28日《中华读书报》。应该说，这两篇文章不仅让我对王国维的早期教育思想有了更进一步的理解，对胡先生的崇敬和感激之情又多了几分。

每每提起先生，我都会感到分外亲切，也为能够做他的学生感到无比自豪。博士毕业时先生的谆谆教诲言犹在耳："无论做什么样的工作，遇到什么样的情况，别放弃自己的专业，不要忘记了读书。"也因为此，多年来我无论在什么岗位上工作都没有放弃自己的专业，坚持学术研究之路，坚守着神圣的讲台，守望着教育的发展；无论工作多么紧张都没有忘记读书学习,并把读书变成了自己的一种生活方式,一种精神追求,一种生命的存在状态。毋庸置疑,我能够走到今天,能够在学术上取得进步,能够享有内心的那份宁静,与先生对我的培养、教育、鼓励与感召密不可分。

2018年11月,91岁的胡德海先生在一篇文章中深情地写道:"读书、教书和著书,此三者在我的生活中是有机结合在一起的……读书是为了教书,是为了教好书,教书其实也是为了读书,为了能和书亲近、结缘……而读书、教书的结果是写书、写文章。反过来,写书、写文章也是为了教书,为了教好书。所以,读书、教书、著书密不可分。此三者不仅先后相连,逐次出现,而且彼此联系、互为因果,因此,可视为我生命运行的基本轨迹。而在我,把此三者联系在一起的是由于我对读书的爱好。"

可以说,先生与书为伴的心路历程、治学精神与人生境界,犹如西北教育的"胡杨魂",对每个后世学者来说,都是永恒的感召。感喟之余,以书为文。我怀着无比崇敬的心情写下了《胡德海:教育之学 人生之思》一文,发表在2019年12月16日《光明日报》,旨在将先生读书、教书、写书的人生经历与治学精神发扬和光大。

"一个人遇到好老师是人生的幸运"。此生能够得遇先生,是我人生的幸运。在此,我怀着万分的虔诚和敬意再次叩谢恩师:感谢先生的培养!恭祝先生天伦永享,福寿绵长!

"吊诡"的性别分类

我读博期间的室友,是来自新疆昌吉回族自治州的一位小姑娘。她是我在西北师范大学认识的第一个同学,也是我最要好的小师妹。因为她比我小12岁,我一般都叫她小姑娘。她从本科、硕士到博士一直在西北师范大学读,一共待了十年,用她自己的话来说,她把最美好的年华都献给了西北师范大学学术事业的发展。想想也是,一个人在一个地方生活10年,没有功劳也有苦劳,尤其是对于这个地方,那是何种情感。不过,她在西北师范大学的收获也挺大,不仅收获了知识、收获了成长,以及与知识相伴的学历、学位,还收获了一份甜蜜的爱情,收获了一个幸福的家庭。

小姑娘虽然家庭条件不好,父亲下岗,母亲患病,但她自食其力,通过代课、代销等方式赚取生活费,生活过得有滋有味。尤为难得的是,她很好学,读过很多书,还背过《新华字典》,很有语言天赋,识字量很丰富,很少有不认识的字,我看历史书的时候经常向她请教一些生僻的字。

结交在相知,何必骨肉亲。友谊是最圣洁的灵物,它会在人与人之间生根、发芽。有时候在生活中,由于某种机缘会遇到一个特别的朋友。尽管他只是你生活中的一部分,却能改变你当时的整个生活状态。他会把你逗得开怀大笑,会让你相信人间有真情,会让你确信真的有一扇不加锁的门,在等待着你去开启。这就是永远的友谊。我和小姑娘的友谊恰如此。

三年期间,我们一起去上课,一起去食堂吃饭,一起去图书馆看书,一起在宿舍讨论问题,早上在操场跑步,晚上到黄河岸边的滨河公园散步……可以说是形影不离。尤其是在提交论文的前一个多月，我俩每天熬夜奋战到两三点，把日子过成了昏天黑地，昼夜不分。提交博士论文的时候，把收论文的老师吓了一跳，吃惊地问道："怎么这么'骨感'？"我们俩异口同声地说："写论文！"老师摇摇头苦笑着说："不容易，女博士更不容易。拿着青春赌明天。"然后扭头笑着跟旁边的一位女老师说："你不是想减肥吗？写博士论文去。"

谈到女博士，一直是大学校园里大家议论比较多的一个话题，尤其是关于女博士的属性问题，一度成为人们热议的焦点。一是关于女博士的性别。人的性别角色观念深深镌刻着所处特定社会文化观念的印记。读了博士以后，我才知道自己被归类于"第三性别"的人。大学校园里一直流传着关于人性别分类的方法，把人的性别分为三种，男人、女人和女博士。也就是说，女博士是男人和女人之外的"另类"——第三性。命名的产生总包含了特定的社会历史内涵，关于女博士"第三性"的命名，反映了某种社会现象和社会心态。

最初，女博士仅仅是对博士生性别的界定，并未带上特定的内涵，然而，后来却有了一种附属价值，也就是关于女博士的角色定位：专科生是小龙女，本科生是黄蓉，硕士生是李莫愁，博士生是灭绝师太。不少人称之为对女博士角色定位的经典描述，既生动又形象。对此，小姑娘很是苦恼，一是因为她一直在读书，没有找对象，担心自己被定位于灭绝师太以后嫁不出去。

第二个话题是关于女博士的形象描述："UFO"。众所周知，"UFO"是"unidentified flying object"的缩写，是指不明来历、不明性质，飘浮及飞行在天空的物体。而这里的"UFO"，是对女博士的简称，相关的诠释是："U"代表"Ugly"；"F"代表"Foolish"，"O"代表"Old"，全称合起来就是说女博士是丑陋的、愚蠢的、老的。对此，小姑娘更是伤心，无论是从相貌、智商还是年龄，她觉得自己都不是"UFO"。我告诉她，我也认为她不是，要自信一点。

第三个话题是关于识别女博士的方法。上课的时候，有个老师调侃，他听说在大学校园里，判断一个女性是不是博士，就看她的表情和走路方式，凡是目光呆滞、面无表情又低着头沿着墙根走的女人大都是女博士。对此，我们俩经常进行对照查看，对号入座，但一直没有找到更好的诠释依据。小姑娘问我对这些问题的看法，我淡淡地笑了笑，说："对于第一个问题，我已成家，不担心什么性别问题；关于第二个问题，本身我自己年龄已经老大不小，智商水平觉得能够保证生活自理即可，其他已是无所谓；第三个问题我绝对没有，我向来走路都是抬头挺胸，目视前方，面带微笑，更不会沿着墙根走，因为我担心自己一不留神撞上墙怎么办。"每次关于这个问题的讨论，我俩都会哈哈大笑，也让我们的学习与生活变得非常有趣。

为了不让小姑娘由于读博士而沦落为传说中的"灭绝师太"，我婉言劝说她读博士期间要多做一门功课，毕业的时候要比我们多拿一个证——结婚证，并且不断地督促她。博士三年级的时候，她找到了自己的心上人，终于如释重负，放下了成为"灭绝师太"的担心。

不过，在我们即将毕业的时候，也就是小姑娘快领结婚证的时候，校园里又出现了新的关于人的性别分类方法，第四类性别的人出现了——敢娶女博士的人。听着新的分类法，我们俩相顾无声，调侃着说："家里那个人听到了会不会沮丧？"然后我们俩哈哈大笑。

随着社会的进步，教育的发达，女性也可和男性平分秋色，发挥自己的特长，当然也可以读博士。女博士由于拥有布尔迪厄所说的"文化资本"，使得她们在竞争中有相对优势，让人羡慕、尊重、敬仰。当对于她们的想象、希望和期待落空的时候，人们往往会极端地将其丑化，把属于个别人的缺点无限夸大，并且赋予一个群体新的名称，又给予她们一种相当的排斥，这恰巧体现了二元对立的思维和不够成熟宽容的社会特征。

在我看来，人们之所以会出现对女博士这种吊诡的看法，主要是因为传统社会中"男尊女卑""女子无才便是德"等观念在当代人们的主观意志中依然大行其道。其实，和所有女性一样，女博士也都有着普通的成长过程，她们也是一般人、正常人，她们也爱逛街，也爱打扮，也很有生活情趣，同样也是一群热爱生活的人。对女博士的这种看法表明了社会正处于复杂变化的转型阶段。随着社会的不断发展、进步，这种歧视也将逐渐消失，同时，这种歧视的消失，也将是这个社会进步的明证。

站里的生活静悄悄

博士毕业时，胡先生曾经想帮我联系让我到北京师范大学或南京师范大学进站博士后，我谢绝了。我想回家，因为女儿第二年要参加高考，我想在女儿高考的这一年陪着她，否则，我会愧疚一辈子的。就这样，我放弃了博士后进站的机会，回到我原来的单位上班。

进站是为了兑现承诺

对于我放弃博士后进站这件事，女儿也有过疑惑，曾经问我："妈妈，您经常说做任何事情都要坚持不懈，可您为什么要放弃做博士后呢？"我笑着说："妈妈有个心愿，想和你做一次'同学'。明年你考上哪个大学，妈妈就到那个学校进站博士后，然后我们一起学习，共同成长。当然，前提是这个学校必须有教育学的博士后流动站，否则妈妈还是无法读博士后。"其实，我这样回答有两个方面的用意：一方面，我真的有这样的愿望，希望借此机会好好陪陪女儿，弥补这些年在外地读书而缺席她成长的一些遗憾；另一方面，想鼓励女儿努力学习，争取考一个有博士后设站单位的大学。

命运的垂爱有很多方式，有时候真的是冥冥之中的一种惠顾。2009年，河南大学教育学博士后流动站获批；2010年4月，汪院长就给我打电话，动员我进站博士后。当我犹豫不定地把这件事告诉爱人时，他立马同意，积极支持我进站。我略带歉意地望着他，嗫嚅地说："进站的话至少需要两年的时间，意味着再读一次博士。"爱人笑着鼓励我说："不就是两年吗？这么多年都过来了，还在乎这两年？咬咬牙坚持一下就过去了。刚好趁此机会再到河南大学回回炉，坐下来静心学点东西，做些研究，提升你自己的学术水平。"听到这些话，想到先前对女儿的许诺，我就答应了汪老师，开始申请河南大学教育科学学院的教育学博士后。不过，申请博士后的过程有一点小曲折。国家对博士后进站人员的年龄要求一般情况下是40岁以下，有特殊情况的需要国家博管办特批。时年，我42岁，超过了国家规定的40岁的年龄。我和河南大学人事处的老师联系后，他说让我先申请，可以先看看我的材料。如果科研成果不错，河南大学愿意为我向国家博管办打报告申请名额，放宽年龄条件。毕竟我是教育学院第一个申请的博士后，学校很想把我招过来，但是要先看条件。

2010年6月，我按照相关要求填写了申请表，河南大学审阅后，专门为我申请了一个特批的名额。经过近半年的等待，11月23日正式获批，我终于如愿地进站河南大学教育学院，做博士后的研究工作。

世界上没有什么比得偿所愿更激动人心的事情了，所以，接到通知时，我内心的激动不言而喻。从个人兴趣来讲，这又是一个读书学习的好机会。这么多年来，在教育教学实践中，在经典理论的游历与社会现实的召唤中，我一直在追寻自己的教育梦想，倾诉着自己解不开的教育情缘，并把它变成永不衰竭的精神动力。在时间与历史的长河中歌吟着对生活的热爱，在实践与生活中坚持着对教育的守望，读书学习就成为我生活中不可缺少的一部分，并已经变成我的一种生活方式，能够继续读书学习做研究，真的是荣幸至极。从专业发展来讲，"学然后知不足，教然后知困"。时隔10多年重新回到培养我并让我在离开后的日子里常常眷恋的河南大学教育科学学院，向我硕士时的老师们学习，是我的幸运，它将会对我的专业发展和学术研究有很大的促进，我深感欣慰和自豪。从个人心愿来讲，我实现了和女儿做"同学"的愿望，兑现了我曾经对女儿许过的诺言，进站期间可以有更多的机会和女儿一块学习、生活，弥补我在女儿的基础教育阶段未能经常接送和"陪读"留给我的缺失和遗憾。

也正是这件事，让我对《吸引力法则》产生了兴趣。在《吸引力法则》中，作者用一个自然现象阐释了一个心理学效应：

什么是吸引力？有一种我们看不见的能量，一直引导着整个宇宙规律性的运转，正是因为它的作用，地球才能够在46亿年的时间里保持着运转的状态；也正是因为它的作用，太阳系乃至整个宇宙中，数以亿计的星球，都能相安无事地停留在各自的轨道上安分地运行，这样一种能量引导着宇宙中的每一样事物，也引导着我们的生活，这种能量就是——吸引力。

现代量子力学表明，世上的万事万物都是由能量组合而成的，而能量就是一种振动频率，每样东西都有它不同的振动频率，所以才出现了那么多不同事物的面貌，无论是像桌子、椅子等有形的物体，还是思想、情绪等无形的东西，都是由不同振动频率的能量组成的。比如一排音叉，当你敲响其中一个，音叉发出清脆的高调乐声，没多久，其他的音叉也会发出同样高调的乐声，它们的声音会互相应和，产生共鸣，甚至愈来愈大声。

振动频率相同的东西，会互相吸引而且引起共鸣。我们的意念、思想是有能量的，脑电波是有频率的，它们的振动会影响其他的东西。大脑就是这个世界上最强的"磁铁"，会发散出比任何东西都还要强的吸力，对整个宇宙发出呼唤，把和你的思维振动频率相同的东西吸过来。

你生活中的所有事物都是你吸引过来的！是你大脑的思维波动吸引来的！所以，你将会拥有你心里想得最多的事物，你的生活，也将变成你心里最经常想象的样子。这就是吸引力法则！

简单地说，吸引力法则就是：你关注什么，就会将什么吸引进你的生活。任何你给予能量和关注的事物都将来到你身边。因此，如果你坚持关注生活中美好的、正面的事物，你就会自动地将更多美好和正面的事物吸引到你的生活中来；如果你关注不好的和负面的事物，那么更多不好和负面的事物就会被你吸引过来。这就是我们经常说的：境由心生。环境是由你的心态生出来的，用哲学的话来说就是，你的思想就是你的世界，你的思想就是你的处境。爱默生说："一个人会成为他所想的东西。"马可·奥勒留说："一个人的生活是按照他想象的样子呈现的。"[1] 我想，这应该就是吸引力效应的体现吧。所以，一个人经常在心中默念着自己的理想和信念，坚持不懈地去努力，就一定会把梦想变成现实。

2010年11月，带着曾经对女儿的承诺，带着一颗守望美好教育梦想的平凡、真挚、理性的心灵，在命运垂青下，我重新回到了河南大学教育科学学院，在这里跟随着曾经培养我、支持我的老师们，开始了我人生旅途中的又一个征程，再次享受热闹的生活场景与宁静的校园生活并存的双重乐趣。

她是我最亲密的"同学"[2]

我硕士是在当时的河南大学教育系也就是现在的教育科学学院读的。1997年7月，我以一个师范学校的教师的身份来到河南大学教育科学学院攻读教育学硕士学位，在此度过了三年美好的时光。那段时光成为我人生的一个转折点，从此，河南大学教育科学学院就成为我生命中的一个重要驿站。当我重回故地，站在人生道路上又一个新的起点时，真的是激动万分。

在站期间，我有很好的人缘。有的是我读硕士时的老师，有的是我读博士的同学，还有的是一个专业的好朋友，总之，无论是环境还是人缘，

---

[1] 赫伯特·斯宾塞：《斯宾塞的快乐教育》，成墨初、李彦芳编译，武汉大学出版社，2014，第86页。

[2] 本部分内容发表于《中国教育报》2017年9月28日，原文题目是《我"考"上了女儿的那所大学》，发表时有删改。

我并不感到陌生，反倒更为亲切。但是由于各自都有自己的工作、学习和研究，所以真正能够在一起相处、相伴的并不多，而女儿就成了我相处最多、最亲密的"同学"。

在我和女儿做"同学"的这两年多的时间里，虽然没能像自己开始想象的那样，可以经常在一起学习，一起吃饭，共同散步，共同成长，但还是给了我不少与女儿单独相处的机会。不过我不能不承认，即使和女儿成了"同学"，她并不是特别愿意整天和我在一起，她更愿意和她的同学在一起，理由是她觉得我们的话题不一样，思维不一致。有几次我提出请她一起吃开封小吃，她竟然带了同宿舍的几个小姐妹一起来，让我的"同学"多了起来，同时也让我的学习与生活变得更为惬意。

在站期间，已过不惑之年的我内心显得尤为宁静，学习和生活的氛围也变得十分清静，尤其是深夜的青灯孤影之下，周围一切都是静悄悄的，让我的思绪在深邃的星空下纵横驰骋，让我的大脑在知识的海洋中自由翱翔。在这静悄悄的环境里，我有过深夜苦思的焦虑，也有过独自踱步的烦恼，但是在站的生活和学习却让我的内心变得格外充实，精神更为丰富。尤其是两代人同一时段在同一校园学习的幸运，为我的人生留下了许多美好的回忆。在校园中与女儿抱书相遇的自豪，在食堂里与女儿同桌就餐的幸福，放假时与女儿结伴回家的温馨等，都免去了我许多静夜独思的困惑和孤寂，从而使我在博士后流动站期间的学习与生活变得更为丰富。最为自豪和尤为难忘的是，她一直是我博士后期间最好的帮手。在我做开题报告时，她帮我美化PPT，希望我能够给专家留下一个态度端正的好印象，并鼓励我加油；在我做出站报告时，她把我拉到她们宿舍，为我精心梳洗打扮，希望我能够"闪亮登场"，顺利出站；在我做大学生就业意向的调查期间，她从问卷制作到访谈题目设定，包括问卷的发放，都给我提供了很好的建议……所有的这一切，让我感到与女儿之间似乎已经超越了血缘亲情，而逐渐成为精神上共同成长的良师益友。想起选择进站的初衷本是为了陪伴女儿，可等我走过这段成长的岁月，我却发现，我应该感谢女儿，她对我的鼓励和陪伴远远超过了我对她的影响，是她陪伴我度过了这段艰苦历程，让我这段静悄悄的学习与生活变得充实而又温馨。所以，我在出站报告的后记中深情地写道："非常感谢女儿，是她陪伴我度过了这段艰苦历程；也感谢她一直以来乖巧懂事，自强自立，自觉完成学业，使我能安下心来做自己想做的事情。"

2013年1月13日，我顺利通过了博士后出站报告的答辩，8月6日获得了人力资源和社会保障部颁发的博士后出站证书；女儿同年6月份大学毕业，8月4日到英国留学，至此我结束了和女儿的"同学"生涯。但是，与女儿一起学习和成长的脚步并没有停止，我通过课题研究等方式，仍与女儿在相互支持与协作中共同成长。2015年9月，女儿申请到日本名古屋大学攻读人力资源管理专业的博士学位。自女儿攻读博士后，我有意识地找一些教育领域与人力资源管理关系最密切的教师队伍建设的课题与她合作，她也给我推荐了很多团队学习与管理的书籍，有的还是英文原版的，希望我开拓视野，从另一个角度或另一种文化的视角去做研究。

静悄悄的生活

进站以后，我开始认真准备开题报告。本想着，进站就是做一项研究，写个报告交了就万事大吉。没料到河南大学教育科学学院对于博士后的要求标准那么高，程序非常严格，我好像又一次开始读博士的那种感觉。用刘志军校长的话说："博士后是从博士中选出来的优秀人员才能进站的，因此各项要求的标准要高于博士。"可以说，这样的要求既体现了河南大学教育科学学院追求卓越的学术风气，也体现了各位导师严谨的治学态度，同时也是对我的一个提醒：博士后不是那么好做的。

半年下来，仅开题报告就进行了两次，做得我筋疲力尽。由于连续熬夜加班，头上长了几根银丝，在我看来，这是衰老的典型标志；对于女人来说，尤其是一个热爱生活的女人来说，这很是残忍。为此，我有点悲哀，打电话向导师诉说，并试着提出了退站的要求。他非常严肃地问道："为什么要退站？"我带着几分焦急，说："太煎熬人了。"他郑重其事地说："学习要耐得住寂寞，成功须经得住煎熬。"我略带沮丧地说："熬得我白头发都长出来了。"他在电话那边笑着说："我们头发都没了还没有抱怨过，长几根白头发就泄气了？"我突然意识到，这话说得不合适。近年来，河南大学教育科学学院的各项事业都取得了很好的发展，学术成果和教学质量成效显著，学术水平和社会影响力显著提升。作为院长的汪老师为此付出了巨大的心血，人也衰老了许多，典型的标志就是头发变得越来越少。而我却忘了这个避讳，怎么能够和一个头发很少的人说头发的事呢？至少我的头发还是蛮多的，实在没有可比性，况且他还是我的老师，真有点大逆不道之嫌。经导师这么一说，我无言以对，只好继续做开题报告。

我曾经把博士后期间的生活与博士期间的生活做过比较，其实两年多的博士后经历中，所承受的压力并不亚于博士期间，某种程度上多了一份艰难。博士期间我是脱产攻读，没有任何工作上的压力，生活上是远离家乡，即使心中有着牵挂，但无须整日为买菜做饭洗衣拖地所拖累，只有集中精力学习读书做论文这一件事。但博士后不一样，我还有工作上的压力，还要兼顾家庭生活，所以读得更为吃力。好在自己心态很好，做研究的经验更为丰富，知识的积累更为扎实，研究方法的使用更为娴熟，所以还是如期地出站了。其间，我非常荣幸地申请了中国博士后基金的特别资助，被评为河南省优秀博士后。

在站的这些经历无不令我感慨万千，心存感念。感慨良多正是因为经历太美好。两年多的博士后生活就像我人到中年的生命中又盛开的绚丽花朵，美丽芬芳、清香四溢，让我的人生又多了一抹绚丽的色彩。在站期间，似乎没有什么惊天动地的事情让我激动，反倒让我多了些许宁静与淡然。虽然有过不眠之夜的思索之苦与不解之烦，但好在求索的艰辛与收获的幸福给我的生活带来了更多的美感，让我再次感受到了百年老校的文化底蕴和学术氛围的魅力。所以，我一直对河南大学心存感念，感谢河南大学对我的培养，感谢河南大学教育科学学院对我的垂爱！在即将告别这两年多的学习生活时，我不禁感慨万千，千言万语无法表达内心的情感，唯有一腔热血在胸中激荡，已经化作我奋然前行的强大动力。非常庆幸的是，我的博士后报告《教育公平视阈下"特岗计划"实施成效研究——以河南省为例》，于 2013 年 11 月在中国社会科学出版社顺利出版，并于 2014 年获得河南省政府发展研究成果三等奖。这既是对我此项研究成果的肯定，也是对我两年多静悄悄的博士后在站历程的最好诠释。

结　语

如果说家庭是孩子成长的起点，那么学校就是让孩子扬帆远航的港湾。虽然时代不同，学校教育的形式、所采取的方式也发生了变化，孩子的求学处境也有了改变，但一个人对知识的追求，知识对一个人命运的改变，在任何时代都是相同的，家长对于孩子上学所给予的期望也是相同的。

对于学校教育，人们关注最多的就是分数。分数对于孩子来说很重要，但分数不是衡量孩子的唯一标准。分数、录取通知书，只是孩子某个阶段、某一方面的成绩，并不是终生的定格。孩子一次升学考试没考好，不要紧，鼓励孩子勇敢面对，可以重新开始；孩子对学习实在不感兴趣，不要紧，鼓励孩子发展一项特长，"三百六十行，行行出状元"，掌握一技之能，并成为自己的看家本领，一样可以取得成就；如果你觉得孩子哪方面都不行，也不要紧，勉励孩子做一个善良的人，品行端正的人，踏踏实实做事的人。尽管这样的孩子将来或许成不了您所期待的那种"成功人士"，但他以后在社会上不会走错路，同样可以收获幸福的人生。

第三课
社会生活：心智丰富之源泉

最好的教育是"从生活中学习""从经验中学习"。

——杜威

生活教育是生活所原有，生活所自营，生活所必需的教育。

——陶行知

生活是每个人"作为人"所必须接受的最基本的教育。教育与生活不可分割，生活世界的教育才是每个人精神成长的重要源泉。处在什么样的环境中，过着什么样的社会生活，便受到什么样的教育。一个人只有把自己放在生活的世界里，才能被日常生活"涵化"而成为真正的人。

劳动是生活的第一需要，一个人不论将来从事什么工作，都需要有动手的技能和技巧，这些动手的技能和技巧都是在劳动中产生的。可以说，任何一种劳动技能的培养，都会对今后的生活产生重要的影响。

"昼出耕田夜绩麻，村庄儿女各当家。"我从小生活在农村，在那个年代，农村家长对孩子的第一个生活教育就是做家务，稍微大一点还要下地干农活，学习劳动技能。回忆自己成长过程中关于生活的体验和劳动的故事，我惊讶地发现，每一项家务活的操练，每一种劳动技能的培养，每一次对生活的体验，都对我以后的工作和生活产生了重要的影响，尤其是为我形成正确的生活态度，养成良好的生活习惯，坚持健康的生活方式，以及培养吃苦耐劳、不怕困难的精神奠定了坚实的基础。

一粥一饭亦乾坤[1]

在农村家庭中，家务活是女孩子的看家本领，也是找对象的一个基本条件，或者说是领家、持家的标准之一。如果谁家的姑娘不会干家务，或者懒得干家务，大家都会对她嗤之以鼻，冷眼相看。因此，干家务是从小就要培养的，尤其是女孩子，洗衣做饭、穿针引线，样样都要学，样样都要会，样样都要干。

我们家乡有个风俗，女孩子出嫁的前三天婆家要到娘家去拉嫁妆。娘家除了陪送嫁妆，还要让准新娘包上60个饺子带走，带到婆家后街坊邻居都要去看一看新娘的手艺，作为评判新娘是否贤惠的一个标准。等到结婚当天晚上，要让新郎官把饺子吃了，尝一下新娘的手艺。手艺高低是否会影响新婚之夜的甜蜜我没有去考察过，反正包饺子的水平是要被评判一番的。因此，在我们家乡，做饭是农村女孩子首要的看家本领，是必须早早学会的。世易时移，这个风俗慢慢被淡化了，但是，在我们这个传统的家庭里，尤其是我们小时候，女孩子从小学习做饭是必须的。因此，我们家的三个姑娘都是很小就开始帮着家人洗碗、择菜，学习做饭。

记得小时候，我最早学会的就是烙玉米饼。先把玉米糁用水拌好，有时候会加些胡萝卜丝或白萝卜丝，等鏊子热的时候，在鏊子上抹上一层油，然后把搅拌好的玉米糁摊到上面，盖上盖子，过一会，再把已经定型的玉米饼反过来加热。再过一会儿，一个香喷喷的玉米饼就烙好了。一

---

[1] 本文的核心内容发表于《中国教师报》2019年7月10日，发表时有删改。

开始摊的或薄厚不均，或坑坑洼洼，但烙上几个就能基本掌握技巧，能够烙出薄薄的、香喷喷的玉米饼。虽无苏东坡所描写的环饼"纤手搓来玉色匀，碧油煎出嫩黄深"那样的诱人，但是对于当时的我来说，真的有种"小饼如嚼月，中有酥和饴"的滋味在心头。为了鼓励我们把饼烙好，祖母就规定，谁烙的饼谁带到学校吃。这也是我曾经提到别人家孩子羡慕我们每天带饼到学校的主要原因。后来我跟着祖母学会了包饺子、烙油饼。

工序比较复杂，技术难度比较大的是蒸馒头。小时候过年，农村的家庭都会蒸很多馒头，花色品种齐全。有的是用来自己吃的，有的是用来回赠来访的亲戚，有的是用来祭祀。尤其是那些祭祀的馒头，不仅有各种各样非常漂亮的花型，而且还有各种各样栩栩如生的动物造型。因为好奇，也因为喜欢，我很小就围着大人做馒头的案板转来转去，拿块面团学着大人的样子做一些简单的造型。在烧火的时候，我看着爷爷非常娴熟地用两只手把一个一个热气腾腾的馍馍快速地往外拿，不禁啧啧赞叹。可以说，蒸馒头、包包子、蒸花卷等这些家务活，就是这样耳濡目染拿着面块玩会的。我10岁的时候，开始学擀面条，自己擀的面条自己吃。学会这些家务活后，我能够在父母不在家的时候承担起为全家人做饭的责任。也正是从小学会了做饭，所以婚后我一直承担着家里做饭的主要任务。虽然海参鱿鱼、虾蟹蚌甲我不擅长，但家常便饭还是能够拿下来的。即便是在春节亲人团聚时20多口人吃饭，也没能难住我。

平常家里吃得最多的就是面条，但是结婚29年来，家里几乎没有买过面条，都是吃我做的手擀面。我之所以一直坚持自己擀面条的习惯，一方面与家人喜欢吃手擀面有关，另一方面也与自己从小练就"扎实"的擀面条的基本功有关。当然，最主要的原因是因为绿色环保，面粉都是母亲用自己种的粮食磨的，我也不舍得拿着这些面粉去换面条。

由于要做饭，所以我比较关注家里餐具的款式和花色，喜欢过段时间就买一些精致漂亮的杯盘碗盏带回家，尤其是盛饭的瓷碗，三口人不一样的款式，不一样的花纹，不一样的色泽。因为吃饭不仅是饱腹之用，而且是味觉的享受，也是视觉的盛宴，更是心灵的慰藉。漂亮的餐具里盛着热气腾腾香气扑鼻的饭菜，哪怕只是一碗粥，或者是一碗捞面条，都会将生活的意蕴演绎得淋漓尽致，将人间的天伦展现得淋漓尽致，使一天的劳累随着食物的消化而消失殆尽。

所以，我一直感谢我的祖母和母亲，是她们让我从小学会做饭，让我拥有了生活的自主权，也可以让我把自己的深情厚爱藏进一粥一饭中，把自己对生活的热爱倾注到一丝一缕中，为我所爱的人们献上可口的饭菜，用小小的杯盘碗盏，演绎人间的天伦和生活的美好。尤其是在外求学的女儿，每次回到家吃上我做的饭，都会忍不住咂咂嘴，深深地吸上一口气，说："好吃，妈妈的味道！"这是我听到的最暖心的话语，也是我最大的幸福。

一些不太了解我的人，对我做饭这件事不太看好。有的认为我是干事业、做学问的，不应关注柴米油盐这些琐碎的事情；还有人认为我属于个性比较强的女人，也不会精于"洗手做羹汤"这样的细微家务；即便是了解我的人，对于此事也有不太理解的，觉得我不嫌麻烦，买点现成的多省事。对此，我只是一笑而已，因为我相信：冷暖自知。生活有自己的味道！

《小花的味增汤》曾经感动了无数人。其中，阿花妈妈非常具有生活哲理的一段话发人深省："阿花，做饭这件事与生活息息相关，我要教你如何拿菜刀，如何做家务。学习可以放在第二位，只要身体健康，能够自食其力，将来无论走到哪里，做什么，都能活下去。"从此，四岁的阿花跟着生病的母亲开始学做饭。我们知道，比孩子先来到这个世界的父母，注定无法陪孩子走完一生的路。然而，教给孩子什么才是最重要的？阿花的妈妈说："是让孩子一个人也能好好活下去的能力。"正因如此，在母亲去世后，幼小的阿花用踮着脚做出的糙米饭和味增汤拯救了郁郁寡欢消沉度日的父亲。

有句话说得非常好："食物里蕴含着大千世界，烹饪里也藏着万种乾坤。"做饭不仅是一项生存技能，也是一种生活艺术，更是一份爱的奉献。尤其是女孩子，学会做饭，就多了一份娴雅与温柔，因为那种系着围裙俯首认真洗手做羹汤的姿态，更能体现一个女人的涵养和曼妙。"竹钗卷青丝，粗衣短打扮。文火耐心煮相思，久待欢情愿。"在案板上一刀一刀地将生活中的酸甜苦辣细细切碎，在油锅里一勺一铲地将人生的悲欢离合慢慢煎炒，这是多么富有诗意的人生呀！我们常常讲，要想拴住一个男人的心，首先拴住他的胃。这句话听起来似乎很土，但仔细想想，还是很有道理的。"一盘味纯真，两碗多情叹。为君下厨烹佳肴，此心天可鉴。"当你轻声地问一句："饿了吗？想吃什么？我给你做。"我想，这应该是世界上人与人之间最简单而又最挚爱的表达，也是夫妻间最动人的情话，最入骨的缠绵。

从另一个角度讲，做饭也是一种善良友好的表达。汪曾祺曾说："愿意做菜给别人吃的人是比较不自私的。"因为做饭是一个需要耐心、细心的过程，甚至还需要倾注感情和精力，因此，爱做饭的人，一定有着一颗善良的心。俗话说，"民以食为天"，所以中国人见面时最常用的礼貌用语就是："吃了吗？"吃饭不仅是为了维持生命，同时也是一种精神享受。当你一个人寂寥无事时，你就做饭，充实自己的胃，心也就不空了；当你不知道如何表达对他人的爱意时，你就做饭，充实别人的胃，心中便会充满温情。所以，学会做饭，便是学会了谋生和谋爱，不仅懂得爱自己，也会爱别人，意味着一个人基本生存能力的形成。

对于一个家庭而言，厨房是一个家庭的风水宝地。厨房的烟火，是一个家庭兴旺的风水标志；厨房的温度，很大程度上决定着一个家庭的温度；厨房的陈设，每一件都是家人情感的标志；油盐酱醋茶，调和着一个家庭的苦辣酸甜；厨房里传出来的那温馨扑鼻的香气里，充满着爱的味道；热闹的锅碗瓢盆声，是一个家庭共同演奏的和谐乐章；餐桌上那丰盛的佳肴，展示着一个家庭的亲情与温暖。可以说，厨房里的柴米油盐，是对亲人的真情陪伴，是一种成长和修行，是一种真实的烟火幸福。从表面上看，做饭是人生中最平凡、最简单的事情，但也是不平凡的事情，能够坚持每天为家人奉上可口的饭菜，就是一件极不平凡的事情。一个家庭，常年不开火，冷锅冷灶，没有温情，会让家庭的氛围冷清，家庭关系也显得淡漠。

斯宾塞曾说："在现实生活中，天才寥寥可数。即使是那些在成功后被视为天才的人，实际上也是来源于生活。所以，当孩子年龄稍大时，要培养他的自理能力，不以劳动力的标准而是以孩子的标准来衡量，让他学会洗衣服、做饭、打扫卫生等。"[1]一个人可以不成功，但他将来一定会成为丈夫或妻子，因此生活教育是必须进行的。一个人可能不能拥有完美的人生，但每天穿衣吃饭则是必须的。所以，在中国传统文化中，"黎明即起，洒扫庭除，要内外整洁"，就是要教育孩子从小养成参与家务活动的习惯。不要小看这些扫地、抹桌子的小事，都是最基本的生活教育。

无论何时，我都会把做家务作为很有情调的一件事，因为其中有爱，有责任，有担当，更有生活的滋味，苦辣酸甜尽在其中。

---

[1] 赫伯特·斯宾塞：《斯宾塞的快乐教育》，成墨初、李彦芳编译，武汉大学出版社，2014，第71页。

针线活是一种考量

在我们家乡那一带，考量一个女人家务活做得怎样的另一个标准是针线活，天上取样人间织，是对女人最高的赞美。我们从小都会接触一些针线，虽然不像祖母、母亲那代人那样纺花、织布，但是也要学着穿针引线，裁布缝衣，做针线活。

我是从7岁开始模仿大人学做针线活的。从心理学的角度来讲，儿童到了7岁，仍会呈现出强烈的好奇心、求知欲、模仿力等心理特点，我在不经意间把这些特征与女孩子的劳动特点结合在了一起，做了一件令母亲和我自己都很自豪的一件事。

7岁那年春天，因为是农闲时节，母亲和邻居的几个妇女一起在我们屋后的一个院子里"经线"（纺织粗布的一道工序）。让我回家去取东西，我无意间发现母亲线筐里还有一些做鞋剩下的碎料。在好奇心的驱使下，我把那些碎料拿了出来，学着大人做鞋的样子，缝了一个鞋底；看着线框里母亲做的鞋帮的样子，又缝了一个鞋帮；又想想母亲和大姐平常做鞋的一些工序，我把鞋帮和鞋底绱到了一块，采用的还是朝里绱的工艺。就这样摸索着，我居然做出了一双和我的手掌一样大的小鞋。后来母亲想让我帮忙拉线却到处找不到我，费了好大力气才在方桌下找到了我。当母亲把我从桌子下面拉出来时，我手里正拿着一双做好的小鞋子。母亲很惊奇，问我哪里来的，我说是自己做的，还让母亲看了一下没有来得及取掉的针线，并把做鞋的过程告诉了她。母亲听完后，拿过我做的小鞋子，拉着我的手快步向后院走去，老远就笑着向在经线的妇女们展示我的杰作。在大家相互传看的过程中，我听到了啧啧的赞叹声，享受着这份作为女孩子从未有过的那种小有成就的喜悦与自豪。直到现在，母亲经常会提起我小时候做鞋的故事，并把它作为我有做好针线活天赋的依据。其实，这双小鞋只是我童年时期好奇心强的一种体现，充其量相当于现在学前教育中的手工作品，根本谈不上什么针线活。

手工纳鞋底是一种比较传统的鞋底制作工艺。像传统的千层底鞋就是这种工艺的一个典型的代表，"最爱穿的鞋是妈妈纳的千层底"成为影响一代又一代人的经典回忆。因鞋底用白布裱成袼褙，多层叠起纳制而成，故取其形象而得名。其面料为礼服呢等上等材料，配以漂白布作里制成鞋帮，经绱做成鞋。那时的千层底，是农村老少爷儿们脚下的"标配"，都是自家女人做的，有懒汉子鞋，有带松紧带的鞋，还有老头鞋，姑娘们喜欢的绣花鞋等。做好千层底，首先要打袼布，就是把不能穿的裤子褂子，或是被衬、褥单，撕成一块一块的，打好糨子，往墙上或是木板上，一层一层地糊，糊到一定的厚度，待它们晾干，就成了做千层底的原料。然后，按穿鞋的大小，拿着鞋样子，剪成鞋底形，层层粘贴。再挽起裤腿，拿起两股麻，在腿肚子上，用手搓麻绳，要搓好多根，够几双鞋用的。然后把麻绳穿进大号钢针的眼中，拿起锥子，锥一锥子，穿一道麻绳，这样一锥一针地纳鞋底子，要好几天，一双千层底才能纳成。再纳上鞋帮，就完成了一双鞋的制作。布鞋穿着舒适，轻便防滑，冬季保暖，夏季透气吸汗。

祖母的针线活做得非常好，她纳的千层底，结实耐磨，穿在脚上，一来舒服，二来合脚不耽误干活。在她的熏陶下，母亲的针线活、大姐的针线活都做得非常好。大姐属于领事较早的，很小就会做针线活，在村里很有名，很多邻居都找大姐来要"鞋样"。鞋样就是鞋底的模子，做鞋最重要的是纳鞋底，而要想纳好鞋底得有个好鞋样，这就像优秀的电视剧要有一流的剧本做基础一样，九层之台，起于垒土。

我真正学习纳鞋底是在 13 岁那年。在大姐、二姐的带领下，我开始学习纳鞋底。最初大姐给我的鞋样是侄子和祖母的鞋底，比较小，好拿在手里。由于没掌握好技巧，我最早纳出的鞋底比较软，手也在纳鞋底的过程中被扎伤了好几次。纳了两只以后，我基本掌握了技巧，能够纳出像样的鞋底，开始纳自己穿的鞋底。后来，大姐又教会了我做成品鞋的工序。遗憾的是，随着生产力的发展，机制成品鞋代替了手工布鞋，这个手艺也就渐渐淡出了人们的视野，我自己也没能很好地保留。

女儿两岁那年，冬天看到街上卖的手工制作的儿童棉鞋，我心痒技痒地想亲手给女儿做一双。当我把这个想法告诉婆婆时，她非常惊喜，并表示愿意配合我给孩子做棉鞋。于是，我俩就进行了分工，我负责纳鞋底，婆婆负责做鞋帮，最后由我负责绱鞋帮。虽然多年不做，技艺已经不是太娴熟，但我在婆婆的配合下，为女儿做了两双棉鞋，让她穿上我亲手做的"爱心鞋"，暖暖和和过了一个冬天。

除此之外，我还学会了用缝纫机，学会了做衣服。上初三的时候，我在姥姥家住了一段时间，我和表妹睡觉的房间放着一台缝纫机，两个舅妈每天晚上加班做衣服，小舅第二天骑着自行车到各地庙会上去卖。我每天下晚自习后会帮着做一些锁扣眼、钉扣子、缝袖口、缝裤边之类的零碎活，其间也会看着她们做衣服。看得多了，也就自然掌握了一些要领。

参加完中招考试后，由于家里不打算让我上高中，我就在家里跟着大姐和大嫂学做衣服。梦想着将来能当个服装设计师，开个服装店，也算是个不错的职业。一个暑假下来，虽然没有学成特别精致的手艺，但还是能够把剪好的衣料缝制成衣。和爱人谈恋爱时，有一次去他家，婆婆正好在给我爱人做裤子，到了挖裤兜的时候，由于婆婆眼神不太好，线总不能准确地穿进针眼，还跑线，我就跟她说："我来试试吧。"婆婆一脸狐疑地问我："你在家里做过？"我说："曾经做过，不过上大学以后没有再做，我可以试着做一下，不行您拆掉再做。"后来我帮婆婆把裤子做好，她连连夸我："想不到你一个大学生，还会做这样的针线活！"

母亲对我的家务活一向赞不绝口，总是认为生活的基本技能对我来说不是难事。按照农村的风俗，男女到谈婚论嫁时需要有一个订婚的仪式，订婚前，男方家长要到女方家上门提亲。婆婆第一次去我家的时候，母亲非常自豪地告诉她："虽然我闺女一直在上学，但家务活可以说样样都会。做得多好我不敢保证，但过日子绝对没有问题。"婆婆自然相信，满心欢喜，以至于结婚后，一有什么家务活，婆婆首先想到的就是我。我为了显示自己的生活技能和水平，总是积极主动承担。

也正是这些生活技能的掌握，使我以后的生活方便了很多，日子也过得更为顺遂。女儿小时候的棉衣棉裤每年都是婆婆做好，但是之后的拆洗、缝制都是我自己做。有时候孩子尿裤子，我会马上给孩子换上干净的，同时把脏裤子拆洗后放在灶台上烘干，晚上再缝好，以保证家里总有两条干净的棉裤备着，方便给女儿替换。所以，女儿小时候总是穿着干净整洁的手工缝制的棉衣棉裤。2010年父亲骤然去世，因为事情太突然，家里什么东西都没有准备，需要尽快缝制一些孝衣孝帽之类的衣物。当时正值半夜，无法去找街坊邻居帮忙，母亲要两个姐姐负责做，可两个姐姐眼睛都花了，而且晚上光线不好，看不见缝纫机的针头，更别说线头了。我看了一下，对姐姐说："我来吧。"姐姐给我比了个样子，我就开始做了起来。事后母亲提到这件事，感叹地说："关键时候还是我的小姑娘能够拿下来。"

其实，在针线活中，我最拿手的还是织毛衣。什么时候开始学的我已经记不清了，但我很喜欢织毛衣，技术也比较娴熟，还能织出时尚的样式和不同的花型。我特别喜欢织毛衣时的手感，暖融融的，把自己对家人的那份爱一针一线地织进去，并通过织就的衣物传递给家人。我给家里大部分人都织过衣物，毛衣、毛裤、手套、围巾等，曾经有一年我织了七八件毛衣。记忆深刻的有三件事。

第一件。我和爱人谈恋爱时，我给他织了一条毛裤，这是我送给他的第一件礼物。因为织之前我并没有告诉他，所以织好送给他的时候，他有点吃惊,问了我两个问题:一是怎么知道他想要一条毛裤?二是没有见我给他量过尺寸,怎么知道穿多长?我淡淡地笑了笑,说道:"第一个问题,我发现你的裤腿下面露出的毛裤两条腿长短不一样,颜色也不一样,想必穿了很长时间,同时可以断定织毛裤的人水平一般,所以想送你一条新毛裤,既是表达心意,也是展示水平。第二个问题,至于尺寸,高手一般打眼一看就知道了,不需要量。"听了我的话,他哑然失笑,当然,也夸了几句手艺。

第二件。1994年弟弟大学毕业被分配到北京上班,我给他织了一件毛衣、一条毛裤、一件毛背心。后来弟弟告诉我,他的同事们多次夸赞这些毛衣时尚合体,他为此还得意了一阵。

第三件。有一年流行红色毛衣,我给爱人、大哥、弟弟、小叔子等每人织了一件红毛衣。尤其是我爱人的那件,我颇费心思。阴历大年二十三,我买了二斤二两的红色恒源祥毛线,打算给爱人织一件毛衣,想让他初二回我们家的时候穿上。于是,我天天晚上加班,在灯下飞针走线,终于赶在大年初一晚上十点钟把毛衣织好了,爱人穿上非常合身,也很好看。遗憾的是,在爱人穿着毛衣展示的时候,我发现袖子上有一行花错了一针。我爱人说:"没事,看不出来,没人会注意到这点小瑕疵。"我执拗地说:"不行,太煞风景了,拉低我的水平,必须重新织。"我立马让爱人把毛衣脱了下来,拆下袖子重新织起。初二那天的凌晨三点多,我终于把那只重新织好的袖子缝到了毛衣上。初二那天,爱人穿着我新织的红毛衣和我一起回娘家。看着爱人身上的新毛衣,我心里暖暖的,就像穿在我的身上一样暖和。

现在,手工制作的衣物已经不多了,但我却对它依然情有独钟。每每看到卖的手工缝制的衣物、饰品,我都会情不自禁地上去看看它的款式、花色,摸摸它的质地,感触一下它的手感。情真意重绣不尽,一针一线总关情。它记录了一段岁月,印下了一道时代的风景,韵味悠长,历久难忘。

一方水土养一方人

乡村的命运和时代密切相关。而乡村人的命运不仅与时代相关，还与他们生活的地理环境相关。

俗话说，"一方水土养一方人"。我的老家在豫西北的一个小村庄，北依太行，南邻沁水。与太行山隔着几个村子，与沁河却相依相偎，坐落在沁河北岸。可以说，我是喝着沁河水长大的。在村子和河道之间有一大片的滩地，属于我们村的大约300亩，人均三分左右。不过这块滩地的面积大小不固定，以河道为界，河道摆到哪儿就算到哪儿；这块滩地的收成也不定，是靠天收。风调雨顺，没有洪涝、干旱就会有好收成；如果遇到洪涝、干旱，就可能没有收成。正因如此，滩地在公社的土地划分中不占大队的人均指标，那么当时我们公社沿着沁河几个村庄的人均田地指标就高于北边的其他村。20世纪七八十年代，我们公社的土地人均八分，我们村每个人能多出三分地，对于每一户人家来说，都是何等的珍贵。

中原地带，一年四季的气候变化非常明显，庄稼的种植也很有季节性。庄稼一年种两季，小麦一季，玉米一季。一般情况下，滩地大多种植经济作物，临着村口河堤的地方（我们地方话叫堤湾儿）大部分都种着时令蔬菜。夏天种着西红柿、茄子、黄瓜、豆角等，秋天种着萝卜、白菜等，我们称之为菜地。有的生产队还会在临着河堤的地方种一片果林。远处的滩地夏天收麦子，秋天生长花生、豆子、红薯等，沟里会种上高粱。可以说，这条沁河为我们提供了丰富的水源，沁河滩为我们提供了丰富的物产。因此，就当时人们的生活条件来说，沁河滩无疑是一块风水宝地，为两岸人民的生活提供了不少的补给。也可以说，这条沁河和它两边的滩地养育了沁河两岸的人民，我们就是在它的哺育下茁壮成长起来的。

然而，现在情况有了很大的变化，北边的地由于农村的新规划，造成了新村庄和旧村庄并存，使村庄足足向北延伸了一里长，所以耕地的面积大为减少，人均六分左右。滩地也由于各种个体企业的征用而变得越来越少，人均不足一分地，我们家4口人分了三分地。2017年，村里土地实施流转，母亲虽然有万般的不舍，但在我们的劝说下，执意留下滩地作为菜地，其他的土地进行了流转。

我家有两个院子，老院子正好位于连接河滩和村子的那条路上，从我家门口去沁河滩，甚至到河对岸一条路直通。另一个院子是1985年盖的房子，正对堤坡。从堤坡另一边走下去，就是一片果林、菜地，然后是庄稼地、黄沙滩、沁河。每年的夏天到收秋这段时间，是沁河滩最漂亮的季节，五六月麦黄梢时，那真是漂亮。站在河滩的中间向远处眺望，一边是堤坡上的绿树成荫，一边是河水聚成的湛蓝丝带，中间是金黄色的麦浪，可谓是"小麦绕村苗郁郁，柔桑满陌椹累累"，在微风的吹拂下，仿佛摇曳着农民收获的希望。不过我更喜欢的是秋天的沁河滩，尤其是早上刚下过雨的时候，空气凉爽，湿润，清新怡人。信步走上门前那条长长的沁河大堤，站在堤上远远望去，一片生机盎然，那一望无际的深绿油亮的庄稼带给我无限的遐思，看着那滴着水珠的庄稼在晨风中轻轻摇摆，感觉整个大地和空气都有起伏的呼吸声，那邈远而馨香的味道，充溢着一种宽广而又充沛的生命力感。当然，也有果实的丰富性带给人的那份沉甸甸的收获之喜悦，还有那嬉戏奔跑着拾庄稼的乐趣。

田家少闲月。生产队建制的年代，庄稼收完后，老太太、孩子们没事就会结伴到收割过的地里拾庄稼。对我而言，拾庄稼是小时候最早开始从事的田间劳动，比如拾豆子、拾麦穗、拾红薯、拾花生等等。据说当我刚刚能歪歪趔趔走路，就提着外公给我编的小花篮跟在两个姐姐的身后拾庄稼了。

幼年时期，最有成就感的一次是 7 岁那年秋天，我跟着几个街坊老太太到沁河滩拾豆子。让我拾豆子是祖母的建议，我一听就高高兴兴地跟着几个老太太去了。拾豆是一件很伤手的劳动，一不小心会被割过的豆茬扎破手，也会被豆秆划伤。为了鼓励我能够坚持下去，每天拾豆回来，祖母都会把我拾的豆秆和豆荚单独晒，晒干后捶打豆荚，把脱离掉的豆子放在一个小篮子里，看我今年能捡多少豆子。几天下来，我拾了两升的豆子（一升大约三斤）。对此，祖母非常高兴，还在好多人面前夸我，我也很高兴，大有自己要成为劳动者和能够为家里做贡献的自豪感和成就感。

秋天拾花生和拾红薯也是常有的事，不过不是生产队的，而是和几个小伙伴一起，背个小锄头，在沁河滩上到处跑着拾。小时候老家种的红薯多，因为红薯的产量高，也耐干旱，是当时乡下人的主要食物。红薯面烙饼，红薯面窝窝头，红薯面面条，蒸红薯、烤红薯、煮红薯，压饸饹，能把人吃得满口都是红薯味儿。可能是沁河滩适合种红薯的原因，红薯长得特别大，有的比人头还要大。收红薯是用锄头刨的，收过以后生产队要组织人用犁再拾一遍。我们几个小伙伴总是跟在扶犁人的后边，在拾过的地上再仔细地寻找他们遗漏的小红薯，偶尔也会趁着扶犁人不注意的时候用小锄头偷偷地钩一个大的，生怕被发现。其实被大人发现了也没事，最多也是被吆喝一声，然后我们撒腿就跑，他必不会追。

不过那时候的确很快乐，无论是拾红薯还是拾花生，不管是跟着家人一块拾还是和小伙伴一块拾，即便有时拾的是小红薯，甚或拾不到红薯，也都很高兴，因为我享受的是劳动的过程。记得那时候，放了学，尤其是放假的时候，我和小伙伴们整天在沙滩上跑，从这块地跑到那块地，秋天跑，夏天也跑，春天还跑，仿佛跑过四季，跑过了整个童年。比较幸运的是，无论是跑着去拾东西，还是拾了东西被人撵，我从来都是跑在最前面，也没有被抓住过。为此我还经常窃喜，庆幸自己的运气与机智。上高中的第一节体育课，老师让我们跑一百米，我竟然在全班女生中跑了第一名。当时我很纳闷：我又没有经过专门的训练，怎么可能跑得这么快？后来想想，应该是与小时候整天在沙滩上跑有关系。常年在沙滩跑，无形中锻炼了腿部的肌肉力量；在沙滩上都能跑得那么快，平地上就更不是问题了！

"学校教育与生产劳动相结合，学生在校期间，要按照教学计划的规定，适当参加劳动"，这是我党教育方针的重要内容。其实，对于上小学的我来说，真的不懂这些教育政策，就知道老师要求从小要热爱劳动，积极参加劳动，做一个热爱劳动的好学生。

拾麦穗是我上小学时经常参加的劳动，也曾经是带给我荣耀的一种劳动。从小学一年级开始，每年收麦子时节都要放两周的"收麦假"。当时收麦都是用镰刀割，割完后装上车拉到生产队的打麦场。在割麦和装车的过程中都会有麦穗掉在地上，有的连着麦秸秆。对小学生来说，主要是拾麦穗。

在《阅微草堂笔记》卷十五中，纪晓岚记载了这么一个场景：乡村麦熟季节，妇女儿童数十人为一群，跟在开镰收割人的后面，收所残剩，谓之拾麦。在白居易笔下，这是"家田输税尽，拾此充饥肠"的无奈之举；直到20世纪70年代末80年代初，在农村体力密集型的农耕劳作条件下，拾麦穗的习惯仍然保持着。

每到放麦假的时候，学校会把老师分到各个生产队，领着该生产队的学生在田里拾麦穗。连着麦秸秆的每两斤算一斤麦穗；纯粹的麦穗，一斤算一斤，收工的时候用秤称重量，按斤算工分。为了保证颗粒归仓，老师要对拾过的地方进行检查，如果没有拾干净，要扣掉斤数。在拾麦穗的劳动中，我的速度很快，在同龄人中拾的斤数较多，挣的工分也就比较多。为此，祖父和母亲一直夸我能干，老师也表扬我劳动积极，一个队的同龄人很是羡慕我，甚至有不少比我年龄大还没有我拾得多的人嫉妒我。对于当时的我来说，这些我根本不在乎，只要能给家里多挣工分，受到老师表扬，心里就感到满足。

每当回想起小时候拾麦穗的情景，我就会想起法国画家米勒在1857年创作的著名油画《拾穗者》，画面描绘了农村收获后，人们从地里捡起拾剩余麦穗的情景。画里的农妇们在一片金黄色的麦田里，低着头勤劳地拾着收割之后剩下的麦穗，每个人手上抓着一小捆的麦穗。远处农夫们忙着将一堆堆的麦子装上拖车，大大小小高高低低的人与麦子组合在一起，呈现出一种节奏美，在金黄色的阳光照耀下，人们忙碌地工作着。这幅《拾穗者》展现出一种极自然简朴的田园之美，在生存面前，人类虔诚地低下他们的头。可以说，每次看到这幅画，或者想起这幅画，我都有着一种亲切感，那熟悉的场景，那熟悉的身影，都会勾起我对曾经从事过的劳动的回忆，再次感受田园生活的诗意，对生存的敬畏，对农民的敬仰，对粮食的珍惜。

多少年来，每年庄稼收获的季节，母亲就会和二嫂一块到地里捡拾庄稼；每次农忙时节我回老家，母亲也会向我炫耀她和二嫂的"战利品"，还不停地叹息有多少粮食浪费在了地里。尤其是近几年，农民盲目跟风种植，每年都会有大量的蔬菜等农作物浪费在地里，无人问津。原因是生产过剩，卖不上价钱，工钱付不起，只能弃之于地。前年是冬瓜，去年是白菜。每次回去，母亲都会把自己捡的蔬菜给我装上一大包，嘴里不停地念叨："作孽呀！这是多大的浪费呀！看着满地坏掉的菜实在让人心疼！"

2017年，土地流转后，母亲对于捡拾庄稼变得更为执着。虽然母亲已年逾八旬，家里也不缺粮食，但我没有劝说她，因为我知道，那是她的情结，也是我的情结，更是千千万万个热爱土地、在土地上辛勤劳作过的人的情结。然而，随着人们生活的变化，这份情结变得越来越淡漠了。

随着社会的进步，技术革命促进了农业的飞速发展，尤其是改革开放以来，在农村实行的以土地集体所有制为基础，以家庭为单位分散经营的"家庭联产承包责任制"，适应了生产力的发展和农村生产、生活的习惯，给农民生活带来了翻天覆地的变化。从20世纪70年代末主粮短缺二三成的普遍情况，到现在主粮消费由量到质的变化，农民的观念也在历史变迁中发生了重大改观。就目前农业生产本身而言，种地赔本的事情并未完全消失，农资价格的飞速快涨远远超过了农产品的价格，早已意兴阑珊的农民只把农村当作安顿生活的后方而非谋生之地。无论自己种地还是将田租给别人种，通常也只是收点口粮。伴随着城镇化的推进，到城镇打工、经商、陪孩子读书的人越来越多。一些农民干脆抛弃了自己的土地，到城镇去发展，使农村劳动力流失；另一个就是招商引资的热潮，一些农民的土地被强征，致使土地大量流失，有的被强征后，没有得到充分利用，造成土地资源的浪费。土地是农民的根，但是在土地失去了它原有的价值，所有权无法保障的情况下，又有多少人在乎遗散在地里的庄稼呢？所以，随着经济条件的好转，"颗粒归仓"的意识逐渐淡漠，很多人对掉在地里的粮食不在乎了，包括拾麦穗行为在内的一系列"传统古风"也告消亡。是的，虽然我们现在的生活水平较之20世纪七八十年代已经有大幅度的提升，但内心依然应该留存着对生存的敬畏之感，对粮食的珍惜也是我们对生存敬畏的一种体现。

经常听到母亲念叨："农民不种地还叫什么农民？"是呀，离开生存的土地，农民的质朴无华，淳朴的乡土文化，农村的习俗风情，用什么方式得以延传呢？这不仅是一辈子靠种地为生的母亲的忧虑，也是千千万万个从农村走出来的城里人现代的乡愁。

庄稼地里有收获

"童孙未解供耕织,也傍桑阴学种瓜。"农村出生的孩子,与土地的情缘是解不开的,下地干活也是义不容辞。尤其是在 20 世纪七八十年代,农业机械化还只是人们的梦想,庄稼的种植、施肥和收割都是以人工劳动为主。因此,作为农民的孩子,种庄稼、收庄稼、锄草施肥等劳动技能,都是从很小培养的。尤其是我父亲,我们很小的时候他就教我们干活,干适合我们年龄段的活,当然包括庄稼活,还专门为我们准备了较小的农具,以便使用。用父亲的话说,这是生存之本,必须学会。

上小学的时候,学校有一块学农基地,大约 8 亩,位于村北观(村里人祭祀的地方)的东边,由学校管理,算是学生学习农业知识的基地,也是对学生进行劳动教育的基地。每年的种植、收割、施肥都是由学生来完成,有时是在劳动课上集合学生一起去劳动,有时是将任务分给学生,由学生放学后自己去劳动。就拿施肥来说,有一年的秋季,学校规定每个学生需要往学校的基地里挑一担大粪,粪源是学校的厕所,而且要用粪勺把大粪施到庄稼旁,挑不动的就用扁担抬,但任务必须完成。当时我和二哥上小学四年级,弟弟上一年级,二姐上初一,我们家有 4 个学生,需要挑 4 担大粪。我和二哥回去找祖父要粪桶用,祖父问我干什么,我说明了原因。当时祖父正在陷坑"捞毛纸",听我这么一说,边解围裙边走上来,朝门外去了。一会儿,我听见祖父在门口喊我,出去一看,他拉了个粪车在门口停着,看见我走出来,说:"去吧,你们姊妹 4 个去拉一车就够了,小小孩子挑什么大粪。"我们拉着粪车到学校的厕所,按照学校规定的每人一挑把粪装上，二姐负责拉车，二哥帮忙推着，我和弟弟拿着扁担、粪桶在后面跟着，往学校的学农基地送粪。到了地头，二姐和二哥负责用粪桶把粪抬到田里，我和弟弟负责用粪勺把粪施到庄稼旁边。就这样，我们很快完成了学校分给的任务。不料，第二天我们被老师痛训一顿，说我们偷懒省事，不懂得体验劳动带来的乐趣。后来，我们没有再用粪车拉，因为粪车不是自己家的，不好每次都去借。不过有了分工，二姐和二哥负责把粪挑到地头，我和弟弟用扁担抬到地里然后拿着粪勺施肥。长大后，我和弟弟也学着往地里挑粪，尽管有过扁担脱肩、粪桶泼洒等情况的出现，最终我们还是学会了挑大粪，当然，也学会了用扁担挑其他的东西，包括挑水、挑着箩筐割草等，并且挑的水平还不错。

种过庄稼的人都知道，下地干活不是一件轻松的事儿，特别是农忙时节，比如割麦、锄玉米、"封秋"（在玉米授粉之前施肥）的时候。割麦是所有农活中比较累的，也是对技术、对时间要求比较高的，可以说既是体力活，更是技术活。老家有句俗话："蚕老一时，麦熟一晌。"意思就是说，蚕在一天之内就能老，麦子一个晌午就熟透。麦子一熟，就要抢收。其中最重要的一个环节就是割麦，不然起场大风，麦子就倒伏，或者下场大雨，麦子就发芽。所以在割麦时就突出一个"抢"字，要趁好天，赶紧把地里的麦子割完。从技术角度来说，拿镰刀把的长短，腰弯下的度数，镰刀放的高度，都是有讲究的。一手揽过几行麦子，一手挥起磨得雪亮的镰刀，握刀把的手臂向后猛拽，金黄的麦子，便在镰刀下一片片地倒下了，整齐地躺在一起。麦子割下后要随手放成一排，这样便于装车时用木杈挑起来。

小时候看到大人挥舞镰刀，起落之间麦子成片成片就倒在了地里，心里就痒痒的，很想自己也去试一下。后来父亲就给我和二哥一人一把小镰刀，让我们跟在大人的后边割，并再三叮嘱要记住要领：第一，要猫着腰，右腿后撤，左手拢麦子右手伸刀。第二，割的时候，要贴地皮，尽可能把麦茬割得低一点，麦茬子高了不好，走路碍事，会扎腿，还影响秋季作物的耕种；最主要的是影响麦秸秆子的长度，也就是麦秸秆子短了重量就少，卖钱也就少了。第三，注意用力均匀，父亲反复嘱咐我们不能用力太大太猛，否则极容易割到自己的左手和右腿膝盖以下部位。所以，割麦子时要尽量把腰弯下去，弯到最低，大概要九十度吧，这样镰刀才能贴住地面，割到麦根，留下最浅的麦茬。

根据父亲说的要领，我和二哥开始学割麦子，也算是正式加入了割麦子的劳动队伍中。不过由于是初学，水平不行，割的麦茬深一处，浅一处，不太平整；堆放的麦堆也是歪歪斜斜、高高低低，一片狼藉。经过一年的锻炼，从第二年开始，我就成为家里割麦子的行家了，虽然力气不大，但是能够把麦子割得整整齐齐。

夏日的天气，空气闷热，烈日像个火球，烤着大地，一切都是滚烫的。"足蒸暑土气，背灼炎天光"真是一点都不假，割麦的时候汗珠子一连串地不停往下落，掉在炙热的土地上，立马就会蒸发，不会在地上留下任何痕迹。有时候不小心汗水流进眼里，又涩又疼，因为手太脏不能揉眼，只能任汗水和泪水一起往下流。特别是麦田里的风，又脏又热，每次割完麦子，鼻子、眼睛、嘴巴到处都是黑的。麦灰不仅脏，落到身上还非常痒。所以，割麦子的时候大人交代我们要穿长袖衣服，减少麦灰对身体的伤害。最难受是割完麦子回来以后，腰酸背疼，浑身发痒。那个时候最能深切地体会"面朝黄土背朝天"的艰辛与劳累。

现在老家收割麦子早已不用镰刀，基本上都使用收割机。但是那"刀光闪闪"的热闹场面，却仍然藏在我深深的记忆里。

我印象最深的是"封秋"时节，猫着腰在一人多高的玉米地里钻来钻去，又闷又热，别说是干活了，就只是待着，那滋味也不好受。每次"封秋"回来，我就浑身又疼又痒，把自己抓得红一道紫一道，真切地体会到了"锄禾日当午，汗滴禾下土"的味道。少不更事的我曾经对此心存不满，问父亲："为什么让我们这么小就去劳动？"父亲就会非常认真地回答我："农民就是这样的生活，不想干活的话就好好学习，将来不当农民了就不用干活了。"我据理力争："我将来可不一定种地！"父亲正言道："这是生存之本，人人都要学会。劳动能够磨炼人，教人学会吃苦耐劳，只有经过劳动才有收获，不论你将来做什么工作都是这样。况且技多不压身，多学点本事，以后都会有用处的。"那时的我对父亲的话似懂非懂，但我不敢多言。上高中以后，我经常和弟弟在暑假一块去地里锄地、"封秋"。说实在的，干那些庄稼活的时候心里真的很不是滋味，但也确实锻炼了我们日后的吃苦精神。

做庄稼活，是父亲对我们的教育，更寄托了他殷切的爱与期望。虽然这种方式没有理论基础，但是确实起到了很好的效果。每次"封秋"时我都会和弟弟约定，一定要好好学习，否则以后我们就要永远过这样的生活。我不知道我和弟弟能够考上大学的真正动力是不是这个，但当时我的确不想永远在玉米地里"封秋"、割草，下定决心要从那个贫穷的小村子里走出来。尽管能当老师一直是我最大的梦想，但在当时能够走出来是最迫切的愿望。

干农活虽然很辛苦，但是少年时从中获得的劳动技能和生活体验，对于我以后的工作和生活影响深远，尤其是对我形成正确的生活态度、养成良好的生活习惯、坚持健康的生活方式以及培养吃苦耐劳、不怕困难的精神等打下了坚实的基础。现在，从户籍和职业来看，我早已不是农民了，也不用下地干活了，但是非常怀念那些下地干活的生活场景，那些被汗水"浇灌"过的充实岁月。

女儿曾经调侃我，说我的思想观念和生活方式比较"农村"。我笑着对她说："因为我是农村长大的，是农民的孩子，自然是农村的生活方式。"女儿说："您现在已经不是农民了，是城里人。"我若有所思地跟她说："一个人的生活方式很难改变。一方面，这是我从小养成的生活习惯，已经成为我固有的生活方式；另一方面，我从一个农村人到城市人，只是洗掉了腿脚上的泥巴，但是内心的泥巴却没有洗掉，它会永远粘贴在我的心壁上，让我时刻能感觉到泥土的气息。正是这种气息，让我时刻不忘生活的艰辛，珍惜来之不易的当下生活，而且它曾经带给我很多美好的回忆。"女儿也问过我："作为农民的孩子您最大的感触是什么？"我非常自豪地回答："一是对土地的热爱与眷恋；二是对粮食的珍惜；三是从劳动中得到的锻炼。"对土地的眷恋是因为它养育了我们，是我们的生存之本；对粮食的珍惜是因为我曾经体会过"谁知盘中餐，粒粒皆辛苦"的滋味，知道它的确来之不易，凝聚了农民太多的心血与汗水；从劳动中得到的锻炼是指通过劳动我所获得的生活技能、劳动精神以及生产劳动对于一个人成长的精神滋养。

苏霍姆林斯基曾言："脱离劳动，没有劳动，就没有，也不可能有教育。"日本有一句著名的谚语："除了阳光、空气是大自然赋予，其余一切都要靠劳动才能获得。""劳动创造了人。"从普遍意义看，劳动既是人的生存生活之本，也是社会不断进步的根本动力。"学会生存"是联合国教科文组织对21世纪人才的基本要求。因此，要在家庭教育和学校教育中融入劳动教育的内容，通过弘扬劳动精神，教育引导孩子崇尚劳动、尊重劳动，长大后能够热爱劳动，辛勤劳动，创造性劳动。正如一位专家所言："从实践中学习和运用社会积累的生产生活知识技术，获得劳动技能、职业体验、社会经验，知稼穑之艰难，察民生之疾苦，着重培养自食其力的本领、尊重劳动人民的情感和劳动创造的精神。"

"捞"出来的文化传承

在我们村,有一个祖传的手工制作"毛纸"的工艺,当地人称为"捞毛纸",那是20世纪七八十年代我们村以及沿着沁河的周边几个村主要的家庭副业,也是主要的经济支柱。每到农闲时,各家各户就开始从事"捞毛纸"这项家庭副业。说到"捞毛纸",我内心总有一种特殊的情结,很想谈谈它的历史及制作方法。

造纸术是我国古代四大发明之一,对促进经济的发展以及世界文明的进步有重大作用。早在西汉,我国已发明用麻类植物纤维造纸。宋代苏易简《纸谱》载:"蜀人以麻,闽人以嫩竹,北人以桑皮,剡溪以藤,海人以苔,浙人以麦面稻秆,吴人以茧,楚人以楮为纸。"造纸,以前都是用人工制造,先取植物类纤维的柔韧部分,煮沸捣烂,和成黏液,做成薄膜,稍干,用重物压之而成。现在所用的纸,多为机制所得。

我们村村北有一座古建筑,名曰"北观台"。清雍正三年复修碑文记载,该建筑已有五百多年的历史,由高村(后分为东西两个高村)、常乐、鲁村、清河、解住、屯头、魏村、龙泉八村共同出资修建。东高村在这几个村中既不是大村,又不是政治经济的中心,之所以能共同在此修建庙观,据说与古法造纸有关,这里曾经是古法造纸技艺的发祥地和手工纸产品的集散中心。另有传说,当年蔡伦出洛阳宫周游了解民间造纸业的发展,曾光临东高村"传道授业",使东高村的古法造纸在周边居鼻祖地位。根据对东高村现存手工造纸用的石碾、陷坑等遗物、遗迹的考证,东高村的古法造纸最少可追溯到三百年前。高氏古法造纸传人的族谱中记载着这段历史。

由于这一带优越的地理条件和深厚的历史文化底蕴,数百年来,东高村一带的古法造纸业久盛不衰。特别是20世纪50年代末,沁阳县手工黄纸厂"沁阳第一造纸厂的前身"就诞生在东高村。我们村手工造纸技艺精到,当地手工造纸师傅众多,高氏传人远走周边省区,已将高氏古法手工造纸技艺传授到沁河两岸,太行山南北,其产品也因工艺独到、质量上乘,享誉晋、冀、鲁、豫、陕等广大区域。由于该村大多数人家"姓高",周边村庄及晋东南一带的手工造纸技艺多为东高村的造纸师傅所传授,人们尊称为"高氏"造纸师傅,一直沿袭至今。数百年来,周边村庄各家各户都能手工造纸,家家户户、男女老少、人人参与。在20世纪80年代前集体生产队的时代,它曾是我们村主要的经济支柱,也曾经是当时我们公社的主要经济支柱,公社有专门的收购站,不得私自外卖,手工造纸的经济地位由此可见一斑。

此项工艺流程极其繁细,每一个环节都要有一定技巧,更要有诀窍,因此手工生产的纸张较现代机器加工的纸张有耐力,有弹性,透气性强。"高氏"古法造纸的设施与设备主要包括:

器具:扎锅枪、石碾、石槽、竹帘、帘架、撞穰榾柮、撞穰布袋、模具、修坯器具、球磨器具、制模器具等。

场地:撞穰场、煮料窑炉(锅台)、操作台、晒纸墙等。

制品:书写用纸(俗称麻头纸,即宣纸)、包装用纸(俗称毛纸,即草黄纸)、黑纸(以废纸、废纸箱为原料生产的手工纸,品质次于毛纸)。

原材料:主要是树皮、麻头、敝布(棉)、废弃渔网(棉、麻)等植物原料(沁阳历史上广泛种植大麻和棉花,麻秆和棉花秆是手工造纸的首选原料)。

制作工序:除去杂质;将原料堆放在池中,用石灰水浸泡,然后沤煮;用砸墩将原料捶砸碎化;将碎化的原料在石碾上碾轧成穰;将碾轧后的穰，装入布袋进行冲撞漂洗（撞穰）；压滤出多余的水分，制成纸浆；将纸浆放入池（陷坑）中，加水搅和成糊状，等待沉淀；两三个小时后，用搅限槲柮轻轻搅动池内纸浆，开始漂捞（即上台案、抄造）；用压杆将坯中水分适度压出；揭坯、分解、上晒纸架；揭单张、贴纸晾晒（定型、干燥）；揭干纸、整理、轧实、点数、打捆（40张为一刀，100刀为一绳）。

捞制技艺（毛纸及草黄纸）：备好碾轧过的麦秸；将石灰加水粉化，按一定比例拌成石灰水；将麦秸放入灰水中浸泡一晌；将浸泡后的麦秸放入蒸锅蒸煮七至十天，每天适时、适量放气、加水；麦秸出锅，在淘麦秸场用河水浸泡约24小时后，进行淘洗（两遍）；后边工序同上。

祖父虽然没有文化，但却是"捞毛纸"的高手。"捞毛纸"是家乡人祖祖辈辈传下来的手艺，虽然村里人大多数都会，但祖父的手艺应该说是最好的，也是技术最全面的。其主要原因是这门手艺是我们高氏祖上传下来的，到祖父这一代是第16代传人。由于祖父小时候他的哥哥、弟弟都在上学，而他自己又不愿意上学，自然就成了家里做农活、靠力气吃饭的人，也就顺理成章地继承了祖上传下来的这门手艺。祖父似乎天生就是干活的命，竟然把这门手艺学得非常精湛，对于制作流程中的所有工序都是信手拈来。尤为感喟的是，祖父特别喜欢这项手工艺，时不时还会和别人分享他对各个工序把握的要领。因此，祖父年轻时曾经走南闯北，到山西等地传授过"捞毛纸"的技术。

嗜之越笃，技巧越工。印象最为深刻的就是祖父对"捞毛纸"的钟爱和技术的娴熟，以及"捞毛纸"时那忘我的状态。他捞的毛纸既薄又均匀，特别好晒，成本低、产值高；他"捞毛纸"时的专注度非常高，冬天不怕水冷，夏天不怕蚊虫叮咬，能够一晌不休息一直不停地捞。所以，在生产队的时候，我们家捞毛纸是超产户，除了按规定缴公部分之外，总能有些额外的收入；包产到户后，我们家是高产户，惹得乡邻很是羡慕。

"捞毛纸"的工艺程序很多，一般情况下男女有明确分工，男人从事体力较重的工序，女人从事体力较轻的技巧工作。在祖父的带领下，我们家每个成员都成为"捞毛纸"工艺中某一程序的一把好手，包括我。我的主要工作是工序中的"晒纸"，在祖父的教导下，我成了这个工序中的一把好手，好到差点代替读书求学、成为我日后的营生。

后来，祖父把这门手艺传给了我的父亲、大哥、二哥。虽然我的弟弟读了高中，但他不仅经常跟着父亲去洗穰，也会站到陷坑里捞上一会儿，终是没有大哥的手艺精湛罢了。

每次放假回来，我的主要任务就是做饭和"晒纸"，晚上还要帮着父亲数纸张。所以，我现在数纸张的时候总是有着和别人不一样的快速数法，就是小时候跟着父亲数"毛纸"练就的专业技术。

由于我手脚比较麻利，尤其是揭纸和往墙上贴纸的速度非常快，我两个姐姐都比不过我，母亲整天夸我是一把"好刷子"。我很小的时候爷爷就给我做了一个低低的纸架，每天我快放学时家人就提前把纸架放在墙边。我放学进门，书包往院里一扔就去贴纸，贴得非常卖力。因为我听母亲说晒多了生产队会多计工分，而且每天都夸我贴得快，我心里也有一种虚荣心得到满足的感觉。随着年龄的增大，我的个子越来越高，贴得也更快了。尤其是实施家庭自主经营以后，"捞毛纸"成为家庭的主要经济收入，家里人个个意气风发，斗志昂扬，我也不甘示弱，"晒纸"的水平更是飞速提升。

其实，从事"捞毛纸"的制作和经营，也是很不容易的。冬天天冷，纸坯经常会冻住，母亲就会在头一天晚上把纸坯揭成单张，这样贴得就快一点，不容易被冻住；夏天天热，母亲会尽量为我找有阴凉的墙面让我贴，不想让太阳过多地照晒我。就这样，冬天冒严寒，夏天顶酷暑，我一直很卖力地坚持"晒纸"，因为那里有我和弟弟上学的费用，有家人生活的费用，是支撑我们这个大家庭的主要收入。所以，尽管晒了很多年的毛纸，但我从来没有抱怨过，有的只是尽心尽力。因此，对于"捞毛纸"这个手工制作产业，我一直有着特殊的情感，某种程度上是一种眷恋。

20世纪80年代末以来，由于价格低廉的"毛纸"替代品大量增加，使它的使用量逐渐缩小。尤其是进入21世纪，由于社会经济的发展，农村劳动力发生了转移，在进城务工大潮的席卷下，村里的年青男女都到城里打工。再加上农业生产结构发生改变，"毛纸"生产劳动强度大，又脏又累，效益很低，年轻一代不愿意从事此项工作，这项工艺也就慢慢地淡出了人们的视野。目前在村子里已经基本没有家庭再从事生产手工毛纸的行业，毛纸的制作技艺传承陷入濒危状况，亟需加以保护。对于这件事，大哥很是痛心和惋惜，多次想把这个产业再捡回来，或者找一种方式或途径让它传承下去。这不仅是我们这代人的情结，也是祖辈们的夙愿，更是地方文化传承发展的需要。直至2012年，在弟弟的大力支持下，55岁的大哥开始为这个祖传的工艺制作寻找传承和发展的方式——申请非物质文化遗产。

大哥是个说干就干的人。他开始四处找寻曾经被废弃的有关设备、工具，搜集相关资料。没想到，大哥的这个工作一发起，就立刻引起了省、市、县电视台、报纸等有关媒体的广泛关注，纷纷前往现场照相、录像、报道，也引起了市、乡相关领导的高度重视，多次到村里去参观、考察。因为"捞毛纸"这个手工业曾是我们村，乃至邻村人们的主要经济来源，所以大哥关于"高氏古法造纸"申遗工作，得到了积极的支持。村子里也因此一下子变得热闹起来，那些曾经从事此项工艺的老人更是热情高涨，大力支持，积极参与，男男女女纷纷到现场献艺。还有几个80多岁的老人亲自到陷坑里去指导"捞纸"的技术。在焦作市群艺馆的大力支持下，经过一年多的艰苦努力，"高氏古法造纸"终于于2013年5月通过了焦作市非物质文化遗产专家组的评审，成为"焦作市非物质文化遗产"。2017年，在焦作市群艺馆的大力推荐下，"高氏古法造纸"获得了河南省非物质文化遗产的殊荣。

申遗成功，大哥如释重负，一桩心愿终于了却，也为古法造纸找到了现代传承的途径，也给村里曾经从事这项制作工艺的乡亲带来了许多美好的回忆，更是对创造这项制作工艺的祖先英灵的巨大告慰。尤为重要的是，它使得这个曾经带给我们衣食住行的古老的造纸技术获得延续发展的机会，也记录着时代变迁中人们生产生活的方式，以及经济发展中生产资料所发生的变化。应该说，这件事是社会经济发展的历史见证和文化传承的有效途径，具有一定的历史和文化意义。

"搓"出来的家庭副业

我们家还从事过另一项家庭手工制作——搓皮筋，我把它称作我们家的第二副业。

20世纪70年代末80年代初，随着改革的萌动，开放的探索，不少农村人开始不再把目光紧紧盯在自己的一亩三分地上。有一大批农民开始寻找能利用农村现有的有效劳动力、适合农村生活方式的新产业，于是，新的家庭副业就产生了。

沿着河堤离我家大约七八里地有个范村，范村有个张姓的村民琢磨出了用乳胶圈和尼龙线缠皮筋卖钱的小营生，后来经过不断摸索改进，到1985年发展成用擀面杖搓皮筋。由于搓皮筋工艺简单，好干易学，投资少，见效快，上自老妪下至小囡，人人能干，很快就在全村普及起来，形成以范村、王村、坞头等村为中心，辐射沁阳、济源两市7个乡镇的皮筋生产基地。刚开始，村民们自己搓皮筋自己卖，后来逐渐发展成大批向外地托运批发。范村皮筋业已成为原料供应、生产、包装、销售等产供销分工明确、门类齐全的大产业，并出现了生产皮筋原料的龙头企业。

由于业务量增大，周边几个村的村民也渐渐开始从事搓皮筋的职业，主要是给范村、坞头等村的皮筋企业加工成品，也就是从人家那里领取原料，按照相关要求进行加工，根据加工的数量领取加工费。一开始一包皮筋大约能挣1.8元（现在是3.5元）的加工费，一般情况下一天能搓四五包，不过专职人员有手快的一天能搓七八包。搓皮筋在我们村开始流行是20世纪80年代末90年代初。当时，我们村西头的几家因为在范村、王村有亲戚,就从亲戚家领点原料挣个加工费。后来大家觉得这个手工业也不太费劲,就开始跟着干起来。

1990年我大学毕业,"捞毛纸"村里基本上没有人干了,母亲就带着我和二嫂搓皮筋。我充分发挥自己的身体运动/协调智能优势,刚入门就掌握了技巧,一天下来动作就非常娴熟。二嫂干体力活不行,但是从小就会搭各种各样的帘子,练就了一双灵巧的手,所以搓皮筋还是蛮有样的。就这样,我们家开始从事新的家庭手工制作行业——"搓皮筋",并在全家人的参与下形成了一套完整的工序。我负责从亲戚家带原料,母亲负责把原料整理好、胶套剪好,祖父年龄大了负责帮我们往擀面杖上套胶套,我和二嫂负责搓皮筋,搓好后放在线筐里,母亲和祖母负责数,我晚上还负责包装。

9月份正式上班后,我搓皮筋的机会就很少了,但是每星期回家还是要坚持搓一天。第二年的暑假,我一放假就开始协助搓皮筋,所以一般也不往单位去。当时正和我爱人谈恋爱,他一个多星期不见我去县城,也不知道我在家干啥。那时候没有电话,联系不方便,他便找了个休息时间到我家去找我。当他推着自行车从堤坡上走下来时,我正坐在门口搓皮筋,我爱人一看笑了,问我:"你怎么在家里干这个?"我一本正经地说:"我一直在干这个。"我爱人很好奇,便坐在我身旁看我搓皮筋,还学着祖父的样子帮我往擀面杖上套乳胶。后来他告诉我,那天他回家后婆婆曾经问他我放假了在家干什么,为什么不去城里玩?当他告诉婆婆我在家里搓皮筋的时候,婆婆感叹道:农村出来的孩子就是不一样,什么时候都不忘干活,都上班了还帮着家里人干这些活。

目前,村里的男人大部分都在外打工,家里出不去留下来的女人大多数是在搓皮筋。我二嫂还在搓皮筋,母亲也帮着二嫂搓,挣的钱归二嫂。不过母亲干活比较快,往往一个工期完成后,比二嫂搓得还多。我经常打趣母亲道:"打工的一般都比老板干得多,不过您还是个不要工钱还给做饭的打工者。"每当这时，母亲就会故意嗔着脸说："我愿意。"

其实，我们曾经劝过母亲不要搓皮筋了，尤其是冬天，看着母亲那皲裂的双手实在是不忍心。但是，母亲坚持要帮二嫂搓，她说这样也可以让自己有点事干，还能活动一下筋骨，再说手与心脏是相连的，所以搓皮筋对养护心脏有帮助。看到母亲那么坚持，我们也不再劝说。不过每次回家，我都会拿起母亲搓皮筋的工具试着搓一会儿，找找当年的感觉，但是真的生疏了，动作慢了许多，兴趣也下降了许多，已经没有激情，只是搓几个玩玩而已。虽然相比较"捞毛纸"而言，它带给我的回忆和温馨显然逊色了许多，但毕竟从事过，所以我对它还是有一定的情结。

"称"出来的生活费用

20世纪80年代初,乡镇企业蓬勃发展,各种小微企业应运而生。我们家乡是中国四大玻璃钢生产基地之一,是当时全县乃至全省乡镇企业发展的示范地,很多有关乡镇企业发展的现场会都是在我们乡召开。

在这样的形势下,一向具有经济思维的大哥也不甘示弱,趁着改革的东风,伙同几个好兄弟在村里办起了化工厂,以生产和加工化工产品为主。其中有一个小阀门厂,主要是一队和三队的群众在厂里上班。说是个小工厂,实际上只是个作坊,厂房就是原来生产队一个三间的屋子,里面放了一台机器,昼夜不停地运转,制作高压塑料阀门。工厂的上班时间实行的是8小时制,每天三班倒,每次上班5个人一组。其中,3个人在机器旁,一个人负责称料,一个人负责做模具,一个人打杂;其他两个人将制作好的阀门放在屋子中间桌子上,进行修整、数数、包装、入库。

高考结束后,完成了相关的填表、体检等手续,我就回家等待。在那段时间,大哥让我到阀门厂上班,主要是用天平称原料。就这样,我平时在家晒纸,到上班的时间就到厂里称料。

到厂里上班后,我有三个优势得到了充分发挥。首先是精力充沛。别人都不愿意上后半夜的班,认为耽误睡觉,有时候瞌睡坚持不下来。我不怕,不怕熬夜,不怕天热,还不怕蚊子咬,什么时间都可以上班,所以,谁要是不想上班我就顶替谁,这样可以多挣一些工钱。其次是动作优势。工厂采用的是计件付薪,我天生动作麻利,称料速度非常快,准确度也高,在做模具的操作台上,总是堆了一堆堆已经称好的原材料,逼着做模具的那位姐姐动作也快了起来，做出来的产品精确度高，修整的人也不用很费劲。所以我们那一班一直是效率比较高，也是制作阀门数量最多的，当然拿到的工资也是最多的。最后一个也是最主要的一个就是心理优势。根据高考后的估分情况来看，我觉得自己考上大学应该没有问题，但是上大学是要花钱的，比上高中要花得更多。而家里条件不好，我可以趁此机会为自己多赚点生活费，所以干活的劲头非常足，从来不嫌累，总想着多干一班就可以多赚一点，多做一件拿到的钱就会多一点，家里的经济也就会宽裕一点，上学的负担就会减轻一点。在这三个因素的影响下，我在工厂里的表现非常好，赢得了同组几个姐姐的一致好评。

不过，我也曾经犯过一个错误，差点酿成大祸。在厂里上班，虽然是计件付薪，但是做模具和称料拿的工钱是不一样的。做模具的工种不仅比较费力气，而且是个技术活。因为阀门很小，需要一定精确度，所以做模具需要一定的技术，要掌握好材料加热的温度、压力等，否则生产出来的阀门大小不均、薄厚不一，不符合标准；同时还要掌握好时间，反应要快，不仅要及时将模具从机器下面移开，还要快速将成型的产品从模具中取出，所以拿的钱自然就多一些。也许是好奇心太强，也许是看到做模具可以拿到更多的工钱，我总想去做模具。有一次上夜班，做模具的人说太累了，有点困，天也实在是太热，想出去走一走。于是，他们几个就到河堤上去放松，我一个人在屋里数阀门。她们走了以后，我想趁机器闲着，可以学学做模具，学好了以后可以从事做模具的工作。想到这里，我就赶紧试着把机器的开关打开了。一开始，由于自己用力不当，致使生产出来的阀门薄厚不均，还有点变形。好不容易才掌握住了力度，但是一时高兴，只顾端详模具，没有掌握住温度和压力，导致机器受热过高，断电跳闸。我一下子慌了手脚，心里想：坏了坏了，这该怎么交代呢？正在我担心之时，同组的几个姐姐回来了。她们发现没有办法继续工作，只好去找电工，我也赶紧跑回家叫我哥。经过一番修理，终于恢复了生产。大哥事后批评我做事太冒失，幸亏没有出什么安全问题，否则后果不堪设想。为此，我心里一直很内疚，连续好几天去上班的时候都脸红心跳，很是忐忑，不过想学做模具的念头一直没有打消。

后来，我调到了和大姐一个班组，就让大姐教我。在大姐耐心细致的指导下，连续几天下来，我掌握了做模具的技术。不过，学会没几天，还没有挣上做模具的工钱，我就开学了，只好离开了那个作坊式的小工厂。

虽然在小工厂上班只有短短的一个多月时间，但我很怀念那里。在那里我曾经度过了一个充实而又愉快的暑假，熬过了好多个不眠的夜晚，在机器的轰轰声中品尝着劳动的艰辛，享受着用汗水挣生活费自食其力的乐趣。自那以后，我对工人阶层有了别样的情感，对于他们的劳动给予更大的尊重。尤其是对于那些从事技术技能的工人师傅，更是无限崇敬。正是他们爱岗敬业的职业精神，推动中国经济快速发展；正是他们精益求精的品质精神，使"中国制造"闻名于世；正是他们追求卓越的创新精神，让中华民族扬眉吐气。纪录片《大国工匠》播出时，我怀着无比崇敬的心情一集一集认真收看。因为我不仅崇敬他们精雕细琢、精益求精的"工匠精神"，也能理解他们不懈努力、执着追求的艰辛付出。同时，他们的故事也告诉我们，职业没有高低贵贱之分，只要我们热爱劳动，乐于奉献，执着追求，在平凡的岗位上也能创造不平凡的业绩，最终成就一番事业，拓展人生的价值。

现在，每次回老家路过那个地方，我都会有一种莫名的触动。虽然厂房已经不在了，但我仍会站在那里看上几眼，甚至有时候会专门走到那个地方，面对厂房旧址上新盖起的一座座楼房，感慨万千，并告诉自己：热爱工作，珍惜生活！

沿街叫卖没有泪

费孝通认为："交换是个人之间或一些人之间，他们的物品或劳务在某种等价的基础上，相互转换的过程。哪里有专业化的生产，哪里便需要交换。"[1] 自古到今，商品之间的交换是一切社会、一切民族普遍存在的经济社会现象。

在我的童年时代，对于交换的认识就是以物易物，以钱易物。虽然认识比较简单、肤浅，但是那些参与交换的过程却记忆深刻，历久弥新，有一种独特的滋味。

自从实现了家庭自主经营，劳动产品就出现了剩余，将剩余产品换取各自所需要的生活资料，就有了交换。由于我们生产的"毛纸"比较多，通常会换取一些生活资料。有时候村里有小贩来卖凉粉、卖豆腐、卖洋火（火柴）之类的，家里会拿"毛纸"去换取。当然，大多数还是要通过货币的形式进行交换，这就要先卖"毛纸"。

我12岁那年暑假，母亲要我和她一块去卖"毛纸"。由于母亲不会骑自行车，我们俩就一人担个扁担，到沁河南岸的几个村子里走街串巷去"卖毛纸"。母亲担得多，有60刀（一绳100刀，一刀40张），我担的少，有40刀。其实，纸的分量并不太重，也不觉得干这种事多丢人，因为当时像我这么大的农村孩子做这样事情的并不少见。就我们家而言，小孩子出去做事是很正常的，大姐很小就跟着大哥出去干活、卖纸，弟弟跟着父

---

[1] 费孝通：《江村经济》，戴可景译，北京大学出版社，2012，第215页。

亲赶集卖西瓜，可以说是司空见惯。但是走在沁河滩上，我心里却有着一种别样的感觉。我们要去的地方在沁河南岸，离我们家有好几里地，所以走的时间长了，肩上的担子也显得有些沉重。但一想到肩上的东西卖出去可以换成钱，心中自然觉得轻了许多，脚下的步子也变得轻快起来，步伐也变得更加稳健。

过了沁河之后，我们开始进到村子里沿街推销毛纸。母亲怕我迷路，就交代我从哪个胡同进去还从哪个胡同出来，她就在旁边的另一个胡同里，不管谁先出来，就在胡同口等。就这样，我们走街串巷，一家一家去问。开始我有点难为情，不好意思张口，就只好走进人家的家里低声问一下："要不要'毛纸'。"不过乡亲们见这么一个小姑娘，还是担着扁担卖纸，也都很热心，有的还主动帮我介绍生意，我也就慢慢放下了面子。

中午的时候，我们转到了现在的王曲乡李村，我跟母亲说有点饿了。她在村中间找到一家有门楼的院子，让我在门楼下面凉快。她向这家女主人要了两碗下面汤，把带来的馒头给我一个，告诉我要快一点吃，吃完趁着中午各家里都有人，赶快把剩下的毛纸卖完早点回家。还好，我们早早地就完成了任务。

回来的路上，母亲问我："感觉怎么样？"我低低地说了一句："还好！"其实我心里有点酸楚，这种酸楚可能来自我内心的声音"我以后不想过这样的生活"；也有一点自豪，我觉得自己为了这个家做了一件很难做到的事，甚至想过，这件事我会记一辈子。确实如此，这件事我一直记忆犹新，对我而言，它是一次很难忘的人生经历和生活体验。

高一放暑假的时候，我又去卖过一次"毛纸"。本来是二姐带了"一绳纸"和邻居的一个姐姐一块去卖，但她们各自只卖了10多刀，天就开始下雨了，她们只好返了回来。回来的路上，她们俩担心把纸淋湿了，就连自行车带纸一块寄放在村北新河桥的机井房里（离我们村2公里），淋着雨步行回了家。

第二天，由于二姐淋雨感冒了，母亲就让我和邻居家的姐姐一块去卖纸。我和邻居家的姐姐步行到机井房，把自行车推了出来，带着二姐剩下的 80 多刀纸前往现在的西万镇、山王庄镇那一带去卖纸。

进入西万地界，我们俩逢村就进，一个从村东头进，一个从村西头进，在中间会合，然后去下一个村。就这样，我们串完了西万镇后就到山王庄镇。到中午的时候，我们到达了现在的山王庄镇大郎寨村，我的自行车上还有 30 多刀纸。串了两家，我有点饿了，就拿出母亲给我装的烧饼，坐在一户人家门口的石墩上开始吃。一位好心的大姐给我搬了一个板凳，又给盛了一碗面汤。我谢过大姐，吃上了"午饭"。大姐问我多大了，干什么的？我有点不好意思地说："我 16 岁，是个学生。"听到我是个学生，大姐很热情，问我："你的纸卖多少钱一刀？"我说："两毛五分钱。"大姐说："你一个小姑娘家，又是个学生，这么热的天出来卖纸，挺不容易的。你能不能稍微便宜一点，我找点人把你的纸买了，你好早点回家。"我出门的时候，母亲再三交代我："一刀卖两毛五分钱，最少也得两毛四分钱，再少就不能卖了。"我想了想母亲的话，又想了想大姐的话，天也实在太热了，真想早点回去。就和大姐说："最少两毛四。"大姐说："能不能再少点，你的纸好像有一点卷。"我知道，那是二姐昨天下雨时没盖好把纸淋湿了一点，干了以后绳子勒的地方有一点卷。我大致算了一下，按照母亲说的最低价钱，一刀少卖一分钱，30 多刀也就三毛钱。三毛钱，在当时来说不算很多，但对我们家来说，对我来说还是很管用的，是三个午饭的菜钱。但是天气实在太热了，离家有三十多里的路程，我想早点回去。想到这里，我就给大姐说："最少两毛三，再少不能卖，否则家里大人会吵我的。"其实，我知道卖少了母亲不会吵我的，但我是想让大姐能够同情我，别把纸的价钱往下压，再少真的不能卖。大姐一听笑了，说："好吧，我找人把你的纸买了。"因为刚好是中午休息的时间，大姐一会儿就招呼来了几个年轻妇女。她们听说我的纸要比平常的便宜两分钱，很快就把我的纸给买完了。

但等我卖完纸后,却怎么也找不到邻居姐姐,我骑着车到下一个村找,找了两个村以后,还没有找到。我就给村口一个看机井的老伯说,如果看见一个卖纸的女孩,就告诉她我先回家了。

我骑着自行车回到家,已经是半下午了。我把钱交给母亲,并把卖纸的过程一五一十地讲给母亲。母亲听了以后,笑着对我说:"少卖三毛多钱不要紧,只要你安全回来就行了。"

邻居姐姐一直到晚饭时才回来,说找了我好几个村。由于我当时是在那位大姐家里卖的纸,邻居姐姐在街上没有碰见我,以为我走了,就到下一个村找,就这样我们俩走岔路了。

说真的,我没有大哥、大姐他们那么能干,可以走街串巷沿街叫卖。尤其是我读高中以后,家人认为我应该是读书的料,要把精力放在考大学上,所以不让我去做这样的事情。如果这次不是二姐生病,母亲是不会让我去抛头露面、沿街叫卖的。

然而,这几次的沿街叫卖,我并没有感到有什么不妥,反倒认为自己可以超越自己,打破家人对我的固有看法,也可以为了生计而抛头露面。尤为可贵的是锻炼了胆量,开阔了眼界,不怯与陌生人打交道。

有一段时间我曾想,假如我没有考上大学而去做生意,那我的生活会是什么样呢?谁知道呢!至少我应该属于不怕吃苦的人,一定会通过自己的勤奋过上幸福的生活吧!然而,经历这些事情后,我最大的收获就是内心多了一份对生活的理解和对周遭世界的友善。

或许是因为有过沿街叫卖的经历,我对于那些沿街叫卖的商贩格外同情,尤其是当他们带着孩子的时候,我从来不和他们讲价,有时还会把原本没打算买的东西买下来。

2019年暑假,我晚饭后步行到学校加班,遇见一对父子在路边昏暗的灯光下摆摊卖花生,我就不由自主地走了过去。看见我走近,那位卖花生的纯朴男子热情地招呼我说:"自家种的花生,买点吧!"我随口问了一句:"多少钱一斤?"他边抓花生让我尝尝,边说:"10块钱3斤。"我没有品尝,直接说:"我要10块钱。"男子身旁那个清秀的少年赶紧站起来拿袋子帮我装。我忍不住问了他一句:"还读书吗?上几年级?"孩子的父亲一脸自豪地抢着回答:"刚考上高中。还没有开学,让他出来帮我卖花生。"我笑着说:"挺好的。"称完花生后,少年腼腆地说:"谢谢阿姨!您慢走!"

到了学校,我把花生分给了加班的同事,大家直夸花生好吃。从学校回来的路上,已经是夜里快10点钟了,我看见那对卖花生的父子还在路边摆摊,就走过去问:"天这么晚了,你们怎么还不收摊?"男子说:"白天城管不让摆,趁着晚上多摆一会儿,准备收呢。"我说:"那我再要10块钱的吧。"少年赶紧站起来说:"阿姨,您不是刚买过吗?怎么不见您拎的花生呢?"我笑着说:"我送人了。再买点我自己吃。"少年边装袋子边说:"谢谢阿姨照顾我们生意!"我笑着说:"不用谢我,谢谢你的父亲!他卖花生供你上学不容易。好好读书,改变自己的命运,将来你就可以不卖花生,也能让你的父亲不再深夜卖花生。"少年一脸的感动,连连点头说:"一定!一定!谢谢阿姨!"我带着一种内心的满足,拎着花生回家了。

废纸堆里不再有悲怆

小时候看见有人沿街收废品，我都是很钦佩的。觉得他们为了生计，能够放下自己的面子，实在是了不起。但看到收废品这样又脏又累的生计，心中也会随即生出不少的同情与怜悯，觉得他们挺不容易的。但是我从来没有想过，有一天自己也会去做这样的事情。

前文提过，"捞毛纸"需要原料。较早以前的原材料都是麦秸秆，后来周边有几个村有了小型造纸厂，麦秸秆直接送到了造纸厂，"捞毛纸"的原料就转变为主要依靠废纸。因此全村几乎都在收购废纸，那些小型造纸厂也在收，所以能够收废纸的地方也就越来越远。

1982年正月十三那天，父亲带领我和二哥去收购废纸。去的时候父亲骑着自行车，将平车的两个把杆拴在自行车的后座上，我和二哥坐在平车上。我们一大早从家里出发，直到过了沁阳县城天才完全亮。我们沿着公路挨村问谁家要卖废纸，边走边收。因为刚过完年，天也有点冷，有些人家还没有起床，所以到了温县的番田镇供销社，我们才收了半车斗的废纸。

在番田供销社，有个好心的老乡告诉父亲，他认识杨垒供销社的一个人，前两天刚见过他，听说杨垒供销社可能有一批废纸，让我们到那里看看。如果有的话就省事了，到那里可以收购很多，就不用挨着村跑了。父亲谢过了那位老乡，让我们俩坐上平车，蹬上自行车飞速骑向杨垒方向。由于父亲骑得很快，我和二哥坐在后面有点冷，父亲就把他的大衣给我们盖上。

吃中午饭的时候，我们赶到了杨垒供销社，父亲找到了老乡介绍的那个人。那个人很热心，看到我们父子三人的模样，一口答应把供销社的废纸都卖给我们，然后就把我们领到了存放废纸的库房。父亲进去库房一看，高兴坏了，那里的废纸堆得像座小山一样。父亲和他讲好价钱，然后领着我们开始打捆、过秤、装车，说装完车再吃东西。

　　我们装车的时候，那位供销社的同志就在旁边吃午饭，吃的是肉捞面。我和二哥吃力地搬着废纸，眼睛不时往他碗里看，越看越饿。父亲看出来我们眼馋，就催促我们快点装车，装完了好早点回家。我们装了很大的一车，就像夏天收麦子时装的车一样堆得冒尖，并且把来时骑的自行车也装到了车顶上。装完车后已过中午，那位好心的同志给我们三个一人盛了一碗面汤，我们拿出母亲准备的麻糖饼（是我们家乡的特产，春节串亲戚的礼品）就着面汤吃了，算是午饭。

　　到现在我依然清晰地记得，当时吃午饭的时候，我心里很难受，眼里发热，嗓子发痒。大概是因为自己对收废纸这个行业心存偏见，心里有点不舒服；也可能当时真的是饿了，咕咕作响的肚子勾起了心中的忧思；更可能是不自觉地羡慕眼前这位同志的生活（特别是那碗肉捞面），感觉差距太大，心里五味杂陈，说不出的难受。不过看到父亲那么高兴，收获那么大，我忍住了自己的眼泪。

　　吃完饭，父亲拿出两条绳子系在车杆的两边，我和二哥一人拉一边，父亲在中间驾着车，我们往回返。过了木楼村，我们遇上了来接我们的大姐夫。接上我们后，姐夫拉着车，父亲和二哥在两边拉，我推着姐夫的自行车在旁边跟着。到沁阳城的时候天已经黑了，我和二哥都嚷着肚子饿，走不动了。父亲让我们忍忍，坚持到家再吃饭。我知道父亲不舍得花钱，但姐夫坚持让吃点东西再走，说他也饿了，他请我们吃。于是，我们就在西关路口的一个扯面馆停了下来，一人吃了一碗面，然后继续往回走。

　　到家的时候已经是夜里9点多，母亲擀好面条在等我们。看到拉了这么多废纸回来，一家人都非常高兴，让我们先吃饭，其他人帮着卸车。也许是这一天真的太累太饿了，我觉得那天的饭吃得特别香；也许是中午吃饭的场景对我的触动太大了，我又吃了两碗面条，好像能以此来弥补我内心的缺失。总之，吃得比较狼狈。尽管吃得很饱，但是我仍有一种悲怅欲哭的感觉。悲什么？哭什么？我当时真的说不清楚。直到现在，我仍然还说不清楚，但那种感觉，我却一直记在心里。

说实在的，这次收废纸对我的触动是很大的，我再次深深地告诫自己要好好学习，努力拼搏，考上大学，因为我不想跟着父亲再去收废纸，我也不想自己今后的日子是这样的。后来每次想起这件事，我都非常感谢父亲这种特殊的教育方式，很具有激励作用。想到这里，悲怅不复存在，留下的只有难忘的记忆。

直到现在，只要看见收废品的，我从不讲价钱，他说多少就多少，甚至有些不要钱直接送给他们。于我而言，多卖几毛钱、几块钱不算个什么，但对他们而言，就是一份收入。还有一个重要的原因就是我知道他们的艰辛，甚至无奈。但没有悲怅。

多换了一斤油

小时候，家里有很多东西都是通过以物易物的方式换来的。因为是农民，所以换取物品时大多用的是粮食，也会用一些经济作物去换取一些副食品。于我而言，记忆最深刻的就是换油。

刚升入高中二年级的一个星期天，堂姐说想去柏香油厂换油，问我们家谁能一块去。我自告奋勇地说："我能去。"母亲疑惑地问："到柏香有30多里的路，还要带上大豆和花籽，你骑自行车能行吗？"我坚定地说："能行！"母亲看到我的态度这么坚定，就答应了，开始为我准备行装。

准备好后，我就骑着个二八的大自行车，车把上挂了一个油桶，横梁上挂着20斤的棉花籽，后面驮着80多斤的一袋大豆和一个油桶，跟着堂姐到柏香去换油。出门的时候，母亲再三叮嘱我，天气热，路上骑车要小心，骑不动就跟堂姐说，休息一下再走。我信心十足地跟母亲说："放心吧，我能骑得动。"

说实在的，8月份的天气还是比较热的，路上骑了一会儿，我已经是汗流浃背。但是，这是我第一次去柏香，第一次去换油，第一次骑车走这么远，所以心情有点激动，一点也不觉得累。至于天气炎热，感觉自己能够承受，并安慰自己：夏天哪有不热的！

到了柏香油厂，堂姐询问了油的价格，觉得不理想。正在犹豫的时候，旁边一位好心的老伯告诉堂姐："济源油厂100斤的豆比这儿要多换一斤油。"堂姐一听很是兴奋，跟我说："咱们去济源换油吧？能多换1斤的油呢！"我立马答应："好的！"然后，我二话不说，骑着自行车跟着堂姐往济源去换油。

其实，我并不知道济源到底在哪儿，离柏香有多远，骑到半路，我才感觉到路程还是挺远的。我试着问堂姐："柏香到济源有多远的路？怎么还不到？"堂姐喘着气跟我说："大概有30多里地呢。"我轻轻地吸了一口气，抱怨了一声："怎么这么远！"堂姐连忙问我："是不是骑不动了？要不要休息一会儿？"我怕堂姐担心，赶紧说："还行，不需要休息。"

我们到达济源城的时候已近中午。一口气骑了这么远，真的有点累了。不过还好，的确是100斤豆比柏香能多换一斤油。这样我们就顺利地把带的大豆和棉花籽换成了油。堂姐帮我把两个油桶在车后面绑好，问我："怎么样？累不累？"我不甘示弱，跟她说："还好，不太累。"堂姐似乎看出了我的心事，安慰我："回去轻多了，会好骑的。"

到了大街上，堂姐领着我向一家卖面条的小摊走去。我以为堂姐会领着我去吃面条，顿时兴奋起来。结果，堂姐没有向人家买饭，而是要了两碗下面汤，并递给我一碗。我接过堂姐递过来的下面汤，拿出出门时母亲给我装在布兜里的馒头吃了起来。说实在的，看着路摊上那各种各样的面食，真的很想吃一碗。尤其是那油亮的、散发着香味的、黄澄澄的炒面，真的有一种让我口生津液、垂涎欲滴的感觉。但是，因为原计划是去柏香，中午能够赶回去，所以母亲没有给我零花钱，只是给了我一个馒头，说万一路上饿了，或者回来晚了，可以先垫垫肚子。堂姐没有要吃面的意思，我只好转过头，继续吃馒头。吃完后，我和堂姐开始往回返。

回来的路上，正好是午饭后太阳光线最强的时候，也是最热的时候。正所谓"万物此陶镕，人何怨炎热"。透蓝的天空中悬着火球似的太阳，云彩好似被太阳融化，消失得无影无踪，所有的树木都没精打采地、懒洋洋地站在那里一动不动，没有一丝风，由于快速骑车而引起的些许空气流动都是热乎乎的。所以，虽然驮的重量少了，但是那种滋味比来的时候难受多了。

骑车到家时已是下午5点多了，母亲做好饭在家等着我。一见到我，母亲就着急地问："怎么这么晚才回来？还要去上学呢！"我把整个换油的过程告诉了母亲。母亲笑着说："不错，挺勇敢的，竟然能够骑车到济源。"匆忙吃点饭，我就赶紧往学校去。步行赶到学校时，天都快黑了。

那一天我很兴奋，不知是因为这是我骑自行车路程最远的一次，还是因为多换了一斤油，或是因为去了一趟从来没去过的济源，我说不清楚，反正我心情很愉快。直到现在，每提起这件事我都会津津乐道。不过，每次在我讲完这件事后，听众几乎都会问我同一个问题："如果是现在，你还去不去？"我每次都是很坚决地回答："不去，即使多换10斤油我也不会去。"

这就是经济的发展带给我们社会的巨大变化，对我们的生活产生了重大影响。时代变了，生活条件好了，我们已经告别了那个物资匮乏的年代。我们童年时关于生活物资的缺乏，甚至饥饿的记忆，对于现在的孩子来说不啻为天方夜谭，他们与我们有着完全不同的消费观念。其实我自己的观念也发生了很大的变化，惰性也大了，再也不会为一斤油骑着自行车多跑30多里地了。说好听点是不想费劲，其实是我们从本质上丢掉了很多珍贵的东西，那些曾经让我们在艰难困苦之时坚韧不拔、勇往直前的精神。

时间虽然过去了30多年，几次喝面汤的场景以及当时五味杂陈的心情却永久地储存在我的心底。每当想起这些事情，我都会思绪纷纷，感慨万千。直到现在，我对喝面汤有种特殊的情结，一直保留着吃完面条喝面汤的习惯。这不仅仅是因为它是农村俗语中"原汤化原食"的一种健康养生的生活方式，更多是因为它与我的经历有关。它曾经给我留下了深刻的记忆和独特的生活体验，以及那种混杂了各种滋味的心情。

正因如此，我一直非常满足自己现有的生活状态，总认为自己非常幸福，尤其是比起儿时的生活，简直是天壤之别，还有什么不满足呢？同时，我也觉得自己非常幸运，能够经历这些社会生活的磨炼，体验生活的艰辛，获得难忘的感触，历练自己的心智，在这些生活的教育中成长起来。我非常感谢生活带给我的启迪和意义，以及它所蕴含的教育价值，因此我很珍惜现在所拥有的一切。

结　语

生活是最好的教育，社会是最大的学校。我们每个人都是在社会中生活，在生活中成长。社会给了我们丰富的教育题材，也让我们从中获得了生存的能力，懂得了生活的价值。

随着时代的变迁，我们不必让孩子春天躬身耕种，夏天挥汗收割，但必要的生活体验还是要有的。让孩子体验生活，培养孩子的生活能力，应该让孩子从承担家务的小事做起。家务劳动与孩子的动作技能、认知能力的发展以及责任感的培养有着密不可分的关系。尤其是一家人在一起劳作创造的温馨，不仅能够提高家庭的幸福指数，还能通过言传身教给孩子树立榜样，培养孩子热爱劳动、勤于动手的习惯，以及对家庭的责任感、热爱生活和创造生活的激情。

作为家长，首先应该提高自己对于劳动价值的认识，杜绝重智轻德、重成绩轻素质的认知束缚；同时要用好"劳动教育"这本家庭教育的"活教材"，要意识到生活处处有劳动、事事需劳动。劳动就在孩子身边，伴随孩子饮食起居、一茶一饭，教育孩子"自己的事情自己做"的过程本身，就是一种劳动教育；也可以要求孩子学做力所能及的家务劳动，并将其固定为孩子日常生活的一部分；还可以带领孩子去参加与劳动有关的社会公益活动及劳动体验活动等，既能帮助孩子在劳动中体验生活、开拓眼界，又能在家长与孩子一起劳动的过程中增进良好的亲子关系。

第四课
专业发展：梦想实现之路径

业精于勤，荒于嬉；行成于思，毁于随。

——〔唐〕韩愈

教师专业发展是指在教学职业生涯的每一阶段，教师掌握良好专业实践所必备的知识与技能的过程。

——〔英〕霍伊尔

"师者，所以传道授业解惑也。"这是教师的职业操守。为师之道正是对教师职业能力的反思与探寻。教师是文化知识的传播者，是学生精神的砥砺石，其所传播的内容以及授课的方式方法直接影响着学生的身心成长。

《学记》有言："善歌者，使人继其声。善教者，使人继其志。""君子既知教之所由兴，又知教之所由废，然后可以为人师也。"30年的教学经历和研究之路使我发现，做一个善教者实在不是一件容易的事情，但却是一件很欣慰的事情。"亲其师，信其道"，教师作为"道"的载体，其所传播的各种道理，在一个学生成长过程中起到的巨大作用不言而喻，而"教学相长"的专业发展之路，可以诠释出一个寻道者的无悔追求。

读书改变命运

中国传统文化中对读书格外重视。上下五千年的灿烂文化塑造了中华民族热爱知识、传承文化、重视读书的民族性格。正是对读书的重视，才有了"学而优则仕"的用人标准，才有了"书中自有颜如玉，书中自有黄金屋"的传世佳说，才有了"万般皆下品，唯有读书高"的精神追求。尽管其中不乏一定的功利思想存在，但的确是把读书看作个人成才的重要途径。

虽然我出生在农民家庭，但家人对读书人却十分敬重。尤其是在我读了高中之后，家人对于孩子们的读书更为重视；在我大学毕业以后，家人对于读书改变命运更坚信不疑。从我个人来讲，作为一名教师，注定与书结下不解之缘，对于读书的重要性更是深谙此道，对于读书改变命运的理解更为深刻透彻。

对读书的向往

曾经听祖父讲过，我的曾祖父是个读书人，世事洞明、德高望重，深受人们崇敬。曾祖父对孩子的教育非常重视，祖父弟兄三个，他的哥哥和弟弟都读过书，在村里也很有威望。祖父由于少不经事，和老师顶嘴被打板子而不再读书，成了文盲，但他依然接受了良好的家庭教育，对于人情世故和传统礼俗十分通达。虽然祖父凭着自己的勤劳善良也赢得了村里人的敬重，但是每每提到往事，他仍然不止一次地遗憾自己没有读过书，并教育我们要好好读书。用他的话说，有了文化，会更有远见，会更受人尊重。

我小时候常听祖父讲读书的故事，自然对读书有了一种期盼，希望自己能够好好读书。由于家里没有书可读，我只能把大哥的小人书拿出来一遍又一遍地翻看，并期待自己将来有一天能够拥有很多书，可以随便看，任意读。

我喜欢读书的另一个原因，就是对读书人的敬重。小时候村里有个同姓的爷爷，他长我祖父几岁，因为读过私塾，在村里算得上很有文化的人，非常受人尊重。我现在还能记起他的模样——他常穿着一件白色的对襟盘扣布衫，看上去清爽又精神；他留着山羊胡须，说话慢条斯理，有时候边说话边捋他的花白胡子，笑眯眯的一脸慈祥。平日里茶余饭后、闲暇之时，别人都是家长里短、谈天论地，而他却总是捧本书坐在院子里看。因为他有文化，人也很好，在村里很有威望，成为我们高姓人家的族长。留给我印象最深刻的是，无论是在地里干活，还是饭后聊天，他总能讲出很多故事，每次讲完还会总结出许多道理。尤其是他说话时的神态慈祥可亲，语速从容悠长，让人自然生出了几分信任和亲切。不仅村里的成人敬重他，孩子们更是喜爱他。也许"有文化"也能遗传，他的儿子也读了书，曾经在银行工作，他的孙子成为我的小学老师……看到这些，我期待自己也能做一个有文化的人，也能受人尊重。

还有一个促使我好好读书的原因，就是对美好生活的向往。生产队建制时期，祖父、父亲、母亲、大哥竭尽全力干活挣工分，但是我们家在生产队23户人家中排名只能排到第20户；而那位同姓爷爷家的孩子、孙子，由于有文化，所以能在大队任职或当老师，平日不需要下地干活，就能挣很多工分，他们的孩子过着和我们不一样的生活，我们的生活水平和他们相比明显要差得多。对于他们的生活，我很是向往，希望自己今后也能过上那样的生活，所以，我打小就在心中暗下决心，一定要好好读书。

读书滋养精神

像千千万万个农家孩子一样,我不仅通过读书改变了自己的命运,而且通过读书找到了自己的生存价值,通过读书提升了自己的精神境界,用成长诠释了读书所蕴含的丰富意蕴,与书结下了终生不解之缘。教师是一个与书相伴的职业,读书、教书、著书,这是一个教师专业成长的基本路径,也是我专业发展的一条主线。写书需要读书,教书也需要读书,著书也是为了更好地教书,教书和著书是为了更好地促进读书。可以说,对于教师来说,书就是命根子。也正因如此,我重视读书,酷爱读书,养成了读书的习惯。大学毕业30年了,我从未间断过读书,每天早上起来的第一件事就是去书房拿一本书阅读;每天晚上睡觉前,我做的最后一件事就是合上书本,从书房走出。把读书变成自己的一种生活方式、精神追求和生命存在方式。

当然,作为教师,我不仅自己坚持读书,也教育学生要好好读书,教育自己的孩子要刻苦读书。在女儿的成长过程中,有不少人认为我鼓励孩子读书,是为了让孩子取得好成绩,上个好学校;在教育教学过程中,也有人认为我激励学生读书,是为了让他们能够顺利毕业,或者拿到奖学金,成为一名好学生。不可否认,的确有一些功利性目的在其中,但我更想让他们通过读书提升自己的精神境界,增加人生的厚度,过上一种优雅从容的生活。

我们每个人最初读书的时候都不乏一定的功利性。于我而言,小时候爱学习、好读书,是为了能够考个好成绩,也立志要做社会主义事业的接班人;上初中时,刻苦学习是为了能够上高中;上高中时,读书学习是为了能够上大学,从农村走出来,摆脱贫困的家境,过一种有固定经济来源的生活;上大学时,刻苦学习是为了能够顺利毕业参加工作;攻读硕士、博士学位时,拼命读书是为了能够教好书,提升专业水平,但也不乏有为了拿到学位，撰写论文晋升职称这样的功利在其中。当然，我也看一些专业以外、考试科目以外的书籍，那纯粹是一种生活习惯，或者说是一种消遣。无论哪一种，读书所蕴含的功利性，或者说一种看得见的价值在促使我不断前行。直到读了博士，确切地说是认识了我的导师胡德海先生以后，我才真正体会到，读书的价值远远超出了那些看得见的功利所在，它可以让人获得一种精神上的洗礼，赋予生命更美好的意义。

2005年9月，博士入学时，我去导师胡德海先生处报到。先生非常热情地接待了我，一番寒暄后，先生从他的书房拿出了一张书单交给我，并要求我近期把这些书认真读完，还要写出读书报告。我一看，上面列了十几本书，有一部分是教育类的书籍，还有一部分是诸如《西方哲学史》《哲学人类学》《规训与惩罚》等文、史、哲类的书籍。看到那么多的书，我心里多少有点发怵，心想：我攻读的是教育学博士，读一些教育类的书籍自在情理之中，了解一些文史哲的知识也非常必要，但是还让写读书报告是不是有点难度？再说，我能把教育类书籍读好，顺利完成博士论文就不错了，哪有时间和精力读这么多其他方面的书籍。

先生似乎看出了我的疑虑，他淡淡地笑了一下，非常温和地对我说："是不是觉得其他类的书籍有点多？"我略显为难地说："在我看来，博士论义的压力已经够大了，我哪有时间和精力看这么多的其他类书籍。"先生缓缓地给我讲了两句诗。一句是陆游教他的儿子学诗时说的："汝果欲学诗，工夫在诗外。"意思是说，你果真要学习写诗，应该首先在诗歌以外、书本以外多下功夫；你现在学习教育学，怎么就不能在教育学之外博览群书、汲取营养？另一句是《红楼梦》中薛宝钗的诗："好风凭借力，送我上青云。"意思是指凭借外力，使自己青云直上。用在教育学专业的学习上，就是要学会"借力"，不光要借教育界的"大师"和"名作"之力，还要借鉴其他相关学科的优秀成果之力，充分汲取各种优秀思想的精神内涵，把它变成自己生命的一部分，才能更好地提升自己的专业水平。

"听君一席言，胜读十年书。"先生的话，犹如醍醐灌顶，让我深切体会到读书对于一个人成长的意义，远远超出了拿到博士学位本身的价值。让我体会尤为深刻的是，在接下来的三年中，我看到了博学慎思的先生对读书的热爱，对学术的不懈追求，对学生的仁慈厚爱，对他人的宽容豁达，对名利的淡泊，尤其是在他身上所体现出来的一个中国知识分子的风骨，这些都深深地影响了我。

读书的精神感召后人

尤为幸运的是，作为一个读书人，先生对于生命的理解，也深深地影响了我的女儿。她不止一次提起先生的精神风骨对她的影响，而且对那些身上散发着书香味的长者充满敬意。

2006年，女儿中招考试结束后，我把她接到兰州来玩。其间，我专门带着她去拜访了胡先生。一个14岁的少女要去拜访一位德高望重的80多岁的大学教授，还是妈妈的导师，可以想象女儿当时那种迫切与激动的心情。在先生家里，女儿和先生交流得非常愉快。先生领着女儿参观了他的书房，还送女儿一个签名的笔记本。看到先生家的藏书汗牛充栋，生活却如此简朴；再念及胡先生慈祥和蔼的态度、儒雅的风度，女儿一脸的惊奇与崇拜，还有一种如获至宝的欣喜。

从先生家里出来，女儿边走边发出一连串的感慨："胡爷爷家怎么有那么多的书！胡爷爷80岁了怎么还在读书学习！胡爷爷是我见过的最有品位的人！胡爷爷身上的气质显得那么高贵！胡爷爷的慈祥不仅仅是一个长者对幼者的关爱，更是一种有知识、有文化的人对一个晚辈的精神感召！"我也感慨地说："胡爷爷身上所具有的一切，都是他几十年来坚持读书学习所获得的。"听了我的话，女儿立刻坚定地说："我一定要好好读书，将来做一个像胡爷爷那样的人。"我非常高兴，也坚定地告诉女儿："妈妈也要努力做一个像胡爷爷那样的人。"

胡先生举行90岁华诞的研讨会时，女儿要求陪我一起参加，一方面是她想给先生送去祝福，表达她的敬意；另一方面是想再次聆听先生的教诲，感受他博学治文的智慧结晶。女儿果然不虚此行，聆听了先生一个多小时热情洋溢的演讲。尤为感动的是，一天半的研讨会，先生一场报告也没有落下。他静静坐在前排，认真地听讲，还不停地做着笔记。像先生这样一个德高望重的大师级人物，能够有如此谦谦之态，实乃一种生命的境界。我和女儿坐在先生的后排，看见他那聚精会神听报告的背影，不由得再次从内心油生崇高的敬意。女儿不停地赞叹道："胡爷爷的精神实在让我太感动了！再次让我领略了一个真正读书人的修养，一个因读书而更美好充盈的生命内涵。"

读书赋予生命更美好的意义

"班主任大讲堂"微信公众号平台曾经发布过这样一篇文章《孩子，我为什么要你努力读书？》，这篇文章给了我们一个关于读书的满意回答：

努力读书，不一定能挣很多钱，但可以看见更大的世界；努力读书，不一定能大富大贵，却能有更多选择的机会；努力读书，不一定能交到很多朋友，却能拥有更充实丰富的人生；努力读书，不一定会让你智商更高，却会让你生活得更美好；努力读书，不一定能美化你的容貌，却能改变你的气质；努力读书，不一定会延长生命的长度，但一定会拓展生命的宽度；读书不一定能让你成为完美的人，却能帮你不断完善自己。

培根曾说："读史使人明智，读诗使人灵秀，数学使人周密，科学使人深刻，伦理学使人庄重，逻辑修辞之学使人善辩。"他意语深长地告诉人们，读书是人获得生命智慧的重要源泉，读书赋予生命更加美好的意义。

著名作家冰心曾说："好读书，多读书，读好书。"作为人类思想的一个重要载体，书籍能帮助人感知醇美至情，体悟真理哲思，激发高尚情怀。所以，读书的意义远不止是让你学习知识、更新知识，让你升学、晋职，它更是一种心灵的陪伴，可以滋养人的精神，培养人的气质。世界上没有哪本书可以带给你好运，但他们可以让你悄悄地成为最好的自己。"藏书如山积，读书如流水。山形有限度，水流无时休。"在才华撑不起梦想的时候，安静读书；在前途迷茫等待的日子里，刻苦读书；读懂书中的别人，然后找到本真的自己。

"腹有诗书气自华""一个人的阅读史，就是他的精神发育史"，这是对读书最精辟的阐释，也是对读书最经典的概括。《中国诗词大会》（第四季）成为2019年春节央视最走红的节目。那些来自全国各地各行各业的诗词达人，在谈到对诗词的热爱时，大多是从小受家庭的熏陶和在家长的引导下而走上了喜爱诗词的道路。他们每个人不凡的气度和精彩的表现都体现了"腹有诗书气自华"的精神意蕴。在《中国诗词大会》第四季的舞台上，13岁的洛阳女孩邓雅文，凭借丰厚的古诗词储备，处变不惊，在高手云集的舞台上已创下四次守擂成功的神话。在诗词海洋里畅游，无论是单人追逐赛还是擂主争霸赛，无论是"诗词接龙"还是"超级飞花令"，小小年纪的邓雅文都能出口成章，从容以对，信手拈来。在比赛中，她淡定而不失机智，自信而落落大方，沉稳而不失激情，给全国观众留下了深刻印象，被董卿狂赞："你的气质里，藏着你走过的路、读过的书！"

读书，就是一种与伟大的心灵相遇的过程。正如施特劳斯所说："今人已无法与古人直接交谈，因而不可能通过聆听循循善诱的言说来接受他们的教诲和点拨；同时，人们也不知道，在这个喧嚣浮躁的时代是否还能产生他所说的'最伟大的心灵'，即使能产生，又有几人能幸运地与他们在课堂上或在现实中相遇？好在'最伟大的心灵'的言说是向今人敞开的，人们可以、也只能与那些心灵在其智慧的结晶——'伟大的书'中相遇。"[1]

读书与不读书,读多少书,读什么书,结果是不一样的。饱读诗书、博览古今的人,必定是气宇轩昂,恬静淡然,谈吐文雅,举止有礼,生活的格局也会因自己的内在涵养显得大气高雅,与众不同。

也正是有了这些理解,每天读书学习已经成为我的一种生活方式,一种生存的状态,时不时写点感悟和反思,已经成为我的一种行为习惯。不少人对此也有所不解,认为你博士也读了,教授也评了,还那么努力学习为了什么?真的不是为了什么,就是喜欢读书,愿意在书中与古圣先贤交流,获得精神的滋养、知识的丰富。另一方面,我的成长之路上凝聚了太多人的心血,尤其是我的家人、恩师,他们给予我太多的关爱,给了我太多的帮助,因此,我一直觉得,如果我荒废了自己的时间,丢掉了自己的专业,不仅对不起我自己,也对不住他们对我的期望。当然,我是一名教育工作者,从事的是教书育人的工作,只有自己不断学习进步,才能有足够的知识和技能传授给学生。

我非常有幸此生走上了读书之路,也感恩读书改变了我的命运,感谢读书带给我的人生启迪,感喟读书给予我的精神滋养,尤其是为我的专业发展奠定了坚实的基础。

---

[1] 肖朗:《施特劳斯对"自由教育"的哲学阐释》,《社会科学战线》2006年第6期。

我是一名老师

人生最幸福的事情之一就是做自己喜欢的事。当教师曾是我儿时的梦想，以教书为职业是我一生的追求，与教育结下善缘是我终身的荣幸。所以，每次谈到自己的职业，我都会充满幸福感。

从教 30 年来，我一直为自己是一名教师而感到骄傲和自豪，曾经无数次在不同的场合向别人炫耀自己所从事职业的伟大，从灵魂深处对教师职业有着高度的认同感——"太阳底下最光辉的职业""人类灵魂的工程师"……

"尊师重教"是我们中华民族的光荣传统。从古到今，我们的社会对于教师都给予了较高的定位，认为教师是有知识、有文化、有修养的群体，是职业道德最高的群体之一，我一直把做一个有知识、有文化、有修养的人作为自己努力的目标，能够承受起"为人师表、教书育人"的职责与担当。为此，当有人问到我的职业时，我都会高高地把头昂起，带着一脸的幸福与自豪大声地回答："我是一名老师！"这样的回答，不仅仅是一种身份的表明，也是一份庄重的承诺：为人师表，教书育人；更是一种荣耀：学高为师，身正为范。

曾经有人问我，最开心的事情是什么？我非常笃定地回答：上课！当老师，上课就是天大的事。这不仅是我作为一名教师最起码的职业认同，也是我作为教师最大的幸福。

2006 年暑假，我在打羽毛球的时候结识了两位球友，一位是医生，一位是商人。有一次，在练球间歇聊天时，我们谈到了各自的职业。那位商人球友感慨道："你们两个人的职业都很好，都是目前社会上比较受人尊重的职业。"我笑了笑，说："感谢您对我们所从事职业的高度认可。不过就我个人的观点，我的职业比他的还要好。"那位医生球友很是不解地问道："为什么这样说？"我说："尽管教师和医生面对的都是人，但仍然有很大的不同：医生主要关注人的身体，研究的是病与治病，而教师关注的却是儿童、青少年的精神世界以及整个生命的发展。两者之间是有明显的差异的，主要体现在三个方面：一是环境不一样。您每天面对的是生老病死，听到的是痛苦的呻吟、哭喊，还有垂死的挣扎等，而我每天面对的却是一群群朝气蓬勃的青年，看到的是一张张青春可爱的面孔，听到的是一片片的欢声笑语。二是心情不一样。面对病人您的恻隐之心会使您产生对病人的怜悯、对生命的痛惜，尤其是有的生命会在您的眼前，甚至在您的手术台上逝去，您能愉快吗？而当我面对那些年轻的生命、求知的眼神、欢快的笑声，尤其是他们那青春飞扬的朝气、昂扬向上的斗志，我都会被深深地感染，让我觉得自己也年轻了许多。即使是看到他们不经意间犯了个小错误，我也能会心一笑，因为我也曾经如此。每当这时，我就好像回到了青春时代。因此，我工作时的心情是非常愉悦的，幸福感也是非常高的。三是未来境遇不一样。从您这儿走出去的人，有的会留下后遗症，有的您永远都见不到了。而从我这儿走出去的人，会逐渐地成长，用他们的知识和才华为社会做出巨大的贡献。若干年以后，他们会给我带来无数的惊喜，甚至狂喜，成为我职业的自豪和骄傲。因此，我认为我的职业比您的好。不过人们对您的尊重程度比我高。"

听到我的最后一句话，医生不解地问道："这又是为什么？"我说："因为您是人类身体的工程师，我是人类灵魂的工程师。我一节课上不好不要紧，不会太影响学生灵魂的塑造，而您如果一次病没有看好，或者一次手术没有做好，病人就要惨遭不幸，甚至失去生命。由于身体是灵魂的载体，人们对身体的珍惜远远大于灵魂，所以在您给病人看病或者做手术时，家属纷纷哭着求您要把病人看好、救活，唯恐您下手不慎，耽误了病情，甚至失去性命。而我在上课前，没有一个学生或者家长哭着求我：'老师呀，您一定要上好这节课，否则，我的灵魂就要受到很大的影响。'"讲到这里，他们两个都笑了，我接着说："尽管如此，我还是认为我的职业比您的好，因为我从事的是'太阳底下最光辉的职业'。所以我一直把自己的精神指针指向最阳光的刻度，因为我认为，只有阳光的教师才能教出阳光的学生，只有教师阳光了，才能照亮学生的心灵，唯有如此，才能对得起人民教师这个光荣的称号和太阳底下最光辉的职业这份荣耀。"医生球友哈哈大笑："高老师呀，您不愧是老师，真的很会找切入点，但是医生的职业也是很崇高的。"我赶紧解释："仅仅是调侃，我只是为了表明自己具有高度的职业认同感而已，因为干一行要爱一行，自己都不热爱，怎么可能干好。如果我是医生，我也会向您炫耀医生职业的伟大，不枉白衣天使、功同良相的美誉。"

虽然只是一场调侃，但这的确是我内心热爱教师职业的真挚表达。我知道，医生的职业也是一项专业性很强的职业，不仅需要精湛的临床医术，还需要崇高的精神境界。他们是人道主义精神的代言者，是与时间赛跑、与死神搏斗的生命卫士，用他们无私的奉献精神诠释了白衣天使的神圣与崇高，用实际行动书写着医护人员救死扶伤的初心与使命。

但我是教师，我更需要的是对教师职业的理解和诠释。因从事一项很有价值的建设性工作而感到快乐，是每个人一生所能获得的最大快乐之一。对教育事业的热爱，对教师职业的价值认同，引导着我将生命的全部集中于对教育理想的追求，并从中体验着生命的美好和自身价值的实现。认识到自己的职业能给他人和社会带来价值，积极地把自己对教育的理解付诸现实，使我在教育过程中能充分享受自我实现的快乐。

因此，无论何时，无论何地，无论在何人面前，我都会呈现出最阳光的姿态，因为我是一名教师，是学生人格的塑造者！无论做什么样的事情，无论遇到什么样的困难，我都会积极面对，勇往直前，因为我是一名教师，是学生精神的砥砺石！无论季节如何变化，无论时空如何改变，我都会坚持手捧书卷，细嗅幽香，因为我是一名教师，是学生知识的传授者！无论年轮如何更替，我都会把教好书、育好人，作为内心最深沉的一份踏实，因为我是一名教师，教书育人是我的天职！因为我是一名教师，所以我时刻提醒自己，要做一个觉悟上有高度，思想上有深度，理论上有厚度，能力上有强度，情感上有温度的人。要用有温度的课堂，去滋养更多的学生，因为学生，教师才有存在的价值，学生内心的收获，是教师最大的荣耀。

家里有5名老师，所以我的这份职业认同感得到了大家的一致认可，更深深地影响了我的女儿。

女儿上小学的时候，她的班主任恰好就是我的学生。开学第一天晚上，我接到了女儿班主任的电话。她在电话里激动地跟我说："高老师，我今天特别开心。感谢您让我对自己的工作有了更多的自豪。"我一头雾水，不解地问道："为什么突然说这样的话？"她在电话里说："上学的时候，您就一直教育我们要热爱自己的职业，要为自己将来成为一名老师而自豪。今天课堂上，我又一次感悟到您对自己当老师的热爱与自豪。"我连忙追问："到底发生了什么？"她说："今天我让同学们介绍自己的家庭。您女儿介绍您的时候，高高地挺起胸脯，把头向上一昂，一脸骄傲地大声说道：'我妈妈是一名光荣的人民教师。'让我又看到了您当年说这句话时的样子。"

女儿要申请攻读博士学位，不少人问她将来要做什么。每当这时，女儿就会毫不犹豫地回答："到大学当老师。""为什么？"女儿都会一脸自豪地回答："我妈妈就是大学老师。"无论女儿将来是否能成为一名大学老师，但对老师这个职业的认同与向往不可否认。

也有人问我："退休了干什么？"我都会平静地回答："如果条件允

许，我仍然想站在讲台上，继续当老师！"无论时空如何更替，境遇如何改变，我都无悔自己当初的选择，也会执着地坚守自己心中的那片圣土，守望心中的教育梦想，站好自己的讲台。我依然会自豪地自我介绍，我是一名老师！

初为人师的感动

大学毕业时，我曾想留在焦作工作，为此，我专门把实习单位联系在当时的焦作市第十六中学，也就是现在的职教中心。其间，我还联系了当时的焦作教育学院。但是，由于各种原因，我未能如愿。其中一个主要原因是当时沁阳刚刚获批为县级市（1989年获批），按照政策的有关规定，县级市的毕业生必须回到生源地，所以派遣证就直接把我派到了沁阳市教育局。按照沁阳市教育局的有关规定，当年的大学毕业生，除了沁阳一中留用的，其余都要到乡下去锻炼。

这样的政策，让一心想走出乡村、想成为城里人的我非常沮丧。一想到自己要回到乡下上班，在乡下找个对象，在乡下成个家，然后继续过着乡下人的生活……真的不想再回去了，况且，我的心也回不去了。为此，我曾经到沁阳一中找过一个认识的老师，让他帮忙向校长推荐一下我，他答应了。一个星期后，我又找到了这位老师，他告诉我："我费了好大的劲跟校长推荐你，但是校长不同意，说沁阳一中不要体育老师。"听了他的话，我只好失望而归。过了几个月，我认识了校长的儿子，后来又认识了校长。在一次家常聊天时，我谈到了分配时的曲折，校长认真地告诉我，没人跟他说过我的事。我想那位老师大概没有想到有一天我会跟校长的儿子成为一家人，否则，他可能不会跟我撒谎。现在想起来，我经常把这件事当作笑谈。

沁阳一中留不了，我哥只好又托人想别的办法。大哥有个好朋友在城里工作，他告诉大哥沁阳新成立个海泉中学，正在从各个学校抽调人，组建教师队伍。大哥一听，高兴坏了，立马把消息告诉了我，并带着我去城里找到了时任海泉中学的校长，向他说明了我的情况，并把我的个人情况材料递给了他。校长了解完我的情况，又看看手里的材料，笑着说："海泉中学是一所新建的职业高中，条件设施非常简陋，招收的学生都是一中、二中没考上的，文化课成绩不高。目前这里的老师大多数是中师、大专毕业的，你一个本科生到这里工作不觉得有点可惜？"我非常坚定地回答："不可惜，我愿意。相信我，一定不会让您失望的！"就这样，我被分配到了海泉中学（今沁阳市职业教育中心）。

不管怎么说，我总算留在了县城，真的已经是很幸运了。后来我才知道，其实并不像政策所规定的那样，和我一起毕业的沁阳籍的大学生有不少留在了焦作，归根结底还是我自己的资源和能力有限，或者冥冥之中命运就是这样安排的。假如留在了焦作，可能就没有我现在的生活了。至于会是什么样子，谁知道呢？

"宰相必起于州部，猛将必发于卒伍。"这既是历史的经验，也是人才培养的规律。农村是最基层，也是最锻炼人的地方。后来每次回想起当年毕业分配时的愿望和选择，我总觉得有点汗颜。应该说，自己的所思所想与国家倡导的到基层去、到农村去、到祖国最需要的地方去锻炼的政策显然格格不入。现在想想，这与自己的生活经历、理想定位、认识水平等有很大的关系。所以，我一直对能够志愿到农村、扎根农村、献身农村教育的老师深怀敬意，被他们的奉献精神所感动。不过，对于那些大学毕业了不想再回到农村的孩子，我也给予最大的理解，因为他们那急于走出村庄、洗掉腿上泥巴的心情，我懂！

1990年8月，我拿到了沁阳市教育局开给我的报到证，到海泉中学上班。拿到报到证时，我激动得两眼含泪，心想："我终于有了工作，并幸运地留到了县城。"对于把教师职业作为梦想的我来说，当时是梦想的实现，也是梦想的开始，那种激动的心情真的无言可表；对于急着想走出农门的我来说，经过"十年寒窗"终于如愿以偿，在县城有了落脚的地方，心中如释重负，开始幻想新的生活。我把报到证往包里一塞，迫不及待地骑着自行车到学校，想先看看自己将要工作和生活的环境。

海泉中学是一所由美籍华人柴海泉先生捐资建设的职业高中，1990年是首次招生。学校位置比较偏僻，在县城的南面，几乎到了城外。新建的学校，只有两栋教学楼，没有其他的配套设施。由于当时还没有开学，校园内杂草丛生，建筑垃圾成堆，满眼一片荒凉；学校的围墙还在垒建，围墙外面就是庄稼地……看到这些，我内心有那么一点失落，来时的兴奋骤然降了下来。这就是我将来要工作和生活的地方，也会是体现我人生价值的地方，从此，我的命运就要和这样一所学校休戚与共。我站在门口，望着荒芜而杂乱的校园，愣了好长时间，想了很久。不过，最终我还是安慰自己：不管怎么说，我总算有了个落脚的地方，从下个月开始就可以在这里上班拿工资，从此自食其力，开始过上城里人的生活，开始自己新的人生。想着想着，内心的热情又慢慢地升腾起来，决定尽快回去与家人分享这份领过报到证的喜悦与幸福。因为我知道，在某种程度上，家人的喜悦与幸福感要远远大于我。

1990年9月1日，学校正式开学，我按时报到，从此开始了自己的教师生涯。对我而言，这是一种从未有过的新生活。在工作之前，我早已暗暗下定决心，要努力工作，对得起自己的这份薪水，对得起这么多年的付出与努力；也下决心要严格要求自己，做好工作中的每件事，对得起教师这个身份，承担起教书育人这个神圣的职责。

海泉中学当年招收了4个班级，不到200人，大约30个教师，除了我是大学毕业新分配来的，其余都是从各个学校调过来的。在这些教师中，具有本科学历的真不多，所以，我还是比较受重视的。除了正常的体育教学，学校还让我带了一个女子体育队，准备参加元旦举办的全市中学生篮球比赛。说真的，这份差事对我而言实在是得心应手。一方面，我认为自己的篮球技术水平还算可以，带个中学生篮球队应该不是问题；另一方面，我在上大学时就养成了早起锻炼的习惯，带个队正好可以让自己的晨练变得更有意义。基于此，我非常开心地开始了自己的体育队教练员生涯。更为开心的是，在训练的过程中，由于年龄上的接近，我和队员相处得非常愉快，训练的效果也非常明显。

刚开始训练的时候，我和学生一块跑越野，学生跑不过我；我和学生一起训练速度，学生追不上我。可是，经过一个冬天的训练，慢慢地学生追上了我，慢慢地学生超过了我。在当年元旦举办的全市中学生篮球比赛中，我带的女子篮球队取得了第二名的好成绩；在第二年的全市春季田径运动会上取得了总分第二名的好成绩。这对于一个刚刚成立的只有一个年级的学校来说，真的很难得。对于我来说，这也是一个良好的开端。

由于我和学生关系处得融洽，工作又认真负责，半年后学校就让我接任90（2）班的班主任。90（2）班是个特长班，学生选学体、音、美专业，班级气氛比较活跃，有几个不太好管理的学生。不过还好，我接任班主任后，学生并没有传说中的那样"捣乱"，也没有给我制造太多的麻烦，不但一切安好，而且我竟然能和他们和睦相处。

初为人师，虽然有几分忐忑，但态度非常端正。对教师职业最基本的理解就是"严师出高徒"，认为当教师就应该严格要求学生，当班主任就应该严格管理学生，学生不听话或者犯了错误就应该严厉批评。总之，就是一个"严"字当头。对于当时90（2）班学生的状况来说，要想管理好他们，并不容易。虽然我没有教学和管理的经验，但有的是时间，于是我就天天和他们在一起：体育课自然由我来上，练琴的时候我就到音乐教室和他们一块练，美术教室在我住室的楼上，我经常上去看他们画画，晚上我还在班里和他们一块儿上自习……就这样，在陪着学生练琴、画画的过程中，我学会了弹脚踏风琴，开始喜欢欣赏美术作品。可以说，无论是教学，还是当班主任，我对学生的要求都非常严格，加上平时的表情也比较严肃，使得一些学生有点"怕"我。

应该说，在海泉中学的一年多，我的收获非常大，无论是教学成绩，还是师生关系，我自己都非常满意。更为欣慰的是，在教学和训练的过程中，我和不少队员结下了深厚的友谊，有的甚至成了我终生的好友，有个男生还和我爱人成了"哥们儿"。当然，我在海泉中学任教期间，还有一个收获就是组建了自己的家庭，开始了新的人生。

在海泉中学 90（2）的学生中，一直和我保持联系的是车小米、周红、白发展。这三个人也是我当他们班主任时批评最多的学生。周红在田径上是短跑运动员，在篮球队打前锋；车小米是长跑运动员，在篮球队打后卫，三分篮比较准；白发展是一个基础不好、积极性不高的学生，我经常批评他，但是他人非常好，他就是那个后来和我爱人称兄道弟的学生。他们三个直到现在依然是非常要好的朋友，在生意上相互帮衬；他们也是我现在的好朋友，每年都会来看我，在我读博士、买房子等经济拮据之时都曾经慷慨地帮助过我。每次来看我，他们都会提到我当年是怎么批评他们的，还会讲他们背着我干了哪些事，他们在下面是怎么议论我的，等等。尤其是白发展，总会发出很多感慨，会把他的生意、生活、孩子的教育等很多事讲给我听，有时候还会让我给他出主意。他重复最多的话就是："高老师，您当时应该批评我再多点，再严厉点，可能我现在混得就更好了。我现在最后悔的就是当初没有听您的话好好学习。"

非常遗憾的是，我在海泉中学的时间并没有持续太久。一年以后，当时沁阳师范学校栗校长（1996 年病逝）找到了我，想让我到师范去上班。开始说的是试用半年，两个月后学校就决定办理我的调任手续。不过，我给学校提了个要求，手续可以先办，但海泉那边的课和班主任我要坚持到学期末，不想中间换老师，这样可以给学生一个适应的阶段，也给我自己一个适应的时期。就这样，我在海泉中学只待了一年半就离开了，调到了沁阳师范学校。说真的，当时离开海泉中学，我还是挺舍不得的。因为那里毕竟是我从学生到教师的转折点，是我教书生涯的起点，是我真正步入社会的开端，是我第一次当班主任……总之，在海泉中学教书的那段时间，给我留下了许多美好的回忆。

2009年春节，海泉中学90（2）班的同学举办了一次聚会，他们以热烈的掌声欢迎我"再训"一次话，让他们再感受一下放荡不羁之后被老师"收拾"的感觉，或者说老师在上面训话，他们在下面窃窃私语的那种叛逆性挑衅，回想一下青春曾经带给他们的快乐。不少同学在发表感言时说着同一句话："当时没有听老师的话好好学习，现在想起来挺后悔的。"每当学生说这样的话，我都会无比欣慰地笑着对他们说："青春是美丽的，即使是犯错也是美丽的错误。"

2019年1月31日，他们再次聚会，提前一个月联系我，邀请我参加，我欣然应允。自接到通知后，我记忆的闸门再次打开，脑子里经常回想起在海泉中学的那段时光。他们欢快的笑声、动人的歌声、悠扬的琴声，运动场上矫健的身姿，画室里优雅的笔法……不停地在我脑海里闪现。聚会的前两天，我打开书稿中关于在海泉中学任教的这段叙述，一遍又一遍地翻阅，一幕又一幕地回想，极力地搜寻着与他们相关的件件往事，期待着与他们早日相见，甚至想象着他们的容颜会变成什么样？见了面他们会有什么样表现？我能不能把他们一一认出来？

聚会的那天，学生孔德文来接我，我们聊了一路，聊起当年的趣事，心情无比激动。谈到和他们相处的日子，有太多的感慨。最让我感动和欣慰的是他对我们当年师生关系的评价："高老师，您当时就是我们的一个大玩伴儿。"对于他的评价，我甚为欣慰。"玩"是一件很开心的事情，"伴"就是陪伴。既然是玩伴，就一定有陪伴，也一定会开心。这样的师生关系不仅仅是一种平等交往，更是一种教学相长。可以说，能够得到学生这样的评价，让我非常感动，真的是我初为人师最大的收获。

对于海泉中学的学生，我不仅印象深刻，而且一直心存感激，因为他们是我站上讲台的第一批学生，也陪我走过了人生的第一次班主任经历。正是他们，给了我初为人师的自豪，有了对教师职业的初次体验。同时，我也心怀歉意，甚至有点汗颜，总觉得自己当时的教育方法和教学方式过于简单，尤其是对学生要求过于严格，批评得似乎多了一点。所以每次见到他们，我都要道歉，请他们原谅我当年的年轻，原谅我当时教学经验的不足，只会一味地要求他们好好学习，用各种规章制度和班规约束他们的行为，没有给他们更多自由发展的机会。令我欣慰的是，尽管他们的文化课基础比较差，但我从来没有歧视他们，更没有放弃他们中的任何一个人，而是极力鼓励他们发展专业特长，与他们一路相伴。

从教 30 年来，我有一个体会，在学校经常被我批评的学生恰好是给我留下印象最深刻的学生，也是毕业后和我联系最多、和我感情最深的学生。所以，对于海泉中学的学生，我一直有着深厚的情感，有着一份特殊的、无以言表的情愫。

不解的中师之缘

对于沁阳师范，我有特殊的情结、万分的感激和太多的感慨。从1991年9月做代课老师，到2005年9月学校合并升格后正式搬迁，我在那里度过了14年的时间。在此期间，我攻读了教育学硕士学位，评上了副教授，被西北师范大学录取攻读教育学博士学位……可以说，它是我教育学学术发展的开端之处，也是我教师专业发展的重要基地，更是改变我命运的祥瑞之地。

走进沁阳师范

我与中师的缘分也是上天注定的。大学毕业时，我曾经梦想着能够被分配到沁阳师范学校工作，并勇敢地自己去找当时的校长。在校长办公室，他问了我一些问题，又问了我的专业和特长。听说我是学体操专业的，校长很感兴趣，问我："会不会跳舞？"我信心十足地说："会。"校长问道："能不能跳一段让我看一下。"我毫不犹豫地说："可以。"然后，我就把在大学期间曾经参加活动时学过的《采槟榔》跳了一段，又跳了一段艺术体操中的自由操。由于条件限制，艺术体操中有些高难度动作就省略了，只是比画了一下。我跳完之后，校长让我把自己的情况写一下。我拿笔就写，从家庭住址到上学简历、特长爱好等，现在依然记得当时在稿纸上写了满满的一页。其实，后来我每想起这段经历总觉得有点不可思议，不知我哪来的勇气和胆量。

过了几天，我又找到了校长。校长告诉我，从我那天在他办公室的表现以及写的那份材料来看，他对我的个人素质非常满意，尤其看到我写的字，觉得有点特别。但是沁阳师范我暂时去不了，因为体育教师的编制已经满了。我有点沮丧地跟校长说："来不了沁阳师范，我可能就会被分到乡下。从乡下现有的办学条件和课程设置来看，到了那里，我的专业可能就被荒废了。"校长笑了笑，说："没事，如果有机会，我会去找你，亲自把你调进来。"我认为这是校长委婉拒绝我的托词，就信誓旦旦地跟他说："我相信自己到哪里都会认真工作，也一定会干出成绩。如果我在下面学校干得很好，成了家，到时候就不一定来了。"校长笑了笑，没有说话。

第二年的9月份，校长到海泉中学找我，第一句话就说："闰青，我答应过你，会来找你的，看看，我这不是来找你了吗？我们学校舞蹈老师调走了，现在舞蹈课没人上，我想让你来任舞蹈教师，你愿不愿意？"

其实，当校长从吉普车上下来时，我已经有预感，可能是来找我的。所以，听到校长的话，我并不是特别吃惊，但他竟然让我去教舞蹈，这超出了我的预料。但我依然表现得很淡定，先对校长表示感谢，然后告诉他："谢谢您还记得我！不过，我是学体操专业的，只是学着跳了几个舞蹈，但不是舞蹈专业，害怕不能胜任。"校长笑着说："我已经问过你们校长了，他说你在这里干得非常好，能吃苦，教学成绩也非常好，我相信你到沁师也能干得很好。至于专业，我那天已经看到了你这方面的天赋，我相信你能胜任。"听了校长的话，我很是感动，但我仍然对自己的专业水平感到担心。校长似乎看出了我的心思，说："我现在找不到舞蹈教师，学生的舞蹈课没法上，你就当帮我忙了。"校长能够如此真诚，真的让我无力拒绝。尽管有着"到时候不一定去"的先话，但我还是同意了。所以，我一直非常感激那位可敬的老校长，是他给了我一个机会，给了我一个舞台，让我在这个舞台上开始尽情展现。多年以后，我与同事谈到了这件事，同事深有感触地说："老校长是一个很爱才、惜才的人，学校有好多老师都是老校长亲自去接的。"这时我才明白，当年的沁阳师范能够成为河南省农村师范标杆的真正原因所在。

从严格意义上讲，我是以舞蹈教师的身份调入沁阳师范的。试用期间按代课教师对待，每节课 20 块钱，承担音乐班的舞蹈课程教学任务，每星期两节课。另外需要做的工作就是准备学校建校 80 周年庆祝活动的舞蹈节目编排。

虽然艺术体操在基本功和身体条件上与舞蹈有许多相通的地方，但我毕竟不是舞蹈专业，因此，很多基本功需要从头开始学习。为此，我买了一盘舞蹈教学的录像带，到沁阳教育电视台观看，边看边学，边学边教。好在两年的艺术体操训练，尤其是每天 30 分钟的形体训练，让我的身体柔韧性、音乐节奏感、身体的表现力等方面有了很好的提升，为学习舞蹈奠定了一个很好的身体条件基础。我经常自诩自己的身体/运动智能比较高，不过也许确实有这方面的原因，所以我学习起来还算轻松，并通过努力取得了很好的教学效果。尤其是我编排的舞蹈，在学校 80 周年校庆文艺演出中赢得了领导、来宾、老师和同学们的好评。至此，我对自己当年选择修体操专业感到非常庆幸，真是个明智的决定。

休产假期间，学校分配进来一名专业的舞蹈教师；产假后，我就调进了体育组当教师。后来，我负责体育专业班的健美操、文秘班的形体课等课程的教学。开始攻读教育学硕士后，我逐渐把自己的专业往教育学倾斜。1998 年冬天上完文秘班的形体课后，我正式开始全身心走进了教育学领域。

20 年的牵挂

在沁阳师范工作期间，我曾经担任过两届学生的班主任，93（3）班和 97（13）班。1993 年，我担任 93（9）班的班主任；二年级时，学生按选修的特长分班，我担任93（3）班（体育班）的班主任。这班学生是我作为班主任倾注心血最多的班级，是我教育教学成就感最强的班级，同时也是感情很深厚的班级之一，是我印象中最具有活力的一个班级。他们也给了我许多荣耀，成就了我作为教师的那份自豪。尤其是班上同学团结友爱、积极向上、敢于拼搏的精神，给了我极大的欣慰和幸福。学校艺术节，12个节目中我们班占了7个；班级建设上，别人认为体育班都是文化成绩不好的班级，他们竟然考了全年级第二名的好成绩，并且被评为文明班集体；运动会上，同学们那矫健的身姿更是博得观众的阵阵呐喊和掌声。可以说，我对于教师职业的那份自豪与幸福，在与他们相处的那段时间体会得最为深刻。

2018年4月23日，原93（3）班的学生邀请我参加他们的同学聚会，地点选在离原沁阳师范不远的一家酒店。一大早，邓晓伟和姚静专门开车到焦作接我，师生见面时的激动和兴奋难以言表。一路上我们激动地聊起了许多往事，仿佛又回到了20多年前。

到了酒店，同学们都排着队站在酒店门口等我。下车见到同学们的那一刻，我内心的激动急剧上升，两眼发热。毕业20多年了，他们都已长大成人，虽然有的毕业后没有见过面，但是，我依然能够一一叫出他们的名字。

纪律委员张习磊代表同学们给我送了一束鲜花，班长聂小华代表同学们给我深深地鞠了一躬，表示他们对我的谢意，体育委员姚静整好队向我报告人数……那一刻，感动、温暖、幸福等情感油然而生，我强忍热泪不让它掉下来，免得在学生面前失态，也不想给这样的场合增添煽情的气氛，但是，我真的从心底里感到很幸福！

在同学们的交流环节，每个同学都畅所欲言，谈家庭、谈工作、谈生活，谈沁师三年留下的美好回忆，谈现在的工作成就和生活乐趣。于利红回忆我曾经对她的鼓励，王艳萍回忆在我宿舍熬了一暑假的中药，李秀波谈到我对她的资助……我没有想到，我竟然给同学们留下了那么多的回忆，不少同学说到我曾经给予他们的关爱时，激动得热泪盈眶。有些我能想起来，有的真的记不清楚了。因为我帮助他们纯粹属于为师的天职，从来没有想过要他们感谢，也没有想过让他们报答，更没有想过要他们都一一记在心里。

但是，我没有忘记，刚刚组班时，面对这群活泼好动的孩子自己所花的心思；没有忘记元旦前给每个同学写了一张明信片，鼓励他们刻苦学习、努力上进；没有忘记运动会的赛场上和他们一起欢呼，获得第一名时与他们相拥而泣；更没有忘记学生住院做手术时，我在外面担心得掉眼泪……

最让我欣喜与自豪的是，他们大多数都从事着教育工作，没有忘记当年求学的初心，有的还勇担使命，已经成长为骨干教师，有的成长为校长、副校长，有的评上了高级职称……看到他们的成长，我想起了徐特立的一句话："教书是一种很愉快的事业，你越教便会越爱自己的事业。当你看到你教出来的学生一批批地走向生活，为社会做出贡献时，人们会多么高兴呵！青出于蓝，而胜于蓝，后来居上，这里不也正包含着你的一份成绩在里面吗？"是的。教师最大的幸福，就是看到学生的成长，在学生的进步与对社会的贡献中体会到一种他人无法达至的快乐。所以，在今天的这个场合，最有收获感和幸福感的应该是我。为了表达我的心情，我给同学们每人送了一本我自己出版的书作为纪念。

最后，同学们以热烈的掌声邀请我讲话，这是必要的环节。整理了一下心绪，我把这20年来的感触和对今日聚会的感想一股脑儿地说给同学们听：

光阴荏苒，岁月如歌。弹指一挥间，20多年过去了，所有的美好都已化为永恒的回忆。24年前，你们风华正茂，意气风发、激情洋溢、豪情满怀，恰同学少年，激扬文字，指点江山，演绎了无悔的青春和灿烂的年华。非常荣幸的是，我见证了你们的这一切。当时的我也很年轻，是你们和我风雨同舟，陪我走过了一段美好的人生旅程，给了我为师的尊严和自豪，使我获得了专业成长。多少欢笑，多少故事，校园里点点滴滴的往事，多少次出现在我的梦里，闪现在我的眼前，沉淀了20多年，依然是那么新鲜，那么让我感动。20多年来，虽然我们每个人走着不同的道路，有着不同的经历，不同的收获，但是这份师生之间的情意与关爱，祝福与牵挂却无时不在，因为我们的心灵是相通的。琐碎的生活，忙碌的工作，并未冲淡我们的师生之情，倒让我格外地珍惜与大家共有的回忆。

此时此刻，千言万语难以表达内心的激动与幸福，最想说的是：第一，感谢。感谢同学们带给我的温暖和美好回忆，感谢同学们陪我一起成长，塑造了我作为一名老师的精神品格，促进了我的专业成长，让我拥有无尽的自豪与骄傲。第二，想念。我们已经分别得太久，这一刻我已经盼望了很久。20年，在人生的长河中是一个不短的时段。20年间，我一直在想念大家，想知道大家工作顺不顺心，生活得怎么样。第三，歉意。由于当时的我也很年轻，只有二十五六岁，工作经验不足，认为只有严格要求才能让学生成长得更快，所以曾经批评过不少的学生，在此，我深表歉意。第四，珍惜。请大家珍惜我们这份难得的师生情、同学情，把它作为我们人生的宝贵财富、专业资源，有空聚聚，聊聊天，拉拉家常，倾诉一下思念，憧憬一下未来，让生活变得更有诗意；珍惜你的职业，过好眼前的生活、善待身边的人，做一个富有情感的人。说到职业，想给同学们多说一句。同学们大多从事的是教师职业，这是一个与书相伴的职业，而且读书是这个职业的前提，一定要多读书，对得起人类灵魂工程师的光荣称号。积极向上，阳光乐观，用我们的阳光去照亮学生的世界。

请同学们记住，无论何时，无论何地，无论你从事着什么职业，你们永远是我此生最大的骄傲和自豪！母校永远是你们最坚强的后盾，老师永远是你们最有力的支持者！常回家看看，老师永远牵挂你们！

说真的，那天的聚会给了我太多的感触，直到今天想起来，我仍然是激情满怀，真的很想大声地说：我自豪，我是一名人民教师！

难忘的风雪归途[1]

2019年11月18日，是一个幸福而美好的日子。

那天上午，我正在办公室处理事情，突然电话铃响起，我没有顾得上看来电显示，直接拿起了电话。听声音，对方是一位年轻的女性："您是高老师吗？"我说："是。请问您是哪位？"她的声音立刻升高了八度："高老师！我是您的学生段佳娜，山西大同的！"

听到这个名字，一股暖流从我胸中涌起。我的喉头发紧，好像被什么东西堵住了。我失声喊道："佳娜，你好吗？"她是原沁阳师范学校97（13）班的学生。一转眼，她毕业已经快20年了，也让我牵挂了20年。

"老师，您……您还记得我吗？"她的话突然变得有点结巴。"怎么会不记得，你是我的学生呀！你和佳莎是双胞胎，你还是那么瘦吗？"她的声音变得哽咽："老师，想不到您还记得我的样子。真的很感谢您，同学们都很想念您！"说到这里，她已经泣不成声。稍作停顿后，她继续说："前段时间看到微信圈里转发您的文章，同学们都非常激动，纷纷托我打听您的电话。几经周折，我终于找到了您的办公电话，抱着试一试的心态，没想到就联系上了。"

我早已两眼发热，往事历历在目，心中波涛翻滚。但我是老师，不能让这来之不易的"千里一线牵"变得过于伤感，更不能再去渲染这样的氛围。我清了清嗓子，极力地控制自己的情绪，轻声说："我也很想念你们。20年了，我一直牵挂着你们，想知道你们过得好不好？工作是否顺利？生

---

[1] 本文发表于《济源日报》2020年1月17日。原文题目名为《20多年前的风雪归途》，发表时有删改。

活是否幸福？有没有困惑需要老师帮助解决的……"

她接着说："老师，我把您拉进同学的微信群吧？同学们一定很开心的！"

我和段佳娜加了微信，她把我拉进了同学群——沁师大同群。顿时，群里像炸了锅一样："老师好！欢迎高老师加入！""老师好！猜猜我是谁？我是最顽皮的那个！""能做您的学生是我们的幸运，还记得您第一年送我们回家吗？那太坎坷了，至今难忘！""高老师好！我是冀晓琳，就是个子高高的那个。没想到今天会发生这么令人惊喜的事情，我们把第一次离开家到沁阳遇到的妈妈找回来了！好开心！""我是刘艳芳，至今都感谢您给我登上舞台的机会！""我是吴丽君，照片里站在您旁边的姑娘。""我是李国平！""我是杨华！""我是李杨！"……同学们你一言、我一语，把我的思绪带回到20多年前那段令人难忘的岁月，让我重新想起了令人终生难忘的风雪归途。

1997年11月，沁阳师范学校迎来了一批来自大同的学生。这在当年是学校招收的离家最远的学生（大同距沁阳约700公里），因此学校对他们特别重视，让我担任他们的班主任。当时的他们只有十五六岁，在父母的陪伴下来到距家千里之遥的沁阳求学，实属不易。报到结束后，很多父母拉着我的手，两眼含泪地对我说："高老师，孩子太小，从来没出过这么远的门，以后就交给您了。"看着父母们那一双双恳求的目光，听着他们那一句句恳切的话语，我非常自信地说："放心吧，我一定看好他们！"因为对于当时的我来说，还不敢说有多高的教育水平和教学能力，面对这些远道而来的孩子，我首先考虑的是他们的生活和安全问题，所以能够许诺家长的就是看好他们。这是对家长最大的宽慰，也是最实惠的承诺。

放寒假的那天，下起了大雪。考虑到安全问题，学校派我和同事陪送这些远道而来的孩子们回家。当时的交通还不是太发达，到大同的火车不仅需要到离沁阳30公里外的月山火车站乘车，还要到太原转乘，而且车次也很少，只在晚上才有一趟。那天晚饭后，学校租了辆大巴车，把我们送到月山火车站。一路上，鹅毛大雪下个不停，整个世界雪白一片，车也开得很慢。虽然车外天寒地冻，车内却热气腾腾：也许是因为看到了那年冬天的第一场大雪，也许是因为考试结束心情轻松，也许是因为马上就能回到家了，孩子们都很激动，一路上叽叽喳喳，欢声笑语。

可到了月山火车站的候车室，我们就一下子被惊呆了。巨大的客流量让月山这个小火车站的候车室人满为患，肩摩肩、脚挨脚，空气中弥漫着一股尘土的味道。候车室里全是人，很难找个下脚的地儿。因为天气不好，不仅多趟列车晚点，而且前面的几趟都因为人满为患而没有停靠，候车室的人越来越多，人们的情绪也越来越急躁不安。看到这情景，我们一边给孩子们找地方，一边打听列车运行的消息，一边安慰他们耐心等待。

经过四个多小时的等待，已是夜里一点多钟，火车终于来了，但是车上的人太多，车门不开。这下可急坏了站台上等待上车的旅客，孩子们更是躁动不安，有的甚至哭喊起来，再加上有的旅客在不停地拍打车门，站台上顿时乱作一团。过了一会儿，车门终于打开了，我和同事一边叮嘱大家不要着急，一边帮着他们往车上挤。因为人太多，门口很难全部挤上去，只好让那些个子小的女孩子相互帮忙从窗户爬进去。可以说，那是我有生以来第一次放下老师的尊严，放下平日里端起的知识分子的骄傲，放下骨子里认为自己是读书人应有的那些文明、淑雅，像个农民工一样拎着孩子们的行李包往上递，推着他们往车上挤，托着他们往车窗里塞，吆喝着他们行动要快一点，提醒着他们要注意安全，叮嘱着他们要相互帮忙不能落下一个……那个场景真的太壮观了，至今我都难以忘怀。庆幸的是，在师生齐心协力的"奋勇拼搏"下，经过一番推、挤、塞的努力，孩子们都安全地上了车，我和同事最后也挤了上去。在人挤人、人贴人的车厢内，我们站了十来个小时，终于到达了中转站——太原。

太原的客流量要比月山大得多，候车厅、廊道、洗手间，到处是熙熙攘攘的人群。有人高喊一声，那声音也很快淹没在密不停歇的嗡嗡声中。看到这样的情况，我们找了一个角落把孩子们先安顿下来，并查了查人数，交代班长和团支书，分组待在一起，必须保证一个都不能少。因为没有座位，就让孩子们坐到行李包上等待。到了晚上，候车室内非常寒冷，同学们冻得瑟瑟发抖。最悲催的是孩子们因为年纪太小，没有出门经验，对事情的判断能力有限，放假前想着要回家，激动得花光了身上所有的钱，只带了路上吃的零食。但是列车的晚点和停发，使得他们所带的零食早已吃光，囊中早已羞涩，到了"饥寒交迫"的地步。看到这些，我和同事把身上的钱全部拿了出来，每人10元、5元地发给大家。告诉孩子们先吃点东西，然后到电话亭给家人打个电话报平安，不要让接站的家人着急。第二天中午，终于等到了一趟北上的列车，我和同事带着孩子们再次成功上演了一幕奋力挤火车的场景……

  到了大同，已是晚上十点左右。那些等了两天的接站家长，见到孩子们的激动与感动之情不言而喻。尤其是听了孩子们路上惊心动魄的经历，家长们紧紧地拉住我和同事的手，连声说着感谢的话。我只是欣慰地松了一口气，总算把孩子们安全地交给了他们的家人。

  家长领着孩子们回家后，或许是因为天气太冷（大同当日温度零下20多摄氏度），或许是因为旅途太累，或许是在太原候车室等车的那晚受了风寒，我感到身体有些不适。那天晚上，我头疼、咳嗽，折腾了一夜没睡。在第二天一早赶往火车站的路上，我实在难忍，吐得一塌糊涂。

  到了火车站，我吃惊地看到孩子们和他们的家长站在寒风中，前来为我们送行。那一刻，我忘记了所有的不适，内心充满了温暖与幸福、满足与欣慰，这一切都是值得的！

  影片《老师·好》有句经典台词："我不是在最好的时光遇见了你们，而是遇见了你们，才给了我这段最好的时光。"感谢命运让我遇见他们，给了我生命中一段美好的时光，给了我与他们患难与共的经历。20多年过去了，每每想起这段难忘的经历，我都百感交集，所以对于这一班的学生，我印象也特别深刻。因为遥远，不常相见，所以多了一份思念；因为共同经历过风雪，所以多了一份惦记。当然，还有一份更为热烈的期许：希望同学们能够不忘当年千里求学的初心，不辜负自己教书育人的使命，把炽热的情怀和高度的责任感继承下来，发扬开去。

整整一天，我都沉浸在回忆当中，沉浸在同学们不停问候的信息中。其实我不需要被感谢，作为教师，承担着教书育人的职责，关心、爱护、呵护学生，指导学生的成长，都是应尽的责任，但我真的感到特别欣慰。

大学课堂的遇见

从教 30 年来,每一次课堂教学,都是一个美丽的遇见。相较而言,大学课堂的遇见,真的是另一种风景。

在很多人看来,大学的课堂是比较自由的,大学的教学环境也是比较宽松的。但我认为上课的气氛可以活跃、轻松,但基本的规则还是要遵守的,因为课堂是神圣的,是不能被亵渎的。关于课堂教学的组织与管理,我有三个方面的要求。

第一,考勤。学生一听很是不解,马上开始议论,都大学生了还天天点名?我告诉学生:"考勤的作用有三个:一是为了能够认识你们,记住大家的名字;二是为了检查学习态度,凡三次无故缺课者视为学习态度不端正。'态度决定一切',那么本门课就没有平时成绩。当然,如果认为老师讲得不好,可以提出申请免修;三是为了'留痕',通过考勤记录留下你们大学生活的印迹,等若干年后你们聚会时,我会把考勤表拿出来印证你们对大学生活的记忆。"学生一听,态度转变了很多,自然也就很少有人敢肆无忌惮地不来上课。我始终认为,教学从记住学生的名字开始,课堂在认识学生中进行。如果我们连自己的教育对象都不认识,怎么可能给他们良好的教育呢?那种上课进教室下课回家的老师怎么可能和学生建立良好的师生关系呢?所以,点名是认识学生、有效教学的最基本方法。

第二,课前礼。我们知道,从上幼儿园开始,上课之前老师和学生要相互问好。但是到了高中以后,尤其是上了大学,师生之间的课前问好被省略了,甚至被遗忘了。在我的课堂上,每次课前都要和学生相互问好。

一开始学生不习惯，尤其是全校没有老师这样做过，别的老师和同学也感到有点好笑。在我看来，课前礼有着丰富的教育意蕴：这是基本的礼仪，两个人见面擦肩而过还要打声招呼，何况我们每日要相处的师生呢！这是一种隆重的仪式，培养学生的仪式感，让学生意识到课堂的神圣；这是一种庄严的宣告，要开始上课了，双方都要尽快进入角色；这是一种郑重的承诺，师生各自要履行自己的职责，老师认真上课，学生认真听课。虽然只是一个简单的课前礼，却蕴含着许多教育意义，不容小觑。

第三，作业。每节课都要布置作业，并且是书面作业。学生有点不乐意：都大学生了，还是《教育学》《心理学》《学前教育原理》这样的理论课程，怎么还每星期都让交作业？我告诉学生："学习要记住两句话：温故而知新；好记性不如烂笔头。"同时我也郑重地告诉学生："期末考试的题从作业中产生。"学生一听，个个不敢怠慢，作业做得非常认真，出勤率更不必说。当然，仅仅靠硬性的制度约束肯定不行，更要把我的教育理念融到课堂教学中去，这样才可能收到真正好的效果。

在大学的教学历程中，我遇到了很多优秀的学生，他们中有勤奋上进的，有乐于助人的，有意志坚强的，等等。但是，让我印象最为深刻的是 2009 级音乐教育班的一位男生，他的坚强毅力和乐观精神深深地感动了我。记得我第一次去他们班上课，教室里非常乱，黑板没有擦，地也没有扫。因为不到上课时间，学生们还在嬉闹。看到这种情况，我没有往里面走，也没有说话，只是默默地站在教室门口，观察着学生们的表情。这时候，一位个子高高、清秀白净戴着深度弱视镜的男生从座位上站起来，走到讲台上把黑板擦干净，又把地上扔的几张废纸捡起来投进垃圾篓里。然后走到我跟前，深深地鞠了一躬，歉意地说："老师，对不起，没有及时擦黑板。"我问他叫什么名字，他告诉了我。一听这个名字，我想起来了，曾经在学校的宣传版面上看过他的事迹。由于先天原因，从来到这个世界的那一刻起，他的右眼就已失去了光明，左眼的视力也只有微弱的

0.1。可想而知，他用如此微弱的视力去感知这个在正常人眼中轻而易举就能清晰获得的世界是多么困难，又是多么渴望。但他并没有因此而消沉和苦闷，也没有抱怨老天的不公平，却以张海迪、史铁生等人的事迹激励自己，以坚强的意志和顽强的精神去面对学习和生活中所遇到的困难。几次大手术使他的家负债累累，所以从小他的家庭条件就很困难。他知道目前还不能为家里分担经济压力，便在平时的学习和生活中时刻提醒自己"以学业为重，不和别人攀比奢侈生活，要和别人比成绩、比能力"。虽然生活不富裕，但是这挡不住他对生活的热爱，不管遇到什么困难，他都会坦然面对。

想到这里我对他肃然起敬，要不是那么多同学在教室，我很可能会情不自禁地喊出：多好的娃呀！我没有这样做，只是给了他一个赞许与敬佩的眼神。我轻轻地走到讲台上，神情平静地看着同学们，非常庄重地说："首先，我要感谢这位同学，向这位同学致敬，是他帮老师把黑板擦干净的，请让我们以热烈的掌声向他表示感谢，并向他致以崇高的敬意！同时，我也想告诉大家，我心里很难受，我们这么多朝气蓬勃、健康快乐的同学坐在教室里嬉闹，却让这位视力只有 0.1 的同学去劳动，情何以堪！"顿时，教室里鸦雀无声。从此，我记住了这个学生。后来，他也找过我，和我谈他的学习、生活和理想。我曾经问他："有什么困难需要我帮忙吗？"他说："没有。"我说："有什么需要帮忙的话你尽管说。"他说："谢谢老师，真的没有，我可以照顾自己。"

由于他经常在假期参加勤工助学，所以我在校园里经常见到他。每次遇见，我总会和他站在校园里聊一会儿，有时候会请他到我办公室坐一会儿；每次和他交流，都会给我带来心灵上的震撼，他那勇于面对困难的坚强意志和积极向上的乐观精神让我深为感动。

2012 年 1 月，经过学校推荐，层层选拔，他荣获了由共青团中央、全国学联颁发的寻访"中国大学生自强之星"提名奖。2012 年，他毕业后积极响应国家号召，参加了大学生志愿服务西部计划，到新疆去，走之前，他专门找到我，把他要去新疆的消息告诉了我。到新疆后，他马上给我打电话，告诉我他已到达，并已安排妥当，让我放心。后来，我们经常电话联系，每逢节日他都会给我打电话，每过一段时间就会告诉我他的情况，每一次工作变动他都会告诉我。比如，他参加公务员考试被正式录取；他被录取到党校；他到乡镇工作；他被任命为镇综治办主任兼团委书记等等。

2014年5月，我又联系到他。回忆起当年的情景，他告诉我《心理学》对他的影响："一是让我学会了自我调节。我是一名重度视力残疾的学生，好多时候看到别人可以做的事情我却不能做，心里很难受，通过心理学课程的学习，我学会了自我调节。二是自我暗示。当我看到别人比我优秀的一面而自己又无法做到时，我就会根据自己的具体特点，暗示自己在其他方面努力，比如说自己比其他人勤奋。2012年大学毕业后来到新疆，我做的第一件事情就是在自己有限的生活费中挤出3000元，报名参加了中央电大的函授本科教育学习，坚持每周乘车100多公里到学校上课。现在论文答辩即将开始。您放心，我会通过自己的努力与拼搏，走出一条属于自己的道路。"

直到现在，我们一直经常联系。每逢节假日，他都会给我打电话或者发信息。我很欣慰，尤其是从他不断更新的学习与工作经历中，我再次感受到他的积极和阳光，执着和坚强。从他身上，我看到一种精神，也看到了一种人生。我想起一句话："上帝为你关上一扇门，同时也会为你打开一扇窗。"他在上帝为他打开的另一扇窗户外找到了属于自己的天空，并展翅翱翔。

"对镜观瞻，从来都是直面而非回头，镜前孤影，发现并弥补缺陷，然后出门，从容上路。"[1] 他自强不息，顽强拼搏的精神为当代大学生，甚至为我自己树立了学习的榜样和典范。在很多时候，我都会拿他的事例讲给其他学生，用他的事迹鼓励学生珍惜自己的青春年华而积极进取，用他的精神去激励学生要以阳光的心态去面对学习和生活中的困难，并要有战胜困难的不屈精神和顽强毅力。可以说，他一直是我教学中典型的优秀案例。

当然，在大学里当教师，我有很多的遇见。正是这些遇见成就了我人生美好的时光。随着时间的推移，我的课堂会有更多的遇见，我期待与他们的相遇，珍惜与每一个学生的际遇，希望我们彼此成就更好的明天。

---

[1] 徐伟涛：《青春是火热》，《焦作日报·青周刊》2012年1月4日。

期许农村教育[1]

作为农村出生、农村长大的我,始终对农村有着一种解不开的情怀,尤其是对于农村教育的发展,更为关注。因此,每次谈到农村教育,我都会有心灵的触动。我永远忘不了那个破败的庭院,几间残破的平房,几个亦教亦农的乡村教师所组成的典型的农村学校。尤其是那些教师,不仅教会了我许多知识,也给我带来了心灵的冲击。

上大学之前,因为一直是班里学习成绩比较好的,受到的都是老师、同学和家长的表扬和称赞,所以我没有自卑过,甚至有时候还有一些小骄傲。但上了大学以后,我发现与那些来自城市的同学相比,差距很大:他们有的会跳舞,有的会打乒乓球,有的会画画,有的会弹吉他……而我,除了女孩子从小都会的跳绳、踢毽子外,什么都不会,尤其是艺术素养,更是缺乏。当时对城里孩子的羡慕和自己的自卑心理我现在记忆犹新。回想起来,除了与当时农村教学设施简陋、教学条件缺乏有关,最主要的是与教师应有的专业知识和技能有关,所以,我一直为自己没有接受好的基础教育而深深遗憾。正是为了减少这样的遗憾,我志愿报考了师范大学,大学毕业后怀着满腔赤诚走上了三尺讲台。

在从教的过程中,我才真正体会到,教师不仅仅是一种职业,更是一种专业,需要专业的理念、专业的知识、专业的技能,唯有如此,才能有

---

[1] 高闰青:《河南省农村教育热点问题研究》,中国矿业大学出版社,2012,前言第1-6页。

资格去培养学生，才能指导学生全面发展。难怪我一直徘徊于一种低水平发展的边缘，除了与自己的天赋和努力有关，也与儿时教师的专业素养密切相关。我除了努力去做一名好老师，去帮助和指导我的学生健康发展之外，我也一直用读书学习、不断提升自己的专业能力作为我专业发展的主要方式。同时，我也期待着人生中不断有优秀的老师来指点我，帮助我，促进我的专业发展，用自己的专业知识为农村的教育发展做些贡献。尤其是博士毕业以后，我特别想为农村教育做点什么，以弥补曾经的遗憾，或者说让更多的农村孩子不再有同样的遗憾。因此，对农村教育问题的思考成为我研究的主要视阈。

  2009年春节，我回老家过年，看到村子里有不少留守儿童，在生活上只能依靠老态龙钟的祖辈，学习更是处于放任自流的状态，这些都让从事教育的我感到震惊和不安。给我感触最深的是一对小兄弟，两个人都上小学。他们的父亲在南方打工，已经5年没有回家，母亲在北京做保姆，半年回一次家。孩子跟着伯伯生活，一家人很少团聚。这样的情况下，孩子的教育也就成了问题。一方面，伯伯常年在外包工，总是早出晚归，白天很少在家，甚至有时候几天不在家，只有大娘到点把饭做好，孩子放学能够按时吃上饭；另一方面，尽管伯伯一家对孩子很好，但是毕竟不是自己家，那种常年寄人篱下的生活让两个孩子变得孤言寡语，畏畏缩缩。看到这样的情况，我非常揪心，常常想：孩子想父母了怎么办？孩子遇到困难怎么办？孩子受欺辱了怎么办……这不是一个孩子应该面对的。可是该如何解决这些问题呢？根据统计资料显示，当年中国的留守儿童达5800万人。我只是一名教师，没有更大的能力和办法去帮助这些留守儿童解决现实问题，只能做一些研究，为他们鼓与呼。基于此，2009年6月，我申报了河南省政府决策招标课题《河南省农村留守学生心理发展现状与对策》，并获得立项。

  在研究的过程中，有两则报道触动了我，让我更加坚信此项研究意义重大。

第一则报道：

2009年11月12日8时左右，贺州市平桂管理区公会镇双洋村27组村民在家中利用小学生在课余时间非法加工爆竹，发生爆炸事故，导致当场死亡1人，受伤13人，除1名伤者为61岁的老人外，死伤的13名儿童全部为留守儿童，其中最小的7岁，最大的15岁。让人想不到的是，大多数跑到"黑作坊"挣零花钱的孩子的父母、爷爷奶奶、外公外婆都不知道孩子去当廉价"童工"。原因是他们的父母都到广东等地打工去了，家里的老人又管不了小孩，最终酿成无法挽回的大错。

第二则报道：

2009年12月16日晚上，云南一留守小学生用红领巾在宿舍上吊身亡。他生活在一个单亲家庭里，父亲在昆明打工，他从小就和爷爷奶奶一起生活，不仅学习成绩好，生活自理能力强，还是班长，并在学校里时常照顾一个亲戚家的孩子。但是，他有什么心事，不会轻易和同学、老师讲，特别是家里的情况，他说得很少。那根红领巾，他经常戴着，是他的最爱。

红领巾，是多少孩子加入少先队时的自豪和骄傲，是我们教育孩子做共产主义事业接班人的爱国主义教育标志，但它却成为孩子离开人世的器具。我们能不悲哀吗？我们能不为教育痛心吗？

近年来，关于留守学生的溺水事件、性侵害事件和伤亡事故时有发生，也充分说明了这方面的问题。诸如此类发生在留守儿童身上的事件，不得不让我们对留守儿童的健康成长给予更多更大的关注。

可以说，农村留守儿童问题，既是涉及社会弱势群体基本生存状况的社会问题，又是关涉许多农村儿童能否接受义务教育的基本问题。解决好农村留守儿童的问题，将有助于实现城乡经济社会的协调发展，促进社会的稳定，也有益于农村普及九年制义务教育的真正落实和质量提高。要解决留守学生的问题，需要社会、家庭和学校教育的齐心协力，增加对家长和监护人的教育和指导，不断提高他们的监护意识和教育能力。同时大力发展和完善农村教育管理模式，规范管理，建立心理健康教育制度，加强法律教育、安全知识教育和青春期教育，使得留守学生的身心得到健康的发展。

2010年6月，我申请进站河南大学教育科学学院教育学博士后，研究的内容是关于"特岗计划"的实施。我之所以选择这个题目，一方面是对"特岗计划"政策的赞许，因为它是一项史无前例、颇具匠心的开创性政策设计，它智慧而又艺术地解决了目前困扰中国经济社会快速发展的两大难题：一是开辟了提高农村中小学师资水平的新途径，二是有助于缓解大学生就业的压力，为大学生提供施展才华、报效祖国的人生舞台。更长远的意义在于，它将改变我国中西部地区教育落后的面貌，是促进中西部地区（尤其是广大农村）教师队伍均衡、稳定发展的补充机制，对改变广大农村特别是偏远乡村落后的教育现状具有十分重要的意义和作用，也是实现教育公平的新举措。

另一方面是对"特岗计划"实施成效的担忧。那些特岗教师怀着梦想与激情来到了偏远落后的农村，远离亲人，远离朋友，在陌生的地方忍受孤独，教书育人。无论是从人文关怀方面考虑，还是从基础教育健康发展方面考虑，我们都应该给予他们足够的关心。他们的生活状况怎样？他们的工作状态、专业发展怎样？他们有怎样的困惑与期待？首批"特岗计划"教师期满，他们的待遇落实、分流情况、后续保障等又怎样呢？这些都将直接影响着"特岗计划"的实施成效。

2010年10月8日，《中国青年报》刊登了《河南省部分地区未能兑现"特岗教师"待遇引发不满》一文，引起了社会的广泛关注，给我的研究提供了强有力的支撑材料，让我更加坚定了做这项研究的信心和决心。河南这些"特岗教师"的境遇，正是国内"特岗计划"的一个缩影，也是其实施过程中出现的一个问题，或者说是问题的一个方面。那么除此之外到底还有什么样的问题呢?他们在实际的工作中面临着怎样的生存挑战?他们在实际的教育情景中处于怎样的境遇?这些都需要政府和社会各界给予更大的关注,使这项政策为补充农村教师队伍能更好地发挥作用。

调研期间,我曾经看到了许多感人的事件,"特岗计划"带给农村义务教育的变化也有目共睹。他们的教育理念,改变了学校的办学定位;他们的教学方法,让课堂充满了活力;他们的自身素养,让校园充满了生机(歌声、琴声、笑声);他们的奉献精神,提升了农村学校的教学质量……但是,"特岗教师"的生活和工作状况却不尽如人意,甚至让人感到心酸。有一位"特岗教师"在日记中写道:

去学校报到的那天,看着校园中过了一个暑假而旁逸斜出的野草;看着一排排低矮的教师宿舍;看着扑簌簌往下掉土的墙壁,我的眼泪忍不住流了下来。在那一刹那,现实与心理的强大落差让我有些动摇了:难道这就是我将来的工作环境?难道这就是我以后的家?

还有一位"特岗教师"写道:

最不适应的就是生活方面的,比如上厕所。农村的厕所都是旱厕,没有水冲,经常是臭气熏天,夏天时候苍蝇乱舞。宿舍楼没有卫生间,为了方便老师们半夜起床上厕所,学校给专门配了手电筒。

可以说,看到这样的教育环境,看到"特岗教师"的境遇,我不由得悲从中来,一是为农村教育的发展。时过境未迁,几十年过去了,还有不少农村学校的教学条件并没有得到很好的改善,学校的基本设施依然没有得到保障,老师和学生的生活环境仍然是如此的简陋;二是为那些"特岗教师",他们经过了几年的大学教育,怀揣着献身祖国教育事业的梦想,愿意到农村一线去从事教书育人的工作,但我们给他们提供了什么样的生活环境和工作条件呢?是不是为他们创造了基本的教学条件和生活环境?

从研究的本意来说,我试图借助一个具体的问题挖一口深井,通过认真的调查和细致的思考,力求得出有价值、有分量的研究成果。或者说,这些研究解剖的是河南省农村教育这只"麻雀",思考的却是中国农村教育发展的"大问题"。其中,既包含着自己作为一名从乡村走出来的女性教育工作者的草根情怀和教育良知——对弱势群体的悲悯和关注,也渗透着自己对生活的热爱,对梦想的追求。

博士毕业12年来,我做的课题中有9项与农村教育有关,发表的文章中有20多篇是农村教育方面的内容。我深知自己不是,也无法成为这一阶层或领域的代言人,但这仍然无法阻止自己对当下农村基础教育存在,或者曾经存在的现实问题的关注与思考,并把它作为自己研究领域的一个重要组成部分,或者说是自己生命世界的一个重要部分。这份持久不变的情怀,促使自己对农村教育存在的问题给予必要的批判与反思,用一颗平凡、挚爱、理性的心灵去守望教育、守望心中的教育梦想。

我特别喜欢《麦田的守望者》中的一句话:"我只想当个麦田的守望者。我知道这有点异想天开,可我真正喜欢干的就是这个。"每次看到这句话,我就会想起艾青的诗句:"为什么我的眼里常含泪水?因为我对这土地爱得深沉……"我不敢奢望自己的卑言微语能够成就伟业,给世人带来教育变革的惊喜;但我力求用我真挚的思考与质朴的语言,用我对生活的热爱、对教育事业的执着,点燃我人生历程中每一次新的希望,倾诉我热烈而纯净的生命期许——农村教育的美丽转身![1]

---

[1] 高闰青:《期许农村教育美丽转身》,《中国教育报》2013年6月5日。

结缘学前教育

小时候家里有个亲戚,她给我留下了非常深刻的印象,给我的童年生活留下了美好的回忆,甚至对我后来的专业成长产生了重要的影响。

在我的印象中,她长得很漂亮,有点像书中描写的古代美女,大大的眼睛,皮肤白皙,眉如翠柳,腰如束素,齿如含贝,时显娇羞;她穿得很漂亮,经常穿着一件与乡下女人粗布大襟布衫不一样的对襟外套,灰色洋布做的,钉着纽扣,还有两个口袋,脚上穿着一双黑色带襻的方口鞋,是塑料底的,与当时农村人穿的自制布鞋比起来漂亮多了;她的发型也好看,那是与当时乡下女人发卡别在耳后垂肩的短发不一样的齐耳短发,有点像我们现在的"波波头",既干练又时尚。她说话的声音很好听,因为她老家不在本地,操着与我们方言不一样的口音,声音特别甜润,显得特别亲切。她生活也比较富裕,每次回来都会带很多东西,会给堂姐买新衣服,会给我们带糖吃,甚至还会带一些我从来没有见过的小玩意儿。

每次她回来,我都会迫不及待地往她家跑,还经常围着她问这问那。说来也奇怪,她似乎对我也很亲,总喜欢喊我到她跟前去,多给我些糖,还送过我一个非常可爱的小手帕。虽然她过一段时间会回来一趟,但她从不下地干农活,所以我对她充满了好奇。我曾经问过母亲那位亲戚是做什么工作的,母亲说她是城里人,有自己的工作,在温县幼儿园上班。对于母亲说的幼儿园,我一脸懵懂,不知道那是什么地方。我曾经问过那位亲戚:"幼儿园是什么地方?您在那里干什么?"她告诉我:"幼儿园是小朋友学习和玩耍的地方,我在那里教小朋友唱歌、跳舞、画画、写字……"

我央求她:"那您能不能也教我唱一首歌?"她笑着说:"可以呀!"而后,她教了我一首儿歌:"爸爸妈妈去上班,把我送到育红班;育红班,真好玩,又唱歌,又跳舞……"虽然这首歌词的内容对于出生在农村的我来说十分陌生,因为我的爸爸妈妈没有去上班,我也没上育红班,但那欢快的旋律真是令我着迷。这首歌曾经伴随我度过了非常快乐的一段童年时光,也让我对幼儿园充满了向往,盼望自己能够有机会去上幼儿园,虽然最终我也没有上过幼儿园。但对于这首儿歌,我始终像童年时那样喜欢;尤其是那位亲戚的形象永远刻在了我的记忆中,至今依然清晰,而幼儿园老师也因此成为我心中的偶像。

可能是没有上过幼儿园的缘故,对于幼儿园,我一直有着一种特殊的情结,每每看到那些色彩斑斓的建筑,听着那稚嫩的童声,我都会心潮澎湃,激动万分,甚至有时会童心又起;也可能是童年时受那位亲戚的影响,对于幼儿园老师,我更是心存敬畏,甚感神圣。每当谈起幼儿园教师,我就会联想到年轻漂亮、能歌善舞、多才多艺,轻声慢语,脸上洋溢着朝气与微笑,富有爱心、耐心与责任心等这些美好的字眼。总之,在我的印象中,幼儿园是一个非常神圣而令人向往的地方,幼儿园教师是一个非常神圣而令人羡慕的职业,并且都有着非常美好的形象。

我特别喜欢美国作家富尔格姆《信条》中的那句话:"我真正需要知道的一切,即怎样生活,怎样做事和怎样为人,我都在幼儿园里学过。智慧并不在高等学府的大山顶上,倒是出自儿时孩子们玩的沙堆中。"随着年龄的增长,尤其是自己的孩子上幼儿园以后,我越发意识到学前教育对一个人成长的重要意义,真正理解了"人生百年,立于幼学"这句话的深刻含义,对于学前教育的那份情感变得更为真挚,那份热爱也更为热烈。尽管如此,我从来没有想过有一天我会与学前教育结缘,也没有奢望今后的职业会与幼儿园和幼儿园老师密切相关。

命运使然,我后来竟然非常荣幸地从事培养和培训幼儿园教师的工作。由于对幼儿园和幼儿教师这份特殊情结的存在，我对于幼儿园教师队伍建设的关注也就多了一些。

专业使然，在承担农村幼儿园教师培训任务的过程中，我有机会与幼儿园教师有了近距离的接触，他们的专业思想、职业理念、专业水平、培训需求等，都是我作为一名培训的任课教师应该密切关注的，也是必须高度重视的。尤其是在当前国家大力发展学前教育的社会背景下，作为培养幼儿教师的主力军——高师院校的教师，潜下心来认真研究学前教育专业发展及其相关问题，是我义不容辞的责任和义务。

心愿所往，我一直期待着能够为幼儿园教师的专业化发展尽一份绵薄之力；自然而然，幼儿园教师就成为我研究的主要对象，幼儿园教师队伍建设问题就成为我主要的研究视阈。

自2010年以来，除了承担学前教育专业核心课程《学前教育原理》的教学任务外，我还一直承担着"国培计划"农村幼儿园骨干教师、农村转岗教师、非学前教育专业幼儿教师等项目的教学任务，主要讲授幼儿园教师专业成长等方面的内容。每一次面对那些肩负培养祖国花朵使命的幼儿教师，我内心都会有不同程度的感触，除了自童年时就萌发的那种崇拜，更有的是敬畏。一方面是职业，因为他们面对的是幼儿期的孩子，那是一个人生命中最美好的阶段，也是为其生命成长打基础的阶段；另一方面是精神，因为大多参加培训的幼儿教师都是饱含教育情怀，带着专业成长的渴求，克服种种困难走进课堂的。尤其是那些来自农村的幼儿园老师，他们不仅仅在课堂上专心听讲，课后也会主动联系我，诉说他们幼儿园的情况，倾诉幼儿园发展过程中遇到的问题，咨询专业成长中的困惑，交流教学中遇到的问题，畅想学前教育发展的前景。有的和我建立了长期的联系，有的还成为我研究调研的对象或者合作伙伴。在这个过程中，他们无论以何种方式与我交流，集中的话题都离不开学前教育的对象——孩子。

责任所在，面对这些热爱幼儿、饱含教育情怀、渴求专业成长的幼儿教师，我力求把童年时对幼儿园的向往和对幼儿园教师的那份崇拜变为现实中的一种深情守望和实际行动。歌德曾说过："仅有美好的愿望是不够的，我们必须行动起来。"因此，我们只有也必须尽快行动起来，虽然，"我们并不奢望一个大彻大悟、有着大智慧的教师能在这个时代产生，以造就一个充满教化意义的世界"[1]，但这却是教师专业成长的终极理想。基于此，在我所做的研究课题中，有6项与学前教育密切相关，以此为基础，我发表了十多篇有关学前教育方面的研究文章。

加深我对学前教育之情结，让我对学前教育研究有迫切之感的，是我的一位学生。

2018年暑假，一位毕业了22年的学生来看我。师生见面，激动的心情和感动的场景不言而喻。寒暄之后，当我问他在哪里工作，他露出一丝苦笑，说："在村里的教学点，不过没有几个学生，我办了所幼儿园。"说实在的，这个消息，让我有点意外，因为男同志在农村当幼儿老师的并不多见；同时也有些疑虑——他是普师毕业，当幼儿园老师是否合适？他似乎看出了我的心思，就给我讲起了他办幼儿园的艰难经历。

他毕业以后一直在小学当老师，于2005年来到一个小学教学点任教。其间，他看到村里没有幼儿园，很多适龄幼儿不能就近入园。这些孩子大多是留守儿童，跟爷爷奶奶生活在一起。其中一些家庭条件好的，每天由爷爷奶奶把孩子接送到邻村去上幼儿园，很不方便。那些爷爷奶奶身体不好或者家庭条件不好的，孩子就只好在家待着。为了解决本村幼儿入园难的问题，他给村委会建议，决定利用现有的场地，改建一所幼儿园。

万事开头难。没有资金，没有教师，没有经验，一切从零开始。他发动本校的教师、家长及亲戚朋友帮助寻找身边愿意到幼儿园工作的老师。

---

[1] 高闰青：《河南省农村教育热点问题研究》，中国矿业大学出版社，2012，前言第1-6页。

公告发出后，报名的有几个人，但都是毫无教学经验的，有的甚至连初中都没毕业。在很多人看来，幼儿园不就是看孩子吗？要什么专业老师？他虽然明知这种观念不对，但正是用人之际，而且待遇不高，能有个人就不错了，还谈什么学历呀！只能先把幼儿园办起来，等稳定下来以后再慢慢招聘专业的教师。同时，对现有的幼儿教师加强培训，使其迅速成长，尽快适应幼儿园的教学工作。

经过几个月的艰辛筹备，终于开园了，但问题也出现了。刚开园，老师和孩子之间都不熟悉，面对这些齐哭乱喊的孩子，没有经过专业训练的老师们手忙脚乱，无所适从。他们抱这个哄那个，一天下来嗓子喊哑了，胳膊也抱疼了，个个累得筋疲力尽，身心疲惫。当天晚上，一名教师就毅然决然地提出辞职，并表示不愿再和幼儿打交道。刚开园就少了个教师，第二天孩子们来怎么上课？于是，他决定自己先顶上去，带一个班，等找到新的教师再说。就这样，他成了一名幼儿园老师。过了一段时间，孩子慢慢适应了老师，老师边学边教，也慢慢有了一些照看孩子的经验和办法。后来，为了提高业务水平，他和老师们自费购买幼儿教育和保育方面的书籍，努力学习保教专业知识和方法。每到周六、周日，他就带领教师到乡镇和县城的幼儿园参观学习，提高专业能力。

我静静地听着他的讲述，中间没有插一句话，内心却已是五味杂陈。自豪和敬佩之意升腾上来：为自己有这样一位具有深厚教育情怀的学生感到自豪，并向和他一样长期坚守在农村教育一线的老师致敬！

2019年暑假，我再次见到了这位学生。他还在坚持办幼儿园，经过两年多的努力，幼儿园在慢慢地发展壮大，目前已有在校幼儿35名，有幼儿教师4名。虽然人数不多，但是幼儿园的歌声与琴声，尤其是孩子们的欢笑声，为常年沉寂的村庄带来了新的生机与活力，为含辛茹苦的家长带来了美好的希望与憧憬。不过幼儿园的发展确实面临着很多问题，尤其是教师队伍问题：一是教师素质低，流动性大，两年换了12个教师；二是没有科班出身的幼儿教师，在职的教师又缺乏学前教育的专业培训，严重影响了幼儿园的教学质量。

在此过程中，曾经有几个同学劝他离开这里，调到县城的学校工作，都被他婉言谢绝了，因为他放不下这些孩子，离不开这些农村留守儿童。对于农村的学校来说，调走一个教师容易，再调来一个教师很难。如果他调走了，这所刚刚建起的幼儿园很快就会散掉，那么剩下的孩子怎么办？所以，他选择了坚守。他说："只要还有一个孩子在，我就不会走。"他打算把教学点办成独立幼儿园，通过加大培训幼儿教师力度，改善幼儿园条件，建章立制，规范办园，办出自己的特色，争取让村里的幼儿都能就近享受到最优质的教育资源，不再让村民顶酷暑、冒风雪、舍近求远地将孩子送到外村上幼儿园。

"幼有所育"是实现"办好人民满意教育"目标的必经之路。作为一名教育工作者，一名培养幼儿教师的教师，我深感责任重大，使命光荣，做好学前教育教学与研究工作的紧迫感更加强烈。我知道，就我个人的研究而言，只是只言片语；就我个人在教育领域的影响力而言，可以说是人微言轻，但我依然愿意坚持为学前教育的发展振臂鼓与呼。"让每个孩子接受公平而有质量的教育"，这是新时代教育发展的不懈追求。我有理由相信：在这样的时代背景下，学前教育的发展将会迎来更加美好的明天，我与学前教育的这份缘分也会更加深远。

沉思家庭教育

如今，我已至知天命之年，从事教育事业和教育学研究多年，但是从来没想过，有一天我会去思考和研究家庭教育。在我固有的思维中，家庭教育大多是社会学专业学者所从事的研究视阈。而我是一名教育学博士，主要从事教育教学的基本理论研究，即使与家庭教育有点交集，也只是一鳞半爪，不可能引起我更多的关注。但随着教育的发展，家庭教育在教育体系中的地位越来越重要，不仅引起了家长和老师的高度重视，也引起了党和国家领导人以及社会各界的广泛关注。在教育教学实践探索中，在教师教育理论研究中，尤其是在抚养女儿的过程中，我与家庭教育有了更多的际遇和交集，并深深地被它的魅力所吸引，被它研究的价值和意义所震撼。

促使我思考家庭教育的首先是我自己。2010年7月，父亲因病去世，我骤然发现，很多事情会在你不知不觉中发生，很多人会在你不知不觉中离去。尤其是你的亲人，在你毫无思想准备的情况下突然与你阴阳两隔，会让你惊慌、悲伤、懊悔、歉疚……在这种纷繁复杂的思绪中，在锥心刺骨的悲痛中，我给父亲写了一篇祭文。在起草这篇祭文的过程中，我不断追忆父亲普通而又不平凡的人生，以及他带给我的至深影响。在此过程中，家庭中每个成员以及生命中的其他人对我的影响也逐渐清晰起来。

无贤父无以立身，无良师无以功成。在我的成长过程中，学校教育中老师的精心培养至关重要，师恩绵长，他们不仅让我在知识的海洋中展翅翱翔，也教会了我很多做人的道理。此外，还有很多人曾经给予我支持和鼓励、关心和帮助，都对我的人生产生了重要的影响。但是，真正影响我的性格，决定我的行为习惯和思维方式，乃至人生走向的是我的家人。虽然我通过自己的努力考上了大学，后来又读了硕士、博士，当上了大学教授，过上了一种和家人不一样的"现代"生活方式。但是，家人对我潜移默化的影响，却一直赓续于我的生命之中，成为我的精神血脉。可以说，没有家人的支持与帮助，我走不到今天。他们的支持与鼓励、影响与感召，是我不断进取的最强动力，深刻而久远地影响着我的人生发展之路。于是，我开始思考家庭教育在一个人成长中的重要作用，在2014年出版拙著《成长中的教育故事》时，我把家庭教育作为开篇内容，这既是我对家人多年来养育之恩和关爱之情的一种感激和回忆，也是对另一种教育形式的体悟和探讨。

另一个促使我思考家庭教育的是我的女儿。1992年5月，女儿的诞生使我成为一个母亲，有了一个更加完整幸福的家。在抚养女儿的过程中，我对家庭有了全新的认识和理解。母亲的本能使然，我想给孩子营造一个良好的家庭环境，让她接受良好的家庭教育，但所有这些，仅限于对女儿的日常教育方式方法的践行，没有深入细致的理论思考，也没有可资借鉴的实践标准，更谈不上深刻严谨的教育研究。

2011年5月，我在省委党校参加河南省专家班的理论培训，女儿在河南大学读书，所以无法陪她一起过生日。我一直思考着如何让她过一个有意义的生日，以弥补缺席的遗憾。直到女儿生日临近，我突然灵光乍现，索性写一篇关于女儿成长的文章，作为生日礼物送给她。

回想女儿成长的过程，既有几多欣喜，也有几多遗憾。作为一位母亲，如何能够启发她、激励她更好地成长，是我写作的一个主要目的。同时，作为一名教育工作者，如何与更多的人分享自己教育孩子的方式方法，是我写作的另一个出发点。于是，我想到了曾经和女儿之间有一次关于角色定位的对话，开始撰写《生命里的"四分之一"》。文章写好后，我投给了《大河报》，编辑很快给了采稿的回复。在和编辑沟通的过程中，我再三央求他，希望能在女儿生日那天发表。但是，天不遂人愿，报纸的版面内容每天都有具体的规定，阴差阳错地把文章发在了她爸爸生日的那天。尽管如此，女儿看到文章后，仍然十分高兴，拿着报纸向她宿舍的小姐妹炫耀："这篇文章是写我的，是我妈妈送给我的生日礼物。"看到她如此喜悦与激动，我突然意识到，原来爱孩子的方式可以如此多样，也可以如此简单。对于孩子来说，内心需求的未必是物质上的满足，他们更需要精神的滋养。

正是这次别出心裁的生日礼物，促使我对教育的另一种形态——家庭教育开始进行思考，在闲暇之余写点感想，既是我培养女儿的一种反思，也是我对家庭教育的一些见解。虽然没有将之进行更深入的提炼与更系统的整合，但终究成为我跬步前行的点滴积累。

2015年9月，女儿申请到日本名古屋大学攻读人力资源管理专业的博士学位。那天送女儿进安检的时候，我比以往的每次送行更多了一份惆怅与感慨。我突然意识到，女儿的这次远行可能具有分水岭的意义：它意味着我们能够陪伴女儿的时间和机会将会变得更少；意味着她可能日后会把家乡当故乡；意味着她学成归来时可能就会有其他人的陪伴，从此变成家里的客人……我不敢让自己再想下去，因为已经是满眼的泪水。

送女儿回来之后，我脑子里一直闪现着女儿成长过程中的点点滴滴，并用文字把它记载了下来，整理成一篇文章《不剥夺女儿追梦的权力》，于2016年3月发表在《中国教育报》。这篇文章发表后，不少亲朋好友纷纷为我点赞，认为我讲出了天下许多母亲的心声。其实我知道，自己只是一个非常平凡的母亲，甚至也没有免掉心中对女儿情感上的"占有"和世俗的"私心"。其中有位专家在看到我的文章后，除了积极的鼓励，还给我提了一个建议："看到你发表的几篇关于家庭教育的文章，我非常感动，也觉得很有启示意义。我认为你关于家庭教育方面的观点还是很有哲理的，有没有想过写本这方面的书？"一语惊醒梦中人。我原本以为自己写点小文章，只是对女儿成长的一些记录和体悟，其实，我一直在思考着与家庭教育相关的许多问题，不仅仅限于女儿的成长经历及所思所想，也包括和我曾经在一起生活过的哥哥姐姐家的孩子，对他们的成长我也有很多的感慨。还有平常的职业习惯使然，看到哪个孩子的行为习惯，很容易联想起其家庭教养。应该说，对于家庭教育的思考，我一直在路上。但自那一刻起，我打算系统地梳理一下思路，写一本家庭教育方面的书。

2016年10月，我开始构思这本书的框架，同时整理收集相关的资料。我首先把自己曾经写过的相关文章、日记等素材整理到了一起。在整理资料的过程中，我惊讶地发现，已经成型的材料竟然有五万多字，再加上多年来积累下来的日记，相当丰富的资料，不仅增强了我写这本书的信心，更加坚定了我写好这本书的决心。之后，我边写边整理边投稿。2017年，我在《中国教育报》《教育时报》等刊物，先后发表了7篇相关的文章，为出版这本书奠定了坚实的基础；2018年，我在《中国教育报》等刊物发表了5篇相关文章，使这本书的出版显得更为适宜。

在考虑书名时，我毫不犹豫地选择了《家庭教育：为孩子的成长打好底色》。因为，近朱者赤，近墨者黑。家庭是孩子的第一课堂，父母是孩子的第一任老师，家庭教育就是为孩子的生命成长打底色的工程。只有底色鲜亮了，孩子的人生才能色彩斑斓。这本书在总结女儿成长过程中的经验教训、结合身边一些孩子成长故事的基础上，从习惯养成、认知发展、家庭环境、亲子关系和自我实现五个方面，对家庭教育的方式方法和重要性进行真实记录、系统探讨和深刻阐释。期待着其中的生活事件和理性思考，不仅能为家长提供一些"育儿心经"，还能为中小学教师和家庭教育指导师的实际工作提供理论指导和实践参考。

从2011年5月20日在《大河报》上发表《生命里的"四分之一"》，到2018年9月份此书的正式出版，历经7年多的时间。但在书稿付梓之时，我才意识到，其实，在女儿成长的 26 年中，我不曾间断过对家庭教育的思考。所以，看似 7 年的思考，实则是 26 年的沉淀，可谓点点滴滴在心头。

其间，有不少次写到在孩子成长过程中的收获，我内心既感到无限欣慰，又感到无比幸福；有时想到自己在孩子们成长过程中曾经犯下的错误，既有心灵的忏悔，也有岁月的感喟。我更希望自己的经验和教训、反思和研究，能给更多有需要的父母和家庭带去一些参考和借鉴的作用，那将是我莫大的幸福和荣耀。

令人欣慰的是，这本书出版后，受到了广大读者的喜爱与认可，得到亲朋好友的支持和鼓励。在 2018 年国庆节和 "双 11" 期间，当当网直营店的销售量排到了亲子家教图书的第 11 名、12 名的位次，这对于小试牛刀的我来说是莫大的欣慰和荣耀；山西大学教育科学学院刘庆昌教授在百忙中挥笔如椽，于 2018 年 11 月在《中国教育报》发表题为《从生活细节中提炼家庭教育的道理》的书评；《光明日报》《教育时报》等媒体和平台对本书极力推荐，非常荣幸的是，该书先后被《教育时报》评为 2018 年度河南教师最喜爱的 20 本图书之一、被教育部中国教育新闻网评选为 2019 年度影响教师的 100 本书之一。应该说，这本书是我系统思考家庭教育的开始，也是多年来思考家庭教育的结晶。

促使我思考家庭教育的另一个原因就是对教育的思考。作为一名教育理论的研究者、教育教学方法的践行者，思考教育，既是我的专业使然，也是我的使命所在。谈到教育，人们谈论最多的莫过于孩子的教育问题，这是社会、家庭共同关注的焦点和热点。作为一名教师，一名教育学博士，我经常会被问到关于孩子的教育问题。

当前，社会竞争的压力、功利思想的驱使、应试教育的盛行，使我们很多学校、教师、家长的教育理念出现了偏差。无论是学校排名，还是教师晋级，都把学生的考试成绩作为主要的评价指标。更为焦虑的是我们的家长，那"望子成龙""望女成凤"的心情和热望令人感叹，人云亦云地把孩子的成长目标设定为考高分、上名校，并以此作为评价孩子的主要标准。正因如此，才出现了那么多让孩子两三岁即背唐诗、四五岁即学英语、上小学就开始请家教、节假日就上辅导班、一个假期上十几个辅导班等诸如此类"异化"的教育行为。我们如此过度重视具体知识的学习、专项技能的获得，反而忽视了孩子完整人格的培养。然而，决定孩子一生的不是学习成绩，不是高分名校，而是健全的人格修养。试想一下，如果一个孩子失却对生命的敬畏，缺少对社会的认知，没有梦想的能力，不懂得保护自己，缺乏分享的意识，丧失同理心，甚至自私、冷漠、脆弱、没有担当、不明事理，那么即使他如家长所愿考出了高分，考上了名校，或者读了硕士、博士，甚至还多才多艺，有一份体面的工作，有可观的收入，有骄人的专业技能，那又能怎样呢？曾经，那些一个个从楼上跳下来的名校硕士生、博士生，都是教师眼中的骄傲，父母心中的希望，但是，从他们坠地的那一刻起，便什么也不是了，空留下老师嗟叹，父母悲伤。还有那些杀父弑母、给室友投毒的大学生，在他们考上大学时，有多少人向其投以羡慕的目光，最后都变成了感慨与悲伤。当这些状况出现的时候，更多的人对学校横加指责，但这完全是学校的责任吗？也有人在指责家长，那是家长的责任吗？这是教育的问题。但究根探源，无不与孩子的成长背景、成长过程有关，与孩子从小形成的人生价值观有着密切的联系。

　　从功利的角度来讲，孩子的学校教育能否成功，根源也在于他的家庭。1966年，美国约翰·霍布金斯大学教授詹姆斯·科尔曼在收集4000所学校60万名儿童数据的基础上撰写的《关于教育机会平等性的报告》，在国际上产生了重大的影响。报告中的大量数据显示，影响孩子学习成绩的主要因素是家庭。孩子所接受的家庭教育一直在幕后"操纵"着孩子的学校生活，家庭教育是学校教育永远的背景和永远的底色。[1]

"人之初，性本善。性相近，习相远。"这是我们中华优秀传统文化中教育孩子的箴言名句，它告诉我们造成孩子人生差距的是后天所受的教育以及家庭成长的环境。与此相似的还有英国哲学家洛克的"白板说"：每个人来到这个世界，就像一张白纸一样，而后，他生存的环境开始给他上色，他的环境是什么样的，他基本上就会变成什么样的人。正所谓："染于苍则苍，染于黄则黄，所入者变，其色亦变，五入必而已则为五色矣。故染不可不慎也。"

2019 年，是家庭教育研究与发展具有里程碑意义的一年。从《中共中央 国务院关于深化教育教学改革全面提高义务教育质量的意见》的颁布到教育部工作要点，都把家庭教育与学校教育紧密地结合到了一起，并且明确了家长的主体责任和学校的主导作用，使家庭教育在义务教育改革发展中的地位更加凸显。基于此，深入研究家庭教育、指导学校实施家校合作、指导家长科学育儿的责任和使命就显得尤为神圣与迫切。

2019 年 2 月，为了能够让更多的家庭受益，让更多人参与到家庭教育研究的队伍中来，我与焦作市妇联的领导沟通，提议成立"焦作市家庭教育研究与指导中心"，得到了妇联领导的积极支持。2019 年 6 月 28 日，在焦作市妇联的大力支持和积极协调下，焦作市委宣传部、焦作市文明办、焦作市教育局、焦作市妇联、焦作师范高等专科学校联合成立"焦作市家庭教育研究与指导中心"，中心挂靠在焦作师范高等专科学校，任命我担任中心主任。成立之日，就有 260 多名志愿者踊跃参加家庭教育的研究与指导工作。中心的成立，不仅仅是搭建了研究的平台，更主要的是为社会服务。至此，我对家庭教育研究的意义有了更深刻的认识和更深切的体

---

[1] 教育部关心下一代工作委员会《新时期家庭教育的特点、理念、方法研究》课题组：《我国家庭教育的现状、问题和政策建议》，《人民教育》2012 年第 1 期。

会：家庭教育是孩子生命成长的底色，也是学校教育的基础工程和有效补充，家校合作才能形成促进孩子成长的最强动力。

　　加拿大教育家马克斯·范梅南说过一句意味深长的话："教育，就是迷恋他人的成长。"作为一名教育工作者，对孩子成长的迷恋是一种职业本能。可以说，不研究孩子，不可能教育好孩子；不研究家庭教育，很难把握孩子的成长规律，也不可能做到因材施教。因为每一个孩子都有不同的家庭背景和成长经历，它们深刻而久远地影响着孩子性格的形成，甚至决定他的人生走向。作为培养义务教育阶段教师的高校教师，研究孩子，关注孩子的成长背景，是专业发展的应然追求。因此，关注家庭教育，思考家庭教育，就成为我研究的重要视阈。正如我在《家庭教育：为孩子的成长打好底色》的扉页中写到的："真心祝愿每一个家庭都幸福，每个孩子都能健康成长！"这才是我做家庭教育研究的初心，也是我作为一名师范院校教师的使命。

结　语

生命的本质是成长，所有的父母都希望孩子健康成长，能够拥有幸福的人生。那么，什么样的人生才是幸福的人生？

一个人最大的幸福就是做自己喜欢的事，从事自己所喜欢的职业，这是一个人专业成长的基础，也是他实现梦想的路径。面对孩子的成长，家长不妨多问问孩子喜欢什么，将来想成为什么样的人。因为只有孩子知道自己喜欢什么、想做什么，孩子才能知道自己想成为什么样的人、将来过什么样的生活……在孩子成长的过程中，家长可以学着去放手。在孩子小的时候，做他的引路人；在他长大后，做他路旁的鼓掌者和助威者；在他成熟后，做望着他的背影、目送他远行、默默为他祝福的那个人。其实放手也是一种爱！只有放手，孩子的路才会走得更好，成长的脚步才会更稳健。

但成长是一个过程，需要不断积累知识和经验，自律自强，自我完善。在此过程中，家长需要做的就是要学会接纳孩子，善于发现孩子的特长，尊重孩子的选择，支持孩子做自己喜欢的事情，帮助孩子找到自己存在的价值和生命存在的方式，让孩子按照自己的方式成长，努力成为最好的自己。

一个人一旦从事自己所喜欢的职业，他就会愿意投入自己的热情与劳动，并不懈追求，从中获得生命的体验、自身的价值，从而拥有幸福的人生。

后　记

冰心曾在《谈生命》中写道："愿你的生命中有足够的云翳，来造成一个美丽的黄昏。"这里的"云翳"喻指丰富多样的经历和体验。从句子的喻义来讲，是指人有了丰富的阅历，才能真正体验到人生的美丽。因未到黄昏之际，所以我还没有幻想过黄昏的美丽，但这些成长的故事却犹如我生命中的云翳，无论是人还是事，都是一幅幅生动的画卷，一节节跳动的音符，一首首动人的诗篇。

对于热爱教育、从事教育的我来说，喜欢用生活事件和心路历程中的点滴思考去窥探教育现象背后的规律，理解教育的真谛，诠释生命的价值，揭示成长的意义。因此，对于成长故事，尤其是那些影响我人生发展甚至命运走向的人和事，我一直心怀感念，奉若自己心中的精神高地。我希望能够从中找到灵魂的归宿、教育的源头、成长的根基、前进的动力，同时能给自己的心灵与理性一个停泊的港湾。于我而言，它不仅仅是我受教育的起点，更是我精神的家园。

康德曾言："怎样找到美？我们的希望何在？在教育中，不在别处。"是的，教育的美感无处不在，教育的魅力润物无声，无论是工作还是生活中，我都细心寻找着教育的美感，把教育研究作为我从事教育、理解教育、热爱教育的一种目标追求、一种生活方式。应该说，成长故事为我提供了一个很好的切入口，它点燃了我心灵与理性的激情，让我体味到了生活的魅力和教育的辐射性、穿透力，以及教育的现实性、生活化，也让我体悟到了成长的价值和意义。

因为怀揣梦想，执着于教育，所以大学毕业后，我始终没有放弃对梦想的追求，读书求学的脚步一直没有停息。在此过程中，我缺失了许多与家人相聚的机会，包括对父母起居的孝敬，对女儿成长的陪伴。为此，我一直深感愧疚。父亲的骤然去世，给了我一个沉痛的教训：别让子欲养而亲不待！别让等待成为遗憾！从那以后，我回老家的次数明显增多，一方面是想回去看看家人，弥补自己曾经在父亲身上留下的遗憾；另一方面也想寻找自己曾经生活和成长的踪迹，从中体悟成长的价值和意义。每一次返乡回家，我都会有不同的感悟；每一次回忆往事，我都会有许多的感慨。感慨命运的眷顾，感喟命运的垂爱，感谢生命中的那些人、那些事，是他们教会了我成长，让我的人生充满了许许多多平凡而又难忘的故事。

　　这些故事虽然是我自己的，但也是这个时代大多数人生活的缩影。对这些往事的追溯、回忆和再现，不仅是对自己心灵的涤荡，相信也会给那些和我同时代的人尤其是曾经在乡村生活过的人带来温馨的回忆，给那些通过高考走出农村、走向城市乃至更广阔社会的莘莘学子带来感同身受的体悟。

　　从2010年开始萌动对成长故事的追寻，2013年着手进行资料的整理，到2014年11月出版《成长中的教育故事》，先后历时4年。其间，我经历了亲人离去的悲痛、学术提升的艰辛、专业成长的欣慰，因此，情感也因之跌宕起伏，个中况味实难言表。有时候写到悲喜交加之处，我心绪难平，甚至彻夜难眠；很多次半夜醒来，灵感骤聚，或者突然想起一件事，就马上披衣而坐，奋笔疾书；也有不少次写到儿时的一些经历，想想自己当年的天真和幼稚而欣然一笑；想到自己成长过程中曾经犯下的错误，既有心灵的忏悔，也有岁月的感喟，原来年少时的错误也是这么"美丽"！总之，写作的过程既是回忆自己成长的过程，又是一个重新体味人生意义的过程，其中的温馨与愉悦、惆怅与感慨，如陈年老酒越品越香。

　　写作的过程也是我整理自己心绪的过程，让我与自己进行了一次深刻的心灵对话，打开了我多年的心结。我一直不明白，30多年前我拼命想走出去的地方为什么会成为我后来心灵向往的地方？书稿完成后我才明白，因为我的根在那里。为什么30年前我一直想摆脱的生活方式会成为我日常的一种生活习惯？因为它已经永远地镌刻在我的骨子里、流淌在我的血液中。20多年的学校教育把我向城市的生活渐渐拉近，而经过了一番反思和彻悟，我心灵的脚步却在来时的路上不停地寻觅，因为那里有我成长的足迹。

美国亚特兰大日报社做过这样一个研究调查，发现在家里收集故事和回忆所带来的幸福感远胜于物质的满足甚至学业、事业上的成就，因为一个好故事胜过一打道理。俗话说：文可以载道，而故事更能把深刻的思想、抽象的道理、僵化的条纲转化为生动的语言和鲜活的案例，让人喜闻乐见，易于接受。所以，一直以来，讲故事是人类最易于接受的一种交流方式。根据人类学家波莉·维斯纳（Polly Wiessner）的研究，当太阳落山男女老少聚在一起闲谈时，81%的时间里，大家会讲有关他们所认识的人的故事、过去几代人的故事，以及居住在遥远村庄的亲属的故事，还有精神世界里的故事，甚至包括那些被人类学家形容为怪异生物的故事。[1] 所以，用讲故事的方式呈现一个人的成长，无疑也是一件有趣的事情。

对于当时的我来说，《成长中的教育故事》从内容到形式都是我最喜欢的，它让我顺着自己的心路历程回溯，找到了曾经的自己，也回到了那个白衣飘飘的年代。尤其是书稿即将付梓之时，我内心的喜悦不言自表，经历过的多重苦楚也变得释然。因此，该书出版之后，我如释重负，感觉给自己的心绪找到了一个很好的发泄口，做了一件很有意义的事情，一种从未有过的满足和幸福感荡漾在心间。虽然该书出版后得到了一些专家学者的认可，也受到了读者朋友的欢迎，但我并没有停止对这本书所写内容的反思，也没有停止对自己成长的思考。其间，我不止一次静夜深思、仰望

---

[1] 艾莉森·高普尼克：《园丁与木匠》，刘家杰、赵昱鲲译，浙江人民出版社，2019，第128页。

星空，寻找着新的成长点。或许是又经过了6年，有些看法或想法发生了很大的变化；或许是又发生了很多事情，需要重新审视过往；或许是之前的思考有些浅薄，不能满足现在的我对于那些故事的理解。总之，6年后的今天，我重新审视曾经发生的故事，真的有了不同的理解，就连语言的表述、题目的甄选，都发生了很大的变化，所以就有了重新出版的念头。

还有一个促使我出版本书的原因就是亲朋好友的鼓励和支持。他们看过这本书后，不少人与我讨论这本书，与我共享其中的故事，告诉我哪些事件他们也曾经历过，哪一段的描述令他们与之共情。但是他们希望我能够把这本书写得更加生活化，得到最大范围的推广和受用，能有更多的人与之共享。基于此，我重新调整思路，重新探索新的写作方式，再次让自己游弋于岁月的河流中，重新体味和理解过往的那些人、那些事。就写作的初心而言，希望本书的出版能带给读者耳目一新的感觉。当然，可能我心有余而力不足，无法完全实现自己的愿望，也难以满足广大读者的要求，但内心的期许是永恒的。

此书的"重新出版"，实则是重新写作，"爱好由来下笔难，一诗千改始心安"，较之前的版本此书发生了天翻地覆的变化。首先是结构上的变化，其次是内容上的变化，再次是认识上的变化，最大的变化应该是内容更为故事化和生活化。在此过程中，我再次与自己的心灵进行对话，重温那些发生过的故事，品味其中所蕴含的启迪意义，愈发觉得其历久弥新。在这些故事中，我怀念已故的亲人，感恩每一个出现在我故事中的人。他们所给予我的爱，对我的帮助，对我的恩情，是我成长的不竭动力；他们身上那些闪光的智慧，会永远照亮我的人生。

在写作的过程中，我较以往多了一丝缜密、一丝理性，也更加注重情节的叙述。非常感谢我的家人，他们是我成长故事中的主要人物，是对我的成长影响最大的人。尤其是我年逾八旬的老母亲，她依然用自己特有的睿智默默地经营着我们的大家庭，疼爱着每一个孩子，让我享受着作为她的小女儿备受宠爱的那份优越感和幸福感，成为我心灵上最大的温暖和精神上最大的满足。

再次感谢我的爱人高开平先生30年来给予我的支持与鼓励。每当看到我在房间里踱步沉思，他会调侃我，帮我放松心情；看到我坐在电脑前发呆不知所措时，他会默默地站到我身后，无需任何言语，但我依然能够感觉到身后那股坚实的力量。感谢我的女儿高一喆，她是我内心最为柔软的温情，也是我生命成长的最强动力，更是我故事中最为动人的篇章，与她一起成长是一种幸福！

感谢国家教育咨询委员会委员，第九、第十届全国政协常委，原国务院参事任玉岭先生在百忙之中欣然为本书作序；感谢我的恩师胡德海先生，以及为我留下故事、激励我写好故事的亲朋好友们；感谢我的同事赵彩霞、赵鑫等为本书的文字校对所付出的心血，并为我提出了很好的建议；感谢《光明日报》《中国教育报》《中国教师报》《河南日报》等刊物的支持，书中内容有14篇文章已刊发，为本书的顺利出版奠定了坚实的基础，也坚定了我写好此书的信心与决心；感谢河南大学出版社对出版本书的大力支持！

由于本书所选择的呈现范围是专业成长路径，因此，还有很多在我成长过程中留下深刻印象和动人故事的人，没有在书中得以呈现，但他们一直在我心中，对他们的那份感激我会永远铭记。再次感谢那些在我成长中留下故事的人！感谢所有支持和帮助我的人！

人间最美四月天。在此书终于完稿、即将付梓之际，正是草长莺飞、春意盎然之际，携一缕馨香、怀一份感激，我漫步于幽静的校园小路，放歌于碧水荡漾的莲花湖旁，仰望着天空中一行行啁啾呢喃的燕子，吟唱出心中对生命的热爱与期许——明天的故事更美好！

高闰青
2020年4月